退役士兵职业教育与技能培训丛书

U0727344

GONGGONG JICHU JIAOCHENG

公共基础教程

侯学元 主编

江苏人民出版社

图书在版编目（CIP）数据

公共基础教程 / 侯学元主编. -- 南京：江苏人民
出版社，2013.1
（退役士兵职业教育与技能培训丛书）
ISBN 978-7-214-09202-1

Ⅰ.①公… Ⅱ.①侯… Ⅲ.①转业－军人－就业－中
国－教材 Ⅳ.①E263

中国版本图书馆CIP数据核字（2013）第018836号

书　　　名	公共基础教程	
著　作　者	侯学元	
项 目 统 筹	汪意云	
责 任 编 辑	汪意云　王　溪　王翔宇	
责 任 监 制	王列丹	
装 帧 设 计	黄　炜	
出 版 发 行	凤凰出版传媒股份有限公司	
	江苏人民出版社	
出版社地址	南京市湖南路1号A楼，邮编：210009	
出版社网址	http://www.jspph.com	
	http://jspph.taobao.com	
经　　　销	凤凰出版传媒股份有限公司	
照　　　排	江苏凤凰制版有限公司	
印　　　刷	江苏凤凰扬州鑫华印刷有限公司	
开　　　本	787毫米×1092毫米　1/16	
印　　　张	18　插页2	
字　　　数	391千字	
版　　　次	2013年3月第1版　2017年3月第5次印刷	
标 准 书 号	ISBN 978-7-214-09202-1	
定　　　价	36.00元	

前　言

近年来，随着退役士兵安置制度改革的深入推进，参加政府组织的免费职业教育和技能培训已经成为广大退役士兵应对人力资源市场越来越高的技术人才需求，实现更高质量就业的重要选择，报名参训人数逐年增加，教育培训效果逐步显现。为进一步规范退役士兵职业教育和技能培训教学内容，提高教育培训质量，江苏省民政厅牵头省教育厅、省财政厅、省人力资源和社会保障厅、省农业委员会以及省军区政治部成立了江苏省退役士兵职业教育和技能培训教材编撰委员会，组织专业人员编写了公共基础教程等基础教材。

本书针对退役士兵特点，贴近退役士兵急需的通用基础知识，突破普通教材编写过程中过分强调知识系统性的思路，以实用、适度为原则，采用生动活泼的文字风格，在形式内容上较多使用插图、流程、案例、问答以及模拟演练等编写方式，不仅适用于课堂教学，还方便退役士兵自学掌握。

本书具有一定的通用性，适用于不同教育培训专业的退役士兵学员，其中的基本法律常识、计算机应用基础、日常应用文写作、就业创业指导以及劳动与社会保障等内容，都是退役士兵更好地融入社会、参与地方经济建设所必须掌握的知识能力，学习掌握本书内容，还有利于退役士兵全面知晓所享受的相关权利和优惠政策，更好地维护自己的合法权益。

希望广大退役士兵学员通过对本书的学习，进一步提高思想认识，积极投入教育培训，认真做好职业规划，增强就业创业信心，为实现人生新的跨越打下坚实的基础。

目　　录

第一章　入学教育与管理

　　军事职业和社会职业对知识技能的要求客观上存在差异，士兵服役期间学习掌握的军事技能很少能够直接满足社会就业需要。士兵退役后，通过参加政府组织的免费职业教育和技能培训，不断提高知识水平和职业技能，是积极应对人力资源市场越来越高的技术人才需求、实现更高质量就业的必由之路。广大退役士兵应充分体会党和政府的殷切关怀，转变就业观念，做好职业规划，积极融入校园，认真学习培训，为实现人生新的跨越积蓄更多的知识与技能。

第一节　退役士兵职业教育和技能培训工作概述

一、退役士兵安置改革及发展方向

　　退役士兵安置工作是连接军队与地方的桥梁，是体现国家责任、帮助退役士兵实现由"兵"到"民"转变的社会化过程，是在社会需求与退役士兵之间寻求最佳结合的褒扬性、补偿性社会工作。我国的退役士兵安置大体经历了指令性计划安置、市场经济体制下安置以及适应市场经济体制下安置三个阶段。

　　随着市场经济体制的逐步建立和完善，国家劳动人事、社会保障等制度的改革和军队编制体制调整不断深化，特别是由于市场在人力资源配置上的作用不断增强，政府调控空间逐步缩小，指令性安置越来越难，推进安置改革势在必行。2011年10月国家修订了《中华人民共和国兵役法》，颁布了《退役士兵安置条例》，对退役士兵安置工作进行了重大改革，建立了以扶持就业为主，自主就业、安排工作、退休、供养等多种方式相结合，城乡一体化的退役士兵安置制度，完善了创业就业、社会保险、教育培训等优惠政策，促进退役士兵自主创业和参与劳动力市场竞争就业，使退役士兵安置工作更好地适应社会主义市场经济发展的要求，更好地为国防和军队建设服务。

　　安置制度改革后，全国90%以上的退役士兵将以自主就业的方式进行安置。在部队领取一次性经济补助金，通过参加地方政府组织的职业教育和技能培训，掌握一定知识技能后，在各项优惠政策的扶持下成功实现就业创业，将成为新时期退役士兵安置的主要渠道。

二、退役士兵职业教育和技能培训发展阶段与初步成效

（一）国家退役士兵职业教育和技能培训发展阶段

国家历来十分重视退役士兵的就业培训工作，从上世纪80年代就广泛开展退伍军人两用人才的培养和开发使用工作。本着"育才、荐才、用才"一体化的原则，制定了《培养和使用军地两用人才工作发展规划》，指导各地建立"军地两用人才培训中心"、"军地两用人才介绍所"等服务机构，通过开展实用技术培训、扶持两用人才兴办经济实体、积极推荐优秀退役士兵担任农村基层组织的骨干等形式，选拔使用了大批军地两用人才。2001年，国家推进退役士兵自谋职业安置改革后，要求各级民政部门会同教育、劳动保障等部门，利用各级各类学校和培训机构，开展多种形式的培训，为城镇退役士兵免费提供一次性职业技能培训，同时，对经过培训取得职业资格证书的城镇退役士兵给予一定补助。为深化退役士兵安置制度改革，2010年，国务院、中央军委下发了《关于加强退役士兵职业教育和技能培训工作的意见》，要求各地建立完善退役士兵职业教育和技能培训制度，切实提高退役士兵就业能力，促进退役士兵充分就业。2011年，新修订的《兵役法》和颁布的《退役士兵安置条例》将退役士兵职业教育和技能培训以国家法律条款的形式予以明确。

（二）江苏省退役士兵职业教育和技能培训发展阶段

江苏省的退役士兵职业教育和技能培训工作大致经历了三个阶段。一是探索起步阶段。2002年，江苏省实施以自谋职业、货币安置为主的退役士兵安置改革，各地开始探索多层次、多形式的退役士兵职业教育和技能培训工作，力求增强退役士兵技术技能，促进稳定就业，但由于部分农村退役士兵尚未纳入培训范围以及财政困难地区培训资金短缺等原因，在一定程度上影响了江苏省退役士兵职业教育和技能培训工作的整体质量和效果。二是全面推开阶段。2008年，江苏省委、省政府站在全局和战略的高度，作出了在全省开展城乡退役士兵免费职业技能培训的重大决策，省委办公厅、省政府办公厅下发了《关于开展退役士兵职业技能培训工作的意见》，明确了退役士兵职业技能培训工作的指导思想、目标任务和工作要求。省政府办公厅转发了省民政厅等部门《全省退役士兵职业技能培训工作实施方案》，对《意见》作了诠释和说明，细化了操作程序和工作步骤，退役士兵系统的城乡一体的职业技能培训工作全面推开。各级政府、相关职能部门和承训学校严格按照实施方案周密部署安排，认真组织实施，参训退役士兵数量大幅提升，以培训促进就业的效果初步显现。三是规范提升阶段。2011年，退役士兵职业教育和技能培训工作以国家法律条款的形式予以明确，江苏省对近年来的退役士兵培训工作实践进行认真总结，分析梳理存在问题，完善了制度措施，

江苏省退役士兵职业教育和技能培训学院
二〇一二年十二月

江苏省退役士兵职业教育和技能培训承训单位
二〇一二年十二月

创新了方法举措，建立了分层培训制度，对承训学校实行招标采购、挂牌管理，逐步统一教材大纲，严密组织巡视督查，同时，出台了《江苏省退役士兵职业教育和技能培训工作若干规定》、《省政府省军区印发关于进一步加强退役士兵安置工作实施意见的通知》、《全省退役士兵教育培训资金管理办法》等文件，进一步规范了教育培训工作秩序，实现了教育培训工作由粗放型管理向精细化管理的转变，不断提升江苏省退役士兵职业教育和技能培训工作水平。

（三）我省退役士兵职业教育和技能培训的初步成效

退役士兵免费职业教育和技能培训作为推进安置改革的一项重要举措，有效地破解了市场经济条件下退役士兵就业安置难的问题。通过教育培训，广大退役士兵学到了知识，增强了技能，取得了相应的职业资格等级证书或毕业证书，较好地实现了第一次稳定就业和高质量就业。各地还涌现出了一批在各项优惠政策扶持下成功创业的退役士兵先进典型。

2009年至2015年，全省共有17万余名退役士兵参加了各类教育培训，170多所院校承担了培训任务，各级财政累计投入21亿元。

退役士兵职业教育和技能培训工作已经成为江苏双拥工作的一个重要品牌，受到了部队广大官兵的充分肯定，称江苏的培训工作"服务了退伍的，鼓舞了在伍的，激励了即将入伍的"，有力地支持了国防和军队现代化建设，促进了广大士兵安心服役，为双拥工作增添了新的生机和活力。

三、退役士兵职业教育和技能培训符合国际通行做法

世界各国政府和军队，普遍都比较重视退役军人的就业培训，通常成立专门的职能部门和机构负责此项工作，并将退役军人的培训与安置工作紧密结合，实行一体化管理，对退役军人进行先培训后推荐就业。

美国政府在劳工部下设了"退役士兵职业与训练处"，专门负责退役士兵职业教育和技能培训工作。退役士兵的教育培训主要分为文化教育和职业培训两大类。美军的许多单位，包括海外基地，都和驻地附近的地方院校联合办学，鼓励军人参加在职学习和条件许可时的脱产进修，既允许官兵为获得学位而积累学分，也鼓励他们修单科结业证书和军地通用的专业技能证书，专业技能证书得到美国劳工部的认可，可用于退伍之后的再就业。美国蒙哥马利法案规定，义务兵在服役最初的12个月，每人要从本人薪水中扣除100美元，作为他们退役后享受国家教育待遇的条件之一。退役后可享受国家提供的共36个月的基本教育福利金，他们退役后接受教育培训时，可连续进行，也可分阶段学习，经考试合格的，发给文凭，然后在国家的指导下自谋职业。

俄罗斯退役士兵的培训，主要是俄军与地方院校、大型企业签订合同，开设退役士兵职业培训班，实施联合培训。国有培训体系依托训练中心、科研院所、大专院校进行培训，培训时间至少500小时，可获得职业证书，培训机构可从政府获得预算，用国家财政拨款雇佣人员来执行培训任务；非国有培训体系通过大专院校、科研院所以及其它学术机

构下设的企业性质的非官方培训中心，专门从事退役军人培训，目前俄罗斯较大的城市都设有这样的培训中心。培训的目标面向潜在的劳动力市场，形成专业对口体系，有利于退役军人顺利就业。

印度在军队设有就业指导学校，专门招收退役军人。军人服役期满前半年，由退役军人所在部队把名单上报退役军人安置总部，同时就业指导学校开始招生。每名退役军人可根据自己的爱好与特长进入各类职业学校学习，取得职业资格证书。

第二节　退役士兵教育培训方向和要求

一、退役士兵教育培训方向

现代职业培训已经突破了传统的工具性模式，转向功能再造的职业技能培训，从一般的"低技术技能"向"高创新能力"的方向发展。因此，退役士兵的职业教育和技能培训不仅仅指狭义的岗位技能训练，而应该是一种综合性的具有市场适应性的可持续生存能力的培养。具体有以下五种技能：

一是适应性技能，主要是培养社会适应性能力、岗位适应性能力、心理适应性能力。

二是工具性技能，主要是培养新知识的学习能力、岗位技术知识的吸纳能力和专业技术的再造能力。

三是实践性技能，主要是培养动手能力、实际操作能力。

四是创造性技能，主要是培养开拓市场能力、自主创业能力。

五是交往性技能，主要是培养人际交往能力、语言表达能力和协调沟通能力。

退役士兵可根据自身实际情况，结合职业规划需要，在承训学校教师的指导帮助下，有针对性地强化几项技能的训练，力争通过系统规范的教育培训，不断提升个人综合素质能力，增强就业竞争力，在参与社会经济建设中实现个人价值。

二、退役士兵应在教育培训中实现三个转变

经历了若干年的军旅生活，大多数士兵退役后首先想到的就是找个好工作，赚钱养家，但面对竞争激烈的就业市场，缺乏一定的职业规划和专业技能的退役士兵往往会遇到一定的挫折。在退役士兵职业教育和技能培训工作实践中，一些退役当年未报名参加免费职业教育和技能培训的退役士兵，在经历了就业困境后，往往在退役的第二年重新报名参加职业教育和技能培训。

告别军营，迈进校园，退役士兵人生的历程翻开了新的一页。面对新的学习生活环境，退役士兵往往一时难以适应，如何尽快调整目标、适应环境、转变角色，为今后的人生目标打下坚实的基础，已经成为广大退役士兵学员首先需要跨过的门槛。

（一）在目标上，要实现由"习武"到"学技"的转变

退役士兵学员应正确认识在科学技术日新月异，产业结构优化升级的形势下，企业对

劳动者素质特别是劳动技能要求日益提高的客观现实，继续保持和发扬革命军人"特别能吃苦、特别能战斗"的优良作风，实现由苦练军事本领到精研业务技能的转变，为今后的就业创业打下坚实的基础。

（二）在环境上，要实现由"军营"到"校园"的转变

军队是高度集中统一的组织，讲究严明的纪律和绝对的服从，而校园的生活相对宽松，更多讲究自我管理与约束。面对环境的改变，退役士兵学员绝不能放松对自己的要求，要时刻保持军人的本色，时时处处做遵章守纪的模范，同时，合理安排课余时间，积极参加学校各类社团组织的活动，锻炼组织和交往能力，让自己的学习生活更加充实。

（三）在角色上，要实现由"军人"到"学生"的转变

学生最主要的任务就是学习，就是知识和能力的积累。作为退役士兵学员，要倍加珍惜这来之不易的学习机会和良好的教育培训环境，进行系统的、全方位的学习培训。另外，退役士兵学员还应暂时放下曾经的荣誉，把自己视为一名普通的学生，虚心向老师和同学请教，力争掌握扎实的就业技能。

第三节　退役士兵参加教育培训的权利和义务

一、退役士兵参加教育培训所享受的权利

（一）参加承训单位教育教学计划安排的各项活动、使用承训单位提供的教育教学资源的权利

这是保障退役士兵学员参加学习、接受教育、享有实质性的受教育权的前提和基础，也是受教育权的具体体现。退役士兵学员有权了解承训单位的教育教学计划，有权按照教育教学计划的安排参加相应的活动，如所选专业的课堂活动，围绕课堂教学所安排的课外活动等；承训单位的教育教学计划都是具体、确定的，具有规范性和可操作性，退役士兵学员对照教育教学计划，即可知道自己有权参加的活动项目和内容。

退役士兵学员享有教育教学活动所必需的使用教育教学设施、图书资料的权利。例如，教室及内部设施是进行课堂教学的最基本的物质条件，退役士兵学员有权使用；实训中心是培养退役士兵学员实操能力和生产技能的重要场所，退役士兵学员有权参加实践课，并按实践课的要求使用实训中心里的仪器设备，包括机器、试剂、模型等；图书馆作为教学服务的重要支撑，拥有大量的藏书和各种信息资料，退役士兵学员有权在图书馆规章制度范围内根据自己的学习兴趣进行查询和借阅。

走出营门进校门　学好技能创大业

5

（二）参加社会服务、勤工俭学，在校内组织、参加学生团体及文艺体育等活动的权利

退役士兵学员有权根据个人的兴趣和爱好，参加各类社会服务和志愿服务，有权在校内组织、参加学生团体及文艺体育等活动。这是退役士兵学员面对环境的转变，融入社会和校园生活的良好手段，是丰富生活体验的一种途径。退役士兵可以在交流、合作和互相帮助中扩大社交范围、学习新的知识和与人相处的方式，同时培养自尊心和建立自信心。

（三）获得教育培训资金补助的权利

该权利是退役士兵学员完成学业、提高就业技能、增强就业能力的物质保障，也是退役士兵的一项实质性权利。

目前江苏省退役士兵参加中高级教育培训的，按每人每年7500元安排资金，其中学杂费（含实习试验费、技能鉴定费、住宿费）4000元，生活补助费3500元。

参加全日制成人高等学历教育的，按每人每年9000元安排资金；参加函授或业余形式成人高等学历教育的，按每人每年5400元安排资金。

参加普通高等学历教育的，根据不同的类型，可以享受每人每年5000元～9000元不等的经费资助。

参加短期培训的，按每人每月900元安排资金，其中学杂费（含实习试验费、技能鉴定费、住宿费）550元，生活补助费350元。

（四）品学兼优和家庭贫困的学员可分别获得奖学金和助学金

德、智、体等方面全面发展、品学兼优的退役士兵学员可申请获得优秀学生奖学金。经济确有困难、学习努力、遵守国家法律和学校纪律的学员，均有权向承训单位提出申请助学金，以解决在校期间的生活困难问题。

（五）在学业成绩和品行上获得公正评价，完成规定学业后获得相应学业证书和职业资格证书的权利

在学业成绩和品行上获公正评价是退役士兵学员的一项基本权利，是承训单位必尽的义务。学业成绩的评价包括课程考试成绩记录、平时学习情况和总评等。品行评价包括对学员的政治觉悟、道德品质、学习态度等的评定。学员有权要求获得学业成绩评价和品行评价，而且有权要求评价实事求是、公平、公正。

退役士兵学员在思想品德等方面合格的前提下，学完或提前学完教育教学计划所规定的全部课程，经考核（考查、考试）合格，在该教育培训结束时均有获得相应学业证书以及职业资格证书的权利。

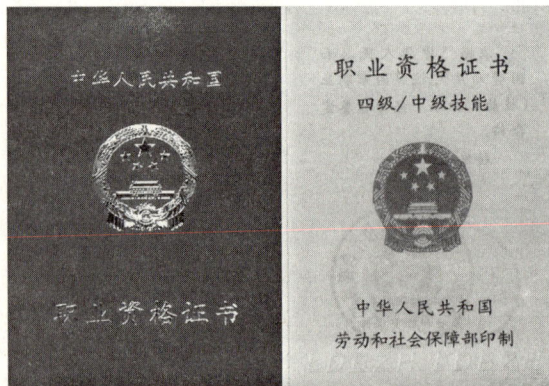

（六）对承训单位给予的处分不服向有关部门提出申诉的权利

退役士兵学员在校学习期间对承训单位给予的处分不服，有权向相关民政部门或承训单位所属的行政主管部门提出申诉。

二、退役士兵参加教育培训应履行的义务

（一）遵守宪法、法律、法规的义务

退役士兵学员作为国家公民，遵守法律、法规是一项基本要求。

《宪法》是我国的根本大法，是反映全国各族人民意志和根本利益的国家总章程。依据《宪法》制定的法律和依据法律制定的法规及相应的各部门规章，是国家意志的体现，符合国家和人民的共同利益，是国家社会组织和公民一切活动的基本行为准则。我国《宪法》第三十三条规定"任何公民享有宪法和法律规定的权利，同时必须履行宪法和法律规定的义务"、"中华人民共和国公民在法律面前一律平等"，任何公民都必须遵守法律、法规。遵守法律、法规是《宪法》赋予每个社会公民的义务，是合格公民的基本素养。退役士兵学员作为公民，履行遵守法律、法规的义务是不可推卸的。

遵守法律、法规，对退役士兵学员来说，还需要遵守有关教育的法律、法规和规章。我国已颁布施行了《教育法》、《职业教育法》、《高等教育法》等有关教育的法律以及相关的教育行政法规。此外，国务院教育行政部门单独或与其他部委联合制定、施行了若干有关教育的规章，地方立法机构也依法制定了大量的地方性教育法规和规章，这些教育法律、法规和规章都涉及了退役士兵作为学员的权利和义务，必须做到"知法、守法"。

（二）遵守学生行为规范，尊敬师长，养成良好的思想品德和行为习惯的义务

退役士兵学员从进入承训单位接受免费职业教育和技能培训开始，其身份已经从士兵转变为学生，所在的环境已经从军营转变为校园，人生的目标已经从习武转变为学技，作为学生，退役士兵应当履行"遵规尊师养德修行"的义务。

尊敬师长是遵守学生行为规范的具体要求，是良好的思想品德和行为修养的具体体现。在教育教学活动中，教师是文化知识的传播者，承担着教书育人、传授退役士兵学员就业技能、提高学员就业能力和素质的使命，理应受到退役士兵学员的尊重。尊敬师长是我国的传统美德，也是社会进步文明的重要标志，退役士兵学员要养成良好的思想品德和行为习惯，提高自身素养，就应当继承发扬这一美德。

（三）遵守承训单位的各项管理制度

承训单位的各项管理制度是确保承训单位教育教学活动正常有序进行的基本措施，也是国家为实现教育权利而赋权于承训单位制定的必要的纪律，退役士兵学员作为教育活动参与者，有义务遵守和服从。

具体来说，承训单位的管理制度包括：

1.思想政治教育管理制度；

2.教学管理制度；

3.学籍管理制度，包括入学注册、成绩考核、登记，对复学、休学、退学的处理，考勤记录、纪律教育、奖励处分、毕业资格审查等管理规定；

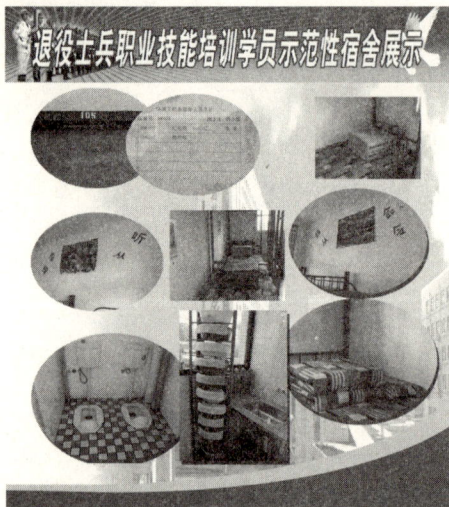
退役士兵职业技能培训学员示范性宿舍展示

4. 体育管理、卫生管理、图书仪器管理、校园及宿舍管理等方面。

（四）努力学习、完成规定学业

退役士兵既然接受免费教育培训，其身份就是学生，学生应"以学为主"，意味着承担接受教育、完成学业的义务，这也是自愿入学在享有受教育权利的同时应承担的义务。履行完成学业的义务是退役士兵学员享有获得学业证书及相应技能证书权利的前提。在如今竞争激烈的就业形势和越来越高的技术人才需求下，退役士兵学员更应认真对待，为完成既定的学习目标、实现人生理想而努力。

（五）法律、法规规定的其他义务

退役士兵学员除应履行上述义务外，还需履行《中华人民共和国兵役法》、《退役士兵安置条例》以及有关教育培训的法律、法规和其他法律、法规制定的有关教育培训的规章所定义务，如《江苏省退役士兵职业教育和技能培训工作若干规定》。

第四节　教育与教学管理

一、教育管理

退役士兵学员应当努力学习党的创新理论，用科学理论武装头脑，树立爱国主义思想，遵守法律法规，遵守公民道德规范，遵守校纪校规，保持人民军队的光荣传统，掌握现代科学文化知识和专业技能。

退役士兵学员入学后应学会自我约束，积极参与承训单位组织的思想政治教育、光荣传统教育，珍惜国家给予的免费教育培训的机会，努力学习，立志成才。

退役士兵学员从部队返回校园后，面对环境的转变，难免会遇到心理问题，此时应当积极参与到校园生活和学员日常管理工作中来，多与同学沟通，多与老师交流。在校学习期间，退役士兵学员可组织成立专业的社团、协会，增强校园生活意识，发挥各自在部队的特长，丰富业余文化生活，提高自身综合素质。

承训单位可设立退役士兵培训奖励基金，对各方面表现突出的学员，给予发放奖学金、通报表扬以及优先推荐就业等形式的奖励。退役士兵入学后应严格遵守承训单位的校纪校规，学校应本着"教育为主、惩处为辅"的原则进行教育。对因表现差和成绩不合格而不能毕业的学员，学校不予推荐就业；对违反校纪校规的退役士兵学员，视情节轻重，予以严肃批评教育，或给予纪律处分，直至开除学籍；对记大过以上处分的，报有关业务主管部门备案；对开除学籍或退学处理的，报受处分学员户籍所在地县（市、区）民政部门和人武部门备案。

二、教学管理

（一）课程组合及教学安排

退役士兵职业教育和技能培训课程分为公共基础课、专业理论课和专业实践课（或技能训练课）。公共基础课占总课时10%左右；专业理论课占总课时20%左右；专业实践课（或技能训练课）占总课时70%左右。理论课与实践课可相互融合，实行一体化教学。

对于中高级教育培训，根据承训单位实际情况，有学分制、半工半读、工学结合等教学模式。其中全日制学习方式不少于60%，集中授课方式不高于30%，基于学校网络授课方式不高于10%。

1. 中、高级职业教育和技能培训教学安排

中、高级职业教育和技能培训学制为2年，总课时不低于1600个，每个课时为45分

钟，其中顶岗实习时间为半年至1年。

2. 短期职业教育和技能培训教学安排

短期培训时间为3至6个月，每月课时数不低于100个，每个课时不少于45分钟，其中实操实训时间不低于总课时的50%。

3. 成人高等学历教育与普通高等学历教育

成人高等学历教育、普通高等学历教育，按所在院校教学计划执行教学安排。

（二）考核与证书获取

1. 中、高级职业教育和技能培训考核与证书获取

按照主管部门核准的退役士兵职业教育和技能培训专业大纲组织教学并进行考核，考核合格的，发给相应的毕业证书；技能鉴定合格的，发给中级或高级技能职业资格证书。

2. 短期职业教育和技能培训考核与证书获取

按照主管部门核准的退役士兵职业教育和技能培训专业大纲组织教学并进行考核，考核合格的，发给培训证书；技能鉴定合格的，发给初级技能职业资格证书。

3. 成人高等学历教育与普通高等学历教育考核与证书获取

按照所在院校有关学籍、课程、考试、证书等管理规定执行。

第二章　基本法律常识

第一节　民法概述

一、民法是什么?

根据我国《民法通则》，民法是调整平等主体的公民之间、法人之间以及公民和法人之间的财产关系和人身关系的法律规范的总称。我国《民法通则》第2条规定："中华人民共和国民法调整平等主体的公民之间、法人之间、公民和法人之间的财产关系和人身关系。"这一规定表明：1. 民法调整的社会关系发生在法律地位平等的公民之间、法人之间、公民和法人之间；2. 民法调整的是这些平等主体之间的财产关系和人身关系，而非上述主体之间所有的社会关系。

通俗地说，民法调整着我们普通人生活中的方方面面。可以说，生活中的一个行为或者一个物品，都可以引申出许多的民法问题。以一个包子为例，当你买一个包子的时候，你和卖包子的人就完成了一个包子的买卖合同。你一旦买下了这个包子，就意味着你对这个包子有占有、使用、收益和处分的权利；按照民法中的一物一权的原则，这个包子上只能有一个所有权，意即你对这个包子有了排他性的支配效力，如果有人嘴馋你这个包子并趁你不注意的时候拿走了，你就可以根据民法行使物上请求权；当然如果你这个嘴馋的朋友是真的想吃，你又不是那么迫切地想吃这个包子的话，你可以行使你的处分权，把这个包子卖给他，这就又构成了一个包子的买卖合同，是一个纯粹地由民法规制的民商事交易；如果你人大方的话，也可以送给他，这就是一个赠与合同；如果有一天你结婚了，在办理婚姻登记之前你就拥有了这个包子的话，那么这个包子属于你的婚前财产，除非你和你的另一半对于这个包子有另外的约定，否则这个包子是属于你的个人财产，而不能纳入夫妻共同财产；如果有一天，你不幸婚姻破裂了，在夫妻财产分割时要对这个包子进行处置，如果两口子对于这个包子究竟归谁争执不休的话，可以采取实物分割的方法，因为包子属于民法中的"可分物"，用一把刀把包子切一下，一人一半就好了；如果有一天，你不幸去世了，这个包子就变成了遗产，你的第一顺序法定继承人就有权继承这个包子，要是有个别坏心眼的继承人为了争这个包子而提前把你干掉，那么这个坏蛋会失去他对这个包子的继承权。如果要围绕这个包子说下去，还能继续引出更多好玩的民法问题。由此可

11

见，民法与我们的生活如此贴近，它将我们社会上生活的形形色色的人如此密切地联结在一起。不论我们是什么身份，工人或者是农民；不论我们身在何处，城市或是乡村；不论我们为谁工作，打工者还是老板，我们都生活在民法营造的社会秩序中。对于远离犯罪和商业性经营的我们来说，刑法和经济法似乎离我们很遥远，但是，民法时刻伴随在我们左右。

二、 民法的基本原则

民法的基本原则是民法规范从制定到实施所贯穿的基本准则，其对各项民法制度和民法规范都起着统率和指导的作用。

（一）民事主体地位平等原则

《民法通则》第3条规定："当事人在民事活动中的地位平等。"平等原则就是指民事主体享有独立的法律人格、能够独立地表达自己的看法、意志。在民事生活中，没有领导者和被领导者之分，行政关系中的上级单位不能因为它享有的行政权力而凌驾于下属单位之上，即使是国家作为民事主体，也必须受民事规范的约束，与所有其他民事主体保持平等的地位。民事主体所享有的民事权利受到侵害时，也平等地受到法律的保护。

案例：上级机构欠账不还怎么办

案情：原告春天商场是2008年成立的商业单位，隶属于被告该县商业管理局领导。2011年11月，商业管理局举行全局职工先进个人表彰会，从商场购买石英钟、手表、电熨斗、毛巾被等日用品作为奖品，价款共计38000元，商业局经办此事的办公室主任对商场经理说，因商业局最近开支较大，所以此项货款要到明年3月支付给商场，商场经理表示同意。但到了2012年4月，商业局仍未付款，且从未提起此事。5月初，商场派会计索要几次未果。7月，商业局作出决定并通知商场：奖品货款38000元由商场自行消化，双方不再结算。此事在商场职工中反响强烈，9月，商场向该县县人民法院提起诉讼，要求法院责令商业局付款，而商业局则以该纠纷系上下级单位内部纠纷，且商业局已对此事作出处理为由拒绝应诉。

如果你是春天商场的负责人，你将如何利用民法维护自己的合法权益呢？本案的关键在于认定春天商场和商业管理局之间的关系是否属于平等主体间的财产关系。毫无疑问，在本案中，他们是地位独立、平等的买卖双方，有着各自的经济利益，并不存在行政管理关系中的上级与下级，春天商场和该商业管理局之间的买卖属于民法的调整范围，应该遵循民法中的平等原则。如果你是春天商场的负责人，你大可以利用民法的平等原则向该商业管理局要回商场的38000元。

（二）自愿、公平、等价有偿、诚实信用原则

《民法通则》第4条规定："民事活动应当遵循自愿、公平、等价有偿、诚实信用的原则。"

自愿，指的是民事主体在从事民事活动时应当充分表达自己的真实意思，根据自己的意愿设立、变更和终止某种民事关系。自愿原则就是要赋予民事主体在法定的范围内享有广泛的行为自由。

> **案例：一套邮票引发的官司**
>
> 原告刘集邮与被告王镇长是邻居，王镇长是他们所在地的镇长，刘集邮是一集邮爱好者，其收藏的《祖国山河一片红》的邮票令王镇长垂涎欲滴，但他又不愿意按市场价购买该套邮票。2009年，刘集邮申请宅基地建房被王镇长所知，王镇长便指示相关人员拖着不办。刘集邮找到王镇长，王镇长对刘集邮说，如果将《祖国山河一片红》的邮票以2000元卖给他，此事可成。刘集邮无奈，只好按照王镇长的要求将邮票转让于他。王镇长批准了刘集邮的宅基地。房屋建好后，刘集邮便以胁迫为由向人民法院起诉，要求王镇长返还《祖国山河一片红》的邮票。为此引起纠纷。

这个案子就涉及了自愿原则，本案中，王镇长利用刘集邮申请宅基地之际进行要挟，刘集邮在违背自己真实意思的情况下，无奈将邮票低价转让给王镇长，该行为违反了民法的自愿原则，构成了民法上的胁迫。人民法院应依法支持刘集邮的请求。该买卖行为被撤销后，王镇长应返还刘集邮邮票，刘集邮应返还王镇长2000元价款及其利息[①]。

公平，要求民事主体应以公平的观念从事民事活动，正当地行使权利和履行义务，在民事活动中兼顾他人的利益和社会的利益。

> **案例：家中失火，殃及邻居**
>
> 案情：原告林居和被告时火是邻里关系。2010年5月29日14时37分，被告的住房起火，火势很快蔓延到了周围邻居，将原告房屋及屋内物品烧毁。事后，经公安消防大队确定起火部位系被告南屋阁顶内部，起火点明确后，消防队工作人员

---

① 要注意的是依《中华人民共和国合同法》第54条规定，刘集邮有权请求撤销该买卖行为。但是刘集邮行使撤销权应在1年内行使，否则，其撤销权消灭。如果你在生活中遭遇到类似的事，别忘了民法保护着你。

围绕起火部位进行了仔细勘察，对可能发生火灾的因素逐一进行了对比、排查，但起火原因无法确定，遂做出了火因不明的结论认定。原告林居遂以起火点位于被告房屋，损失应由被告承担为由，向人民法院起诉，要求被告赔偿自己的全部损失。被告答辩称：消防部门认定起火原因不明，没有作出责任认定，民事责任主体尚未明确，其不应承担赔偿责任。因此，请求驳回原告的诉讼请求。

法院公开开庭审理认为：财产所有人对自己所有的财产负有妥善管理、认真防范火灾的义务。本案火灾的发生，虽经鉴定未能确定起火原因，但起火点位于被告所有和管理的房屋是确定的。被告虽然主观上不愿出现火灾，可客观上这种后果已经发生，并给自己和他人带来了较大损失，这与被告疏于管理和缺乏防范意识有一定的关系。考虑原、被告各方的综合因素，结合被告在火灾中亦遭受损失的实际情况，根据我国法律的公平原则，被告方对原告方的损失应予适当赔偿。经多方调解，双方当事人达成调解协议，按照公平原则，被告按照30%赔偿比例进行了赔偿。

等价有偿，指民事主体在从事财产移转等民事活动中，要实行等价交换，一方享有权利，应向对方履行相应的义务，任何一方不得无偿占有、剥夺他方的财产和侵害他方的利益，如果对他方造成损害，应负损害赔偿责任。上文中的平等原则涉及的相关案例"上级机构欠账不还"实际上也适用等价有偿原则，春天商场所在县的商业管理局虽然处于管理阶层，但是其在春天商场买奖品的行为属于一个简单的买卖合同法律关系，在这一关系中，春天商场和该商业管理局的有偿财产流转关系，必须符合民法等价有偿原则。

诚实信用，要求民事主体从事民事活动时，应恪守诺言、注重信用，并以善意的方式行使权利和履行义务。在市场经济活动中，它要求一切参加者符合诚实商人的道德标准，在不损害他人利益和社会公益的前提下，追求自己的利益，目的是在当事人之间的利益关系和当事人与社会的利益关系中实现平衡，并维持市场道德秩序。按古话说，就是"君子谋财，取之有道"。

案例：买到了晒不到阳光的房子

案情：被告楼高高知其新房屋南面邻地将建高层楼房，佯装不知，将房屋售予原告买买房。半年后。南面高楼建成，买买房的房屋受不到阳光照射。为此，这两人起了纠纷。

本案中，楼高高明知其新房屋南面邻地将建一高层

楼房，佯装不知，仍将房屋售予买买房，其行为构成了违背诚信原则的行为，对此，买受人买买房可请求人民法院撤销该买卖合同，或者请求变更合同价款，以弥补自己的损失。人民法院可根据买买房的请求或撤销买卖合同，或降低合同价款，以弥补买买房的损失。

（三）保护民事主体的合法权益的原则

《民法通则》第1条明确指出，制定该法的目的之一，就是要保障公民、法人的合法民事权益。第5条规定，公民、法人的合法民事权益受法律保护，任何组织和个人不得侵犯，否则，公民、法人有权请求司法保护。民法通则具体规定了公民和法人享有的各种民事权利，适用和遵守我国民事法律制度本身，就是对公民和法人的合法民事权益的保护。

（四）遵守法律和国家政策的原则

《民法通则》第6条规定，民事活动必须遵守法律，法律没有规定的，应当遵守国家政策。

案例：赌资受保护吗？

案情：原告钱多多与被告输光光是邻居，经常在一起打麻将赌博。一天，两人邀约了另两位朋友凑成一桌又打麻将赌博。输光光手气不好，将自己带来的钱输光后，便向钱多多借了500元，两人言定第二天归还，并立字据为证。不久，输光光的500元钱又输光了，大部分是输给钱多多了。第二天，钱多多到输光光家催要借款，输光光拒绝归还。钱多多于是写了一张起诉状，到人民法院控告输光光，要求他归还借款。

本案涉及民事行为应当遵守法律和国家政策原则，钱多多、输光光的赌博行为是违反国家法律的行为，应受到国家执法机关的处理；输光光为赌博而向钱多多借款的行为，是违反国家法律而致无效的民事行为，法院作为国家司法机关对此不予保护，因此法院将驳回钱多多的起诉。

（五）维护国家和社会公共利益原则

《民法通则》第7条规定，民事活动应遵守社会公德，不得损害社会公共利益，破坏国家经济计划，扰乱社会经济秩序。

案例：将遗产留给二奶，把悲伤留给原配

案情：被告60岁的蒋原配与黄某某于1963年5月经恋爱登记结婚。1996年，黄某

某与比他小近30岁的原告张二奶相识后，二人便一直在外同居。后来，黄某某因患肝癌病晚期住院治疗。并于2001年4月18日立下书面遗嘱，将其所得住房补贴金、公积金、抚恤金和卖一处住房所获款的一半4万元及自己所用的手机一部总额6万元的财产赠予张二奶所有，公证处对该遗嘱出具了公证书。黄某某因病去世。黄某某的遗体火化前，张二奶当着蒋原配的面公开宣布了黄某某留下的遗嘱，并以蒋原配侵害其财产权为由诉讼至人民法院。

虽然黄某某的遗嘱是其真实意思的表示，但《民法通则》第7条明确规定，民事行为不得违反公共秩序和社会公德，违反者其行为无效。本案中遗赠人黄某某的遗赠行为违反了法律的原则和精神，损害了社会公德，破坏了社会公共秩序，应属无效行为，据此，法院依照《民法通则》第7条的规定，驳回原告张二奶的诉讼请求。

三、民事主体

（一）什么是民事主体

民事主体，又称民事法律关系主体，指的是参加民事法律关系、享受民事权利并承担民事义务的人。在我国，民事主体的分类及他们的特征可以用下图表示：

民事主体的分类 $\begin{cases} \text{自然人：享有一切人身权、财产权} \\ \text{法人：享有财产权、一定范围内的人格权，不享有身份权} \\ \text{其他组织如国家、个人合伙、合伙企业、个人独资企业等} \end{cases}$

这其中，与我们生活息息相关的民事主体是自然人和个人合伙。

（二）自然人

1. 自然人的民事权利能力

自然人的民事权利能力，指的是法律赋予公民享有民事权利、承担民事义务的资格。《民法通则》第9条规定："公民从出生时起到死亡时止，具有民事权利，依法享有民事权利，承担民事义务。"

自然人的民事权利能力既然始于出生，则如何确定自然人的出生时间成为了一个重要问题。我国法律规定，出生时间以户籍证明为准；没有户籍证明的，以医院出具的出生证明为准。没有医院证明的，参照其他有关证明认定。

比如张家要为他家的宝贝孙子张小明过生日，却为确定其出生日期犯愁，张小明的妈妈记得儿子是8月28日晚上出生的，医院接生记录上是8月29日，出生证上记载的是8月30

日，而户口簿上记载的却是9月1日。小明的出生时间究竟如何确定？根据法律规定，出生时间以户籍登记时间为准，小明的出生时间应该是9月1日。

自然人的民事权利能力因死亡而终止，所以，死亡是民事权利能力消灭的唯一原因。民法上说的死亡，包括自然死亡和宣告死亡两种。自然死亡就是指一个人的生理机能完全终止了。自然死亡的确切时间，以医学上公认的标准和医学上鉴定时间为准。宣告死亡较之自然死亡是个比较复杂的问题。宣告死亡是指公民下落不明达到法定期限，经过利害关系人申请，由人民法院宣告其死亡的法律制度。根据《民法通则》第23条的规定，宣告公民死亡必须具备以下条件：一是受宣告人下落不明满4年（意外事故如洪水、地震等为2年）；二是须经利害关系人申请。利害关系人的范围及顺序为：（1）配偶；（2）父母、子女；（3）兄弟姐妹、祖父母、外祖父母、孙子女、外孙子女；（4）其他有民事义务关系的人。同一顺序的利害关系人中，有的申请宣告死亡、有的不同意宣告死亡的应宣告死亡。如果宣告死亡只是为了清偿债务，而不同意宣告死亡的人愿意承担债务的话，也可以不宣告死亡；三是需要经过人民法院依法定程序宣告。人民法院受理宣告死亡申请后，应该发公告寻找，公告期为1年，如果是意外事故的话，公告期为3个月。公告期满后，人民法院才可以作出宣告。宣告死亡的效果和自然死亡一样，被宣告死亡的人与其他人之间现存的所有民事法律关系消灭，如婚姻终止、财产继承开始。但是毕竟宣告死亡是一种推定，被宣告死亡的人可能还活着。下面这个案例中的黄倒霉就遇到了这样的问题。

黄倒霉是一个事业单位的职员。2000年6月因公出国，从此之后失去音讯，到2005年6月，下落不明已经5年。黄倒霉的妻子李红不经黄倒霉父母同意直接向人民法院申请宣告黄倒霉死亡。人民法院受理了黄倒霉妻子的申请，于2005年8月30日宣告黄倒霉死亡，其财产分配给李红和其父母，李红不久后嫁给了她单位的负责人张三。不幸的是，刚结婚几天，张三就因车祸死亡了。2006年12月，黄倒霉突然回家了！原来他出差到国外，被人骗走了财物，无法回家，于是在边境地区流浪了5年，因为思家心切，终于走回来了！回来后得知一切，黄倒霉大吃一惊，要与李红复婚，李红不同意，后又要李红和他的父母归还他的财产，遭对方拒绝。黄倒霉于是去咨询了律师，并对律师提出了下列几个问题：（1）黄倒霉的妻子李红不经其父母同意，直接向法院申请宣告黄倒霉死亡，有道理吗？（2）黄倒霉是否有权要求与李红恢复夫妻关系？（3）黄倒霉是否有权要求李红和其父母归还财产？

（1）李红当时作为黄倒霉的配偶，属于宣告死亡的第一顺序利害关系人，她可以直接向法院申请宣告黄倒霉死亡。（2）黄倒霉无权要求与李红恢复夫妻关系。我国法律规定，被撤销死亡宣告的人的配偶尚未再次结婚的，夫妻关系自撤销死亡宣告之日起自行恢复，但如果其配偶再婚后又离婚或者再婚后配偶死亡的，则不得认定夫妻关系恢复。本案中黄倒霉的原配偶李红再婚了，虽然她的第二个老公去世了，他们的婚姻关系还是不能恢复。（3）黄倒霉有权要求李红及其父母返还财物。

2. 自然人的民事行为能力

自然人的民事行为能力，指的是法律确认公民以自己的行为行使民事权利和设定民事义务，并且能够对自己的违法行为承担民事责任的资格。《民法通则》根据年龄和智力状况的不同，将公民的民事行为能力分为以下三类：

（1）完全民事行为能力

完全民事行为能力，指能够完全通过自己独立的行为取得民事权利和承担民事义务的资格。一般来说，完全民事行为能力人就是已达成年、精神状况正常、能完全辨认自己行为及其后果的公民。我国法律规定18周岁以上的公民是成年人，具有完全民事行为能力。又规定16周岁以上不满18周岁的公民，以自己的劳动收入为主要生活来源的，也视为完全民事行为能力人。

（2）限制民事行为能力

限制民事行为能力，指的是只有部分民事行为能力，享有民事权利和承担民事义务的资格受到一定限制。《民法通则》规定，10周岁以上的未成年人是限制民事行为能力人，可以进行与其年龄、智力相适应的民事活动。《民法通则》还规定，不能完全辨认自己行为的精神病人是限制民事行为能力人，只能进行与精神健康状况相适应的民事活动。

案例：限制民事行为能力人的购物纠纷

案情：今年年初，市民马女士让刚满13周岁的儿子到楼下的银行存压岁钱，她把3600元现金及存折交给儿子后就再未过问此事。一周后，马女士突然在儿子的房间里发现了一台"神舟"笔记本电脑。在马女士的追问下，儿子坦言，这台电脑是用1999元压岁钱购买的。得知该情况后，马女士带着儿子找到经营者，要求退货，但是经营者以商品没有质量问题为由拒绝退货。

依据《民法通则》，马女士的儿子属于限制消费行为能力人，购买笔记本电脑对于刚满13周岁的孩子而言不是适应其年龄及智力的行为，这一消费行为并未征得其法定代理人马女士的同意，应是无效的消费行为。经营者应该为消费者退货。

要注意的是，买近2000元的笔记本电脑与马女士儿子的年龄与智力而言是不适应的行为，但马女士的儿子花20块钱去买一本书是完全可以的。

（3）无民事行为能力

无民事行为能力，指的是不具有以自己的行为取得民事权利、承担民事义务的资格。《民法通则》规定，不满10周岁的未成年人以及不能辨认自己行为的精神病人是无民事行为能力人。比如小强只有7岁，他去买一个钻戒或者订立一个遗嘱这些行为是完全无效的。要注意的是，依据民法原理，无民事行为能力的人花自己少量的零花钱从事一些简单的活动一般是有效的，比如小强放学后花2元钱买一支雪糕这个行为是有效的。

3. 自然人的户籍、居民身份证、住所

户籍是以户为单位记载公民姓名、出生、住所、结婚、离婚、收养、失踪、死亡等事项的法律文件。户籍对于确定公民的民事身份、明确其家庭状况和财产继承关系、确定其姓名权等，都具有重要意义。

居民身份证是证明公民个人身份的证明文件，年满16周岁的中国公民应申领此证。

住所是指自然人生活和进行民事活动的主要基地和中心场所，是民事主体发生民事法律关系的中心地域。公民的户籍所在地的居住地是法定住所，但是很多情况下公民的经常居住地并不在这个法定住所，所以公民的经常居住地被视为住所。经常居住地指的是自然人离开住所地最后连续居住1年的地方，住院看病除外。如果自然人从户籍所在地迁出后迁入他地之前，没有经常居住地的，则原来户籍所在地仍为其住所。

4. 监护制度

在上文中提到的无民事行为能力人和限制行为能力人不能或者只能在一定范围内以自己的行为取得民事权利、承担民事义务。为了保障这一部分人的权益，民法里面设置了监护制度。监护，指的就是为保护无民事行为能力人和限制民事行为能力人的人身和财产权利而由特定的公民或组织对其予以监督、管理和保护的制度。

无民事行为能力人和限制行为能力人中包括了未成年人和精神病人，这两类人的监护人的顺序有一定的差别。

未成年人，通俗地讲就是小孩子，他们的父母是他们当然的监护人，这种监护人资格从未成年人出生的时候开始就当然地取得了，不必经由任何程序。那么如果未成年人的父母死亡或者失去了监护能力怎么办呢？我国民法规定，应该按以下顺序确定其中有监护能力的人担任监护人：（1）祖父母、外祖父母；（2）哥哥姐姐；（3）关系密切的其他亲属、朋友愿意承担监护责任，经未成年人的父母所在单位或者未成年人住所地的居民委员会、村委会同意的。没有上述规定的监护人的，由未成年人的父母所在单位或者未成年人住所地的居民委员会、村委会或者民政部门担任监护人。要注意的是，上述规定的监护人中，如果前一顺序的监护人不存在或者对被监护人明显不利的，人民法院可以根据有利于被监护人的原则，在后一顺序的有监护资格的人中为未成年人择优确定监护人。比如可怜的小明，父母由于车祸去世了，祖父母和外祖父母又都不在了，他的哥哥是个小偷惯犯，小明的姨妈是个大学老师且愿意照顾小明，人民法院可以选定小明姨妈为小明的监护人。

对于无民事行为能力或限制民事行为能力的精神病人，按照《民法通则》规定，应按如下顺序确定其监护人：（1）配偶；（2）父母；（3）成年子女；（4）其他近亲属；（5）关系密切的其他亲属、朋友愿意承担监护责任，经精神病人所在单位或者住所地的居民委员会、村委会同意的。现实生活中，会遇到很多不愿意给精神病人担任监护人的情况，遇到这种情况，由精神病人所在单位或住所地的居委会、村委会在近亲属中指定。对指定不服的，可以提起诉讼，由人民法院裁决。以上监护人都没有的，由精神病人所在单

位或住所地的居委会、村委会或者民政部门担任监护人。

监护制度是一种责任制度，根据《民法通则》相关规定，监护人要承担的职责主要有以下几项：（1）保护被监护人的人身、财产及其他合法权益；（2）管理被监护人的财产；（3）代理被监护人参加各类民事活动；（4）教育和照顾被监护人；（5）在被监护人的权利受到侵害或发生争议时，代其进行诉讼。如果监护人不履行监护职责或侵害被监护人合法权益，应该承担责任，给监护人的财产造成损失的，应该赔偿，如果法院发现监护人不适宜继续担任下去的，可以根据相关人的申请，撤销监护人的资格。

5. 个体工商户、私营独资企业和农村承包经营户

个体工商户，指在法律允许的范围内，依法经核准登记，从事工商业经营活动的公民。

私营独资企业，是指一人出资经营，企业资产属于私人所有，雇佣工人达到一定人数的经济组织。

农村承包经营户，指在法律允许的范围内，按照承包合同规定从事商品经营的农村集体组织的成员。

上述三类都享有广泛的民事权利，也承担着一定的义务。如李四开了个服装店，依法经过了核准登记，那么他就是一个个体工商户，他对他这个服装店里的所有合法财产都享有所有权，他可以自主经营，甚至经过批准他还可以给他的服装店起个字号，刻个图章，在银行开个账户。如果李四服装店赚了钱，他可以一个人出资，雇佣几个人，成立一个有关服装的私营独资企业。如果李四不想做服装这块，正好他还有个农村户口，他可以回到农村承包一个果园，在履行承包合同规定义务的前提下，享有果园中土地的使用权、产品收益分配权、生产经营计划权等等。正所谓有权利就有义务，如果李四的服装店或者服装私营独资企业或者果园欠债了，李四要承担的是无限责任，通俗点说就是李四服装店借的钱不以他投入经营的财产为限承担，而是由李四这个人的所有财产来承担债务。其至如果李四虽然是用个人名义申请登记的个体工商户或者个人承包的农村承包经营户，但是是用家庭共有财产投资或收益的主要部分供家庭成员共同享用的，这笔债还要由李四家庭共同财产来偿还。如果李四有老婆，他之前的收入是夫妻共同财产，那么这笔债就要由李四和他老婆共有的财产来偿还了。当然法律也是仁慈的，如果李四的债务要以其家庭共有财产承担，法律规定要给李四一家保留家庭成员的生活必需品和必要的生产工具。

（三）合伙

1. 合伙的概念

民事主体中，除了上文说到的自然人和我们的生活息息相关，合伙组织也同样重要，在现代经济生活中占据着重要的地位。《民法通则》第30条规定："个人合伙是指两个以上公民按照协议，各自提供资金、实物、技术等，合伙经营、共同劳动。"比如小强、小明和小红三人是好朋友，他们分别出资1万元、2万元和3万元，订立了书面合同，约定按出资分红，合伙开办强明红计算机服务部，并以小红的名义办理了营业执照，这就是一个合伙企业。

2. 合伙的财产

合伙财产指合伙人为经营共同事业所构成的一切财产、权利和利益，它包括了两个部

分，一是由各合伙人按合伙协议合伙投入的财产，二是合伙经营过程中积累的财产。比如上文中提到的强明红计算机服务部，三个合伙人分别出的1万元、2万元和3万元就是合伙人投入的财产。这6万元一旦投入，就由合伙人统一管理和使用。这个强明红计算机服务部开办两年赚了16万元，这16万元就是合伙经营积累的财产。按照财产共有关系的一般法则，合伙人共有财产由全体合伙人统一管理和使用，非经全体合伙人一致同意，任何合伙人都不能使用和处分合伙财产。

3. 合伙的经营

合伙是合伙人的共同事业。因此，除了合同另有约定外，每个合伙人均有执行合伙事务的权利和义务。但由于合伙毕竟是一个组织，所以合伙事务的执行通常有两种方式：一是由全体合伙人共同执行；二是从合伙人中推举一人或数人负责执行。比如强明红计算机服务部的合伙人推举了小强为负责人，那么小红和小明就要对其进行监督。小强被推举出来后，对外代表全体合伙人的利益，在法律上视为合伙的代表人，其执行职务行为产生的法律后果，由全体合伙人共同承担，但在合伙内部，如果这个错误是由小强个人造成的，那么小明和小红有权要求他赔偿损失。至于小强个人没有和小红和小明商量，超越了合伙的经营决策范围而造成了损失的话，这个损失就要小强个人来承担了。

4. 合伙的债务

合伙的债务，是指合伙关系存续期间，以全体合伙人名义从事经营活动所产生的债务。对合伙的债务，合伙人应该按照其出资比例或合伙协议的约定，以其个人财产承担清偿责任。这里所说的个人财产不限于合伙人出资的财产。比如强明红计算机服务部对外欠了12万元，并非小强还1万元、小明还2万元、小红还3万元，这三个合伙人如果没有约定还款比例的话，就应该按他们的出资比例清偿债务，小强要还2万，小明要还4万，小红要还6万。如果强红明计算机服务部欠的是刘先生的钱，刘先生既可以对全部合伙人提出还钱的要求，也可以对其中一个或者两个提出还款的要求。比如刘先生只找到了小强，他可以让小强履行所有债务12万元。小强还完这12万元后，有权向小明和小红追偿，这个时候合伙的外部债务就转变成了合伙的内部债务。

5. 入伙、退伙和合伙的终止

入伙，指的是合伙成立后、解散前，有新的人加入合伙取得合伙人身份的民事法律行为。入伙的基本条件是：1）入伙人必须以接受原合伙人合伙协议的基本内容为其入伙的前提；2）入伙须经全体合伙人一致同意。比如小白看到这个强明红计算机服务部经营得不错，他接受这个合伙协议并愿意出资，又获得了小强、小明和小红的共同同意，小白就可以入伙了。小白入伙后享有与其他三人一致的权利和义务。

退伙，是指合伙人与其他合伙人脱离合伙关系，丧失合伙人身份。退伙又分为声明退伙和法定退伙。比如小强自己不想干了，出于自己意愿的退伙就属于声明退伙。但是如果是小明发生了事故去世了，或者小红因为一些原因被开除了，就属于法定退伙。合伙人退伙时分割的财产应当包括合伙时投入的财产和合伙期间积累的财产。

合伙的终止，即合伙人之间由协议所约定的权利义务关系终结，合伙关系消灭。合伙的终止主要有如下原因：1）合伙的存续期间到期；2）合伙人全体同意终止合伙协议；

3）合伙事业已经完成或者确实无法完成；4）合伙违反法律而被撤销。合伙终止后依法必须进行业务了结、债务清偿、出资返还和分配盈余等。

四、民事法律行为

民事法律行为是指公民或法人以设立、变更、终止民事权利和民事义务为目的的具有法律约束力的合法民事行为。民事法律行为是合法行为，以适法性为特征，不包括无效民事行为，可变更、可撤销民事行为以及效力未定民事行为。其行为特征如下：

1. 应是民事主体实施的以发生民事法律后果为目的的行为；

2. 应是以意思表示为构成要素的行为；

3. 应是合法行为。

下列为无效民事行为：

1. 无民事行为能力人实施的民事行为。例如一个8岁的小孩花1万元买了个钻戒。

2. 限制民事行为能力人依法不能独立实施的。例如一个间歇性精神病人在他发病期间和一个女子登记结婚。

3. 一方以欺诈、胁迫的手段或者乘人之危，使对方在违背真实意思的情况下所为的。例如孔某某绑架了孙某某，威胁孙某某写下一张欠条。

4. 恶意串通，损害国家、集体或者第三人利益的。例如张三和李四约定瓜分偷了刘五的金条。

5. 违反法律或者社会公共利益的。例如王麻子和周麻子就毒品买卖达成的合同。

6. 经济合同违反国家指令性计划的。例如政府的诚市规划中，规定了某个区域的楼高只能是50米以下的，某房地产公司在该地开发100米的楼盘。

7. 以合法形式掩盖非法目的的。例如陈先生其实是要将房子卖给吴先生，但为了逃避国家税收，两人表面上签订房屋赠与的合同，实际上进行的是买卖行为。

注：无效的民事行为，从行为开始起就没有法律约束力。

下列为可变更、可撤销民事行为，一方有权请求人民法院或者仲裁机关予以变更或者撤销：

1. 行为人对行为内容有重大误解的。例如张小姐以为自己买到的是一台iPhone5，但其实是一台iPhone4。

2. 显失公平的。例如一个外行人将一张珍邮按显然过低的报价卖给集邮家，而其本人当时不知卖价明显过低。

注：被撤销的民事行为从行为开始起无效。

另外，民事法律行为可以附条件、附期限，附条件的民事法律行为在符合所附条件时生效，附期限的民事法律行为在所附期限届满时生效。

五、民事责任

（一）什么是民事责任

民事责任是民事法律责任的简称，是指民事主体在民事活动中，因实施了民事违法行为，根据民法所承担的对其不利的民事法律后果或者基于法律特别规定而应承担的民事法律责任。

（二）民事责任的种类

违反民事义务的行为包括作为和不作为，因而导致承担的民事责任有：

1. 违约责任，即不履行、不适当履行或不完全履行合同中规定的义务的民事责任。

2. 侵权行为的民事责任。例如甲委托乙保管一辆轿车，乙在保管期间将轿车借给丙用，丙把轿车弄坏了，乙就要承担对甲的违约责任，丙要承担对甲的侵权责任。

3. 不履行法定义务的民事责任。例如张爷爷只有张小明这个儿子了，张小明拒绝抚养张爷爷就要负不履行法定义务的民事责任。

另外在刑事诉讼中如果提起附带民事诉讼，则犯罪人除服刑外，还要承担民事责任。比如丁某某喝醉了酒开车撞死了吴某某，丁某某不仅要接受刑法的处罚，还将承担民事责任。

（三）承担民事责任的方式

承担民事责任一般以赔偿损失为主，但也兼有其他形式，包括如下：

1. 停止侵害。比如刘捣蛋正在砸崔倒霉的车窗户，受害人崔倒霉可以依法请求其停止这种侵害行为。

2. 排除妨碍。比如周捣蛋在自家门外的公共通道上违法设置路障，行人可以请求周捣蛋除去路障。

3. 消除危险。比如小红小明两家相邻，小红拆房子时独留下临近小明的房屋的墙一堵，这墙岌岌可危，不知道什么时候可能会对小明的房子造成威胁，小明可以要求小红拆了这堵墙。

4. 返还财产。即将非法占有的财产归还给财产的所有人。例如李小姐走在路上手机不小心从口袋滑落，走在她后面的吴捣蛋捡到了并且大喊："捡到了就是我的。"李小姐可以要求吴捣蛋返还手机。

5. 恢复原状。例如葛捣蛋一直在外说刘三好的坏话，诬陷刘三好是个黄赌毒都沾染的坏人，刘三好可以要求葛捣蛋通过登报或者其他方式使他被损害的名誉权得到恢复。

6. 损害赔偿。这是适用最广泛的一种责任形式。例如甲委托乙保管轿车，乙把轿车借给了丙，丙弄坏了轿车，那么乙和甲都可以通过赔偿相应的钱承担民事责任。

7. 赔礼道歉。这一般适用于人身权受到侵害的情形。比如宫捣蛋一直在外称冯先生阳痿，冯先生可以要求宫捣蛋作出书面或者口头的道歉。

上面几节都是介绍的民法总则的基本内容，接下来要为读者介绍三部与我们日常生活息息相关的民法：《婚姻法》、《继承法》和《合同法》。

六、《婚姻法》

（一）结婚制度概述

我国法律上的结婚有三个特征：一是结婚的行为主体必须是男女异性，同性间不能结婚，前段时间，福建的一对男孩举行了中国第一次同性婚礼，但这并非法律上的结婚；二是结婚的行为严格受法定条件和程序规范，很多农村的老人认为摆了酒就是结婚了，其实不然；三是结婚行为的后果是建立夫妻关系。

结婚要满足法定条件和禁止条件。

> 法定条件包括：
>
> 1. 男女双方完全自愿：禁止一方对另一方的强迫或者任何第三人干涉。如果现代社会梁山伯和祝英台要结婚的话，他们的父母不能阻挡他们。
>
> 2. 双方均达法定年龄：男满22周岁，女满20周岁。比如一对情侣刚满18岁，刚刚高中毕业，秉着"不以结婚为目的的恋爱都是耍流氓"的崇高原则，偷了家里的户口本去婚姻登记办理结婚，那里的工作人员是不会给他们办的。
>
> 3. 双方均无配偶。无配偶又包括三种情形：一是未婚；二是丧偶；三是离婚。
>
> 禁止条件包括：
>
> 直系血亲、三代以内旁系血亲；
>
> 患有医学上认为不应结婚的疾病。

何为直系血亲、三代之内旁系血亲呢？为了避免爱上血亲却无法结婚的悲剧，下图将以自己为中心，展示禁止与自己结婚的直系血亲和三代以内旁系血亲。

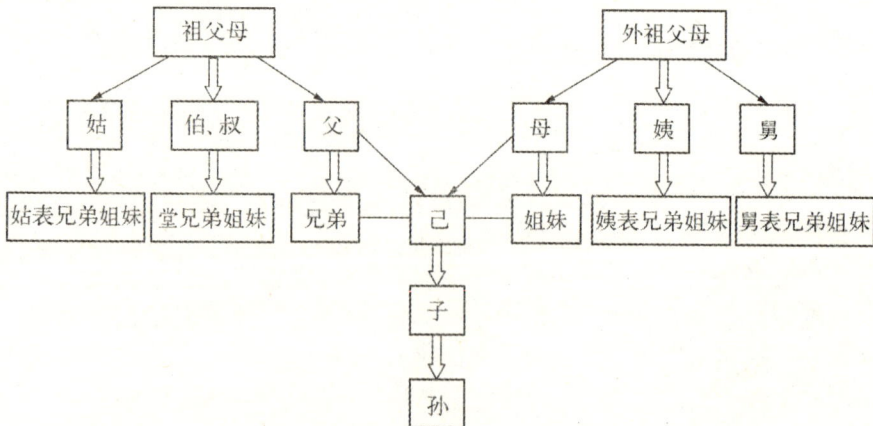

满足了上述结婚的法定条件又没有违反禁止性条件的话，一对男女就可以进入婚姻的殿堂了。

一对相爱的男女满足了上列条件，又在酒店摆了酒席，他们就算结婚了吗？当然不是。我国实行登记结婚的制度，要经过去一方户口所在地的婚姻登记机关进行结婚登记，取得结婚证，这对男女才确立夫妻关系。登记的机关既包括街道办事处或者市辖区、不设区的市人民政府的民政部门，也包括乡、民族乡、镇的人民政府。要带的证件包括：（1）户口簿（或者集体户籍证明）；（2）居民身份证；（3）婚姻状况证明（固定工、离退休职工由所在单位出具，待业、个体无业人员由居（村）委会出具，待业人员、个体户还应提供劳动手册或执照）；（4）本人近期正面免冠二寸单人彩照3张，双方照片颜色统一，结婚登记处也有现场照相的服务。（5）再婚当事人的特殊证明（另外要持上述的各种证明），离婚证书（或解除夫妻关系证明、法院调解书、法院离婚判决书）

注：持初级法院判决书的，还需带好初级法院判决生效的证明。

（二）效力有瑕疵的婚姻

1. 无效婚姻

无效婚姻包括以下情形：

（1）重婚的：即一方或者双方有配偶的。如甲男在A地有老婆孩子，在B地工作时又认识了乙女。乙女不知道甲男有妻子，甲男通过伪造未婚证明与乙女登记结婚。后来乙女知道了十分气愤，就去法院请求确认婚姻无效。

（2）直系血亲和三代以内旁系血亲之间的婚姻。如甲男的爸爸和乙女的妈妈是亲兄妹。甲男和乙女一直在一起读书学习。在一起学习工作的过程中，这一对年轻人萌发了爱意，并且山盟海誓。某年某月，甲男24岁，乙女22岁，二人拿着单位开具的结婚证明和户口簿到婚姻登记机关申请结婚登记。婚姻登记机关的登记员在审查他们的户口时发现他们是表兄妹，属于三代以内的旁系血亲，为此登记员未予登记。如果婚姻登记机关的登记员没有发现他们的表兄妹关系，为他们办理了结婚登记，甲男和乙女的婚姻也是无效的。

（3）未达法定婚龄的。甲男差两天满22周岁的时候和乙女办理了结婚登记，这个登记也是无效的。但是要注意的是，这个禁止条件是可以随着甲男年龄的增长改变的。

（4）婚前患有医学上认为不应当结婚的疾病，婚后仍未痊愈的。如甲男患有严重的遗传性疾病或者淋病，他与乙女结婚后仍未痊愈，他们的婚姻无效。

（5）没有依法履行结婚登记程序的。

那么谁可以向法院申请宣告婚姻关系无效呢？除了婚姻当事人外，有一些情形还包括了别的利害关系人。比如以重婚为由的，当事人的近亲属及基层组织都可以向法院申请；以未达法定婚龄为由的，未达法定婚龄者的近亲属可以申请；以有禁止结婚的亲属关系为由的，当事人的近亲属可以申请；以有禁止结婚的疾病为由的，与患者共同生活的近亲属可以申请。

2. 可撤销的婚姻

可撤销的婚姻指的是行为人以给另一方当事人或者其近亲属的生命、身体健康、名誉、财产等方面造成损害为要挟，迫使另一方违背真实意思结婚的婚姻。

这种婚姻的撤销权人只能是被胁迫一方的婚姻关系当事人本人。

撤销的机关包括婚姻登记机关和人民法院。而且撤销的时间要注意是在结婚登记之日起一年之内，如果被胁迫结婚的人，被非法限制了人身自由，那么就从重获自由之日起算起。

相关案例：21岁的乙女和25岁的甲男在网上聊天后产生了好感，甲男秘密将乙女裸聊的视频保存下来。后来甲男要求乙女与其结婚，乙女不同意。甲男威胁乙女若不同意就把裸聊的视频散布出去，乙女只好同意和甲男结婚并且办理了登记。

在这个案例中，乙女就可以在婚姻登记日起的一年内向婚姻登记机关或者人民法院申请撤销该婚姻。

（三）离婚制度概述

在我国，离婚方式包括协议离婚和诉讼离婚两种。

1. 协议离婚

协议离婚必须符合双方自愿和已就财产和离婚后的子女抚养问题达成协议两个条件。符合这两个条件后，经过婚姻登记机关审查合格的，发给离婚证，婚姻关系就解除了。

2. 诉讼离婚

诉讼离婚包含以下法定情形：

（1）重婚或者非法同居；

（2）实施家庭暴力、虐待、遗弃家庭成员；

（3）有赌博、吸毒等恶习且屡教不改；

（4）因感情不和而分居满2年，这里要注意的是分居的原因必须是因为感情不和；

（5）一方被宣告失踪。

在诉讼离婚中，对以下两类人有特殊保护：

现役军人。军人的配偶要求离婚的，必须征得军人同意，但是军人一方有重大过错者除外。"重大过错"指的是《婚姻法》第32条第3款所列的前三项行为，如重婚或者非法同居；实施家庭暴力、虐待、遗弃家庭成员；有赌博、吸毒等恶习且屡教不改。

女性。在下列情况下，男方不得提出离婚：（1）女方孕期；（2）女方分娩后1年内；（3）女方中止妊娠（如流产）6个月内。但如果女方提出离婚或者法院认为确有必要受理男方离婚请求的不受以上限制。法院认为确有必要受理男方离婚请求的，主要有双方矛盾尖锐到会危及一方生命或者婴儿生命，或者女方怀着的、生下的婴儿是别人的这些情形。

（四）离婚后的一些问题

1. 离婚后的子女抚养问题

父母、子女的关系，不因为父母离婚而消除。离婚后，父母对子女仍负监护职责，但在一些法定情形下，如另一方对子女有犯罪行为、虐待行为或者对子女明显不利的行为的，一方可以申请法院取消对方的监护资格。虽然说离婚后，父母对子女的监护责任不变，但法院还是要为子女确定归谁抚养的问题。一般哺乳期内的子女，原则上由哺乳的母亲抚养；哺乳期后的子女，通过双方协议确定抚养人；协议不成的，由法院判决。

离婚后一方抚养子女的，另一方应负担必要的抚养费。抚养费包括子女的生活费、教育费及医疗费等。一般抚养费的多少还有支付的方法等由双方协议而定，如果双方协议不成的，则由法院判决。判决后，子女在有必要的时候有权向父母任何一方提出超过原定数额的要求，如果这个要求涉及诉讼的，法院也应当作为新的案件受理。

不直接抚养子女的一方，有权利探望子女，另一方不得无故拒绝。探望的时间和方式可以由双方协议，协议不成的，则法院判决。如果一方故意拒绝另一方探望子女，探望权被妨碍的一方可以到法院起诉。

要注意的是，子女的抚养关系是可以改变的。比如说甲男和乙女原本是一对夫妻，两人结婚后生了一男一女两个小孩。婚后乙女作风不正，对孩子漠不关心，对家庭缺乏照顾，夫妻二人经常为此吵架。某年某月某日，两人在婚姻登记中心办理了离婚手续，协议儿子由甲男抚养，女儿由乙女抚养，抚养费各自承担。离婚3年后，乙女与人乱搞男女关系，经常夜不归宿，有时候甚至总带一些不三不四的男人回家，置女儿的生活于不顾，女儿稍有微词，乙女就对女儿一顿打骂。女儿受不了乙女，径自跑到父亲甲男处。甲男生活本不富裕，又已经有一儿子要抚养，但见到女儿惨状，终不忍心，于是要求乙女每月付给女儿抚养费，女儿由他抚养。在这种情况下，子女的抚养关系就是可以改变的。本来甲男乙女离婚的时候，一人带一个孩子是比较合理的。因乙女不能很好地抚养教育孩子，为了孩子的利益，就应该改变原来的抚养关系，由甲男抚养女儿，乙女每月支付相应的抚养费。

2. 离婚后的夫妻财产处理问题

夫妻双方的共同财产的处理，一般由双方协议处理，协议不成的，法院依据照顾子女和女方权益的原则判决。离婚的时候，如果一方有隐藏、变卖、毁损共同财产或企图侵占另一方财产的情形的，对于有过错的一方，法院可以判决少分或者不分。如果离婚后发现了上述行为的，当事人可以在发现之日起的两年内向法院起诉，请求再次分割共同财产。

关于离婚前的债务，如果是离婚前夫妻共同生活产生的债务，应该由双方共同偿还，但如果这个债务是个人的，由一方个人财产清偿。

离婚时如果一方生活困难（指依靠个人财产和离婚时分得的财产无法维持当地基本生活水平，或者无住处的），另一方应该从其住房等个人财产中给予适当帮助，帮助形式可以是金钱、财物，也可以是房屋的居住权、所有权，具体的方法由双方协议，协议不成的，则由法院判决。

因为一方重婚或者有配偶时与他人同居或者实施家庭暴力或者虐待、遗弃家庭成员而导致离婚的，离婚诉讼当事人中的无过错方可以要求对方赔偿。

比如甲男和乙女在结婚时签订了书面协议，约定婚后财产归各自所有。乙女离婚后就辞去工作在家奉养公婆，照顾小孩。甲男长期在外地工作，并在工作地与丙女同居，乙女得知后向法院起诉要求离婚。乙女可以依据自己为家庭生活付出较多义务，要求甲男予以补偿，也可以依据自己离婚后生活困难，要求甲男给予适当帮助，还可以依据甲男与他人同居导致双方离婚，要求甲男给予损害赔偿。

（五）特殊事项

1. 彩礼问题

在下列情形下，当事人要求返还彩礼的，法院应予支持：

（1）双方未办理结婚登记手续的；

（2）已办理结婚登记手续但未共同生活就离婚的；

（3）婚前给付并导致给付彩礼的人生活困难，现已离婚的。

要特别指出的是，彩礼和谈恋爱过程中互赠的礼物是有区别的。比如说甲男和乙女在恋爱期间，甲男为取悦乙女送她的名牌包、首饰珠宝以及给的零花钱等等，不是以结婚为目的，仅是为增进双方感情而送出的礼物，并不在彩礼范围之内。如果有一天，甲男和乙女分手了，甲男并不能据返还彩礼的规定要求乙女返还恋爱期间收受的礼物。但是如果是甲男为了和乙女结婚送给乙女的聘礼，若双方未办理登记，那么甲男要求乙女返还是有依据的。

2. 婚约问题

婚约是指男女双方以将来结婚为目的所作的约定。订立婚约的行为称为订婚。婚约当事人俗称为未婚夫妻。我国是不承认婚约的法律效力的，订婚也非我国婚姻成立的必要条件，法律既不禁止订婚，也不提倡订婚。婚约并没有法律效力，只有双方自愿才可以实际履行，双方同意解除婚约的，可以自行解除，一方要求解除的，只要通知一下对方就可以了，不需要征得对方的同意。

比如甲男和乙女经人介绍恋爱，并协商订立了一份婚约，约定双方于一年后结婚。婚约订立后，二人在交往中，乙女逐渐了解到甲男性格暴躁，并有赌博酗酒等恶习，因此对他产生了反感，提出解除婚约，不愿与甲男结婚。甲男则表示不同意解除婚约，坚持要结婚，并提出，如果乙女坚决要求坚持婚约，必须退还这一年间送给她的价值2000元的衣物、食品和价值30000元的订婚信物如家传金戒指、金手镯等首饰。针对这个案例，乙女如果要解除婚约，只要告知甲男一声就可以了，并不需要甲男的同意。2000元的衣物零食等，属于甲男为了维系恋情对乙女的赠与，乙女可以不返还，而价值较高的首饰属于彩礼，是以结婚为目的的，乙女则应该归还给男方。

七、《继承法》

（一）继承制度概述

继承，是指人死亡后遗留的个人合法财产依法转移给他人所有的法律制度。被继承人死亡时遗留的个人合法财产即为通常所说的遗产。

继承自被继承人生理死亡或者宣告死亡时开始。存在相互继承关系的几个人在同一个事件中死亡，而且不能确定死亡时间的，依下列原则推定：（1）无继承人的人先死亡；（2）都有继承人的，长辈先死亡；（3）辈分相同的，同时死亡，彼此无继承发生。依据以上原则，你能为下列案例中的人的死亡时间排个序吗？

> 案例：A、B是夫妻，有一子C、一女D；C、E是夫妻，有一子F；E有一兄长G。某日，A、B、C、E、F一起出外旅游，不幸遭遇车祸全部罹难，如何推定他们的死亡的先后顺序？

> 根据无继承人的先死亡这个原则，本案中ABC均有继承人D，E有继承人G，只有F没有继承人，所以F先死。然后作为长辈的AB一起死。最后CE同时死。

成为遗产需要满足三个条件。首先，这个财产应该是个人财产。属于夫妻共同财产的，应该先将共同所有的财产的一半分给配偶所有，其余才能成为被继承人的遗产。其次，这个财产必须是合法财产。比如说一个赌棍，他根本没钱，但特别嗜赌。有一天赌棍参与麻将赌博，大战一天一夜后终得一"自摸"，赢得100万元赌款。该赌棍高兴得忘了形，手舞足蹈，然后倒地而亡。这个赌棍的妻子要求继承这100万元就是不可以的。因为这100万的赌博款不是合法财产，不是遗产。最后，财产必须是被继承人死亡时的财产。

（二）继承方式和遗产分配

继承中最重要的分类方式是依据继承财产的方式分为法定继承和遗嘱继承。法定继承指的是继承人不是依据被继承人的遗嘱，而是依法律的直接规定而继承遗产，遗嘱继承则指继承人依照被继承人生前立下的合法有效的遗嘱规定而继承遗产。与遗嘱继承相近的还有遗赠，我国《继承法》中还有一个特殊的遗赠扶养协议存在。

1. 法定继承

法定继承人中的第一顺序继承人包括配偶、子女和父母，要注意的是收养他人为养孙子女，视为养父母与养子女的关系，互相为第一顺序继承人。法定继承中的第二顺序为兄弟姐妹、祖父母和外祖父母。

丧偶儿媳、女婿对公婆或者岳父母尽了主要赡养义务的，也是第一顺序继承人。比如甲乙是一对夫妻，育有一子一女，女儿丙已经出嫁，儿子娶了妻子丁，生有一个儿子戊，儿子于5年前不幸遭遇车祸死亡。甲乙年纪都很大了，没有固定生活来源，女儿出嫁后，拒不赡养老人，并数度虐待甲乙。甲乙主要由儿媳丁供养。甲于某年某月死亡，留下的遗产有房屋四栋。在这种情况下第一顺序人就应该是甲的配偶乙、甲的丧偶却尽主要赡养义务的儿媳丁以及孙子戊。

还有虽不是继承人，但依靠被继承人生前扶养的无劳动能力又无生活来源的人，或者对被继承人赡养较多的人，也可以适当分得遗产。比如甲有一儿一女，但是他们都在国外定居。从甲60岁退休到80岁死亡期间，他的侄女乙一直负责照料他的生活。那么乙可以从甲的遗产中适当分得一部分。

特别注意1：养子女是养父母的第一顺序继承人，但不是其生父母的第一顺序继承人，除非他对他的生父母尽了较多的赡养义务，才可以适当分得遗产。

特别注意2：有第一顺序继承人的，第二顺序继承人就没有继承机会了。

特别注意3：法定继承中的被继承人的子女先于继承人死亡的，他的晚辈直系血亲代替他的位置继承他应该继承的份额。比如甲有一个儿子乙和一个女儿丙，他的儿子乙又有一个儿子丁。乙于某年8月1日死亡，甲于同年8月2日死亡，那么甲的女儿丙当然为甲的第一顺序继承人，而甲的孙子丁根据代位继承的原则也是第一顺序继承人。

2. 遗嘱继承

遗嘱继承的适用条件包括没有遗嘱扶养协议；立有遗嘱并且合法有效；遗嘱继承人没有放弃、丧失继承权，也没有于被继承人之前死亡。

遗嘱的形式包括下列几种：

（1）自书遗嘱：遗嘱人亲笔书写的书面遗嘱。

（2）代书遗嘱：别人帮忙写的遗嘱。（需要同时满足有两个以上合格的见证人当场见证，其中一个见证人代书，以及代书人、其他见证人、遗嘱人都签名三个条件，缺一不可。）

（3）录音遗嘱：两个以上合格见证人在场见证的。

（4）口头遗嘱：两个以上合格见证人在场见证的。

（5）公证遗嘱：以上所列4种遗嘱，经遗嘱人亲自申请，经公证机关公证的。

有下列情形的，遗嘱无效：

（1）限制、无行为能力人所立的遗嘱。

（2）受胁迫、欺骗而立的遗嘱。

（3）伪造的遗嘱。

（4）被篡改部分的遗嘱内容。

（5）处分了属于国家、集体、他人所有的财产的遗嘱部分。

比如说甲有三个小孩，分别是乙、丙和丁。甲死了后，发现有份遗嘱，上面写着，"我的100万块钱给乙，两辆宝马车给丙，别墅一栋归丁"。经过查证，发现遗嘱中所说的两辆宝马是甲问朋友借的。这种情况下，乙能拿到100万，丁能得到一幢别墅，丙则什么都拿不到。

要注意的是现实生活中，经常有这样的案例：甲有两个儿子一个女儿，女儿丁长年卧病在床，无收入。甲一贯重男轻女，死后留下一份遗嘱，说："我死后，我的100万存款，三个孩子各得三分之一。"经查，甲除了这100万又没有别的财产了，而依照当地的生活标准，丁需要至少40万才能维持生计。那么根据《继承法》第19条和《继承法意见》第37条，遗嘱未对缺乏劳动能力又没有生活来源的继承人保留必要的遗产份额的，对应当保留的必要份额的处分无效这一规则，这100万应该留40万给丁，剩下的60万，甲的两个儿子一人一半。

现实生活中还经常会发生遗嘱的变更和撤销。有的立遗嘱人可能不止立一份遗嘱，就会发生前后遗嘱不符的情形，遇到这种情况，被公证了的遗嘱的效力要大过别的遗嘱，如果都没公证的，那么就以最后立的遗嘱为准。现实生活中还有可能发生如下案例：甲是一个年老的有钱人，有一子一女，分别为乙和丙。甲在死前卧病在床，乙、丙争相前来嘘寒问暖，甲大受感动，于是当着律师和子女的面，立下了遗嘱："我死之后，我的1000万元给乙，宝马车和别墅一栋给丙。"并经过了公证。乙、丙见到遗嘱立下了，就再也不去看甲了。甲感到十分心寒，于是将1000万元捐给了希望工程，把车子房子变卖都捐给了慈善机构。做完这些后，甲就死了。这个案例是甲的行为属于用行动撤销了原来立下的遗嘱，他的子女不能根据原有的遗嘱获得甲的遗产。

在遗嘱中，还有一种附义务遗嘱。遗嘱中所附的义务，继承人应该予以履行。没有正当理由不履行的，经有关单位或者个人申请，法院可以取消他的继承权。当然这个义务必须是合法可行的。比如说甲的遗嘱中写明："若我的儿子丙与我战友的女儿乙结婚，我的存款10万元就归我的儿子所有。"如果甲死后，丙未与乙结婚，丙就无法继承这10万元。但是如果甲给丙设定的义务是杀了乙，那么这个遗嘱就不生效。

3. 遗赠

遗赠是基于遗嘱人的单方意思而发生的行为，旨在遗嘱人死后生效。遗赠生效的条件有：遗赠的意思表示真实有效，受遗赠的人没有在遗赠人之前死亡，以及受遗赠人有表示接受的明示行为。

4. 遗赠扶养协议

遗赠扶养协议的遗赠方必须是自然人，而受遗赠方可以是法定继承人之外的自然人，也可以是组织，但是不能是有法定扶养关系的人。

扶养人的义务包括了对遗赠人的生养死葬，权利则是取得遗赠财产。

5. 法定继承、遗嘱继承、遗赠与遗赠扶养协议的适用关系

一般情况下，遗赠扶养关系>遗嘱继承、遗赠>法定继承。但是有下列情形的，仍按法定继承进行：

（1）遗嘱继承人、受遗赠人弃权的。

（2）遗嘱继承人丧失继承权的。比如说遗嘱继承人甲为了早点得到遗产，就把还在抢救的被继承人乙杀了。

（3）遗嘱继承人、受遗赠人先于遗嘱人死亡的。

（4）遗嘱无效部分涉及的遗产。

（5）遗嘱没有说明如何分配的遗产。

要注意的是，继承人既继承了被继承人的财产，也继承了被继承人的债务。遗产分割了，债务还没有清偿的，按照以下原则清偿债务：

（1）先由法定继承人用所得遗产清偿。

（2）不足的再由遗嘱继承人、受遗赠人按比例偿还，但是以遗产价值为限度。

（3）没有法定继承的，由遗嘱继承人、受遗赠人按比例偿还，以遗产价值为限。

八、《合同法》

（一）合同总论概述

我国《合同法》主要分两大部分，总则部分主要涉及的内容为：合同的订立、合同的效力、合同的履行、合同的变更、权利义务的终止、违约责任等；分则部分是针对具体的合同的规定，如买卖合同、借款合同、租赁合同、承揽合同、委托合同等。在总则部分，与我们生活息息相关的包括合同的主体效力和履行；在分则部分，我们生活涉及比较多的是买卖合同、借款合同、租赁合同的相关规定，以及合同签订当中应当注意和防范的风险。

（二）合同的主体问题

订立的合同的主体包括自然人和法人、其他社会组织。对自然人我国法律规定，人一出生就具有民事权利能力，法律规定年满18周岁且智力发育正常的人都是具有民事行为能力的人。10岁以下的未成年人和不能辨认自己行为的精神病人，不具有民事行为能力。10岁以上的未成年人和不能完全辨认自己行为的精神病人为限制民事行为能力的人。因此，没有行为能力的人不具有订立合同的主体资格；而限制民事行为的人，在法律规定范围内具有订立合同的主体资格。而法人在订立合同时，要受到其工商机关核准其经营范围的限制。如果超出经营范围所订立的合同，在一定条件下可能会被认定无效。其次，法人的委托人在签订合同时必须要在法人的授权范围内其签订的合同才会合法有效。比如说一个13岁的初中生签订一张借款1万元的合同，这个合同就是无效的。

（三）合同的效力

从根本上来说，合同的效力是《合同法》等法律赋予的，由国家强制力保障实施的。法律对合同各方当事人的合意予以肯定性评价的时候，这个合同就生效了；法律对合同各方当事人的合意给予彻底的否定性评价的时候，这个合同就是无效的；当法律对合同各方当事人的合意给予相对否定性评价的时候，这个合同就有可能被撤销。合同效力基本法律问题包括以下几个方面：

1. 合同有效

合同有效的条件包括：（1）行为人具有相应的民事行为能力。比如你已满18周岁，精神正常，你是可以签订一份价值1万元的买卖合同的，但是如果与你签订这份合同的是一个不满18周岁的限制行为能力人或者是一个精神病患者，这份买卖合同就不是有效的；（2）意思表示真实。如果胁迫一个人，让他签订一个借款合同，其实他一点都不愿意，这个合同就属于借款人意思表示不真实，是无效的；（3）不违反法律和社会公共利益。比如贩卖毒品、包养情人等合同就是因为违反法律和社会公共利益而被认定为无效。

2. 合同无效

合同无效是指合同严重欠缺有效要件。导致合同无效的原因主要包括：（1）一方以胁迫、欺诈手段订立合同，损害国家利益；（2）恶意串通，损害国家、集体或者第三人利益；（3）以合法形式掩盖非法目的；（4）损害社会公共利益；（5）违反法律等强制性规定。

3. 合同可撤销

合同的可撤销，是指合同欠缺一定生效要件，可以通过撤销权人行使撤销权，使已经生效的合同变得无效。导致合同撤销的原因一般包括：（1）因重大误解订立的，比如网购的时候以为自己买到的是苹果5代，但是其实买到的是5袋苹果；（2）一方以欺诈、胁迫手段或者乘人之危，使对方在违背真实意思的情况下订立的合同，比如甲的邻居乙家失火了，乙被困在房子里，甲要乙跟他签订一个房屋赠与合同才肯救乙，这个合同就属于可撤销的。要注意的是，撤销权的行使是有时间限制的，必须在知道或应当知道的一年内行使。

4. 合同效力未定

合同的效力未定，是指已经成立的合同因为欠缺一定的生效条件，其生效与否尚未确定，需要通过相关权利人表示承认，则有效，如果在一定期间内不予承认，则无效。比如说一个15岁的限制行为能力人签订了一份买卖电视机的合同，这个合同成立后生效与否要看这个限制行为能力人的法定代理人（一般是父母）同意与否。

（四）合同的履行

合同的履行是合同制度的核心内容。合同履行涉及的问题很多，最重要的是合同履行的原则。合同履行的原则包括以下几条：

1. 全面履行原则

指合同当事人应该按照合同规定的内容，完成全部合同义务的要求。实际按照合同履行和正确按照合同履行是该条原则的内容。

2. 适当履行原则

现实生活中，有很多生效的合同里有些内容的约定并不明确，在这种时候就需要适用适当履行原则。这个原则要求当事人在合同里面一些内容约定不明的时候，先自己通过协议的方式补充，如果当事人不能补充的，就按照合同有关条款或者交易习惯确定合同内容，如果仍然不能确定的就采取如下标准：（1）质量要求不明确的，按照国家标准、行业标准履行，没有国家标准、行业标准的，按照通常标准或者符合合同目的的特点标准履行；（2）价款或者报酬不明确的，按照订立合同时的履行地的市场价格履行，依法应当执行政府定价或者政府指导价的，按照规定履行；（3）履行地点不明的，直接给钱的，在接受钱的一方所在地履行，交付如房子这样的不动产的，在不动产所在地履行，交付别的东西的，在履行义务一方所在地履行；（4）履行期限不明确的，债务人可以随时履行，债权人也可以随时要求债务人履行，但必须给债务人一定的准备时间；（5）履行方式不明确的，以有利于实现合同目的的方式履行；（6）履行费用谁承担的问题不明确的，由债务人承担。

3. 协作履行原则

协作履行原则，是指当事人不仅要适当履行自己的合同义务，还应该依据诚实信用原则，根据合同的性质、目的和交易习惯等履行通知、协助、保管、保密等协助义务。

（五）违约责任

违约行为主要包括以下几种：

1. 合同履行期到来前，一方当事人明确表示或以自己的行为表示不履行合同的行为。比如说甲和乙签订了一个买卖水泥合同，约定三天后甲给乙一万块钱，乙给甲水泥。三天后，甲带着钱找乙，乙说不卖给甲了。

2. 债务人事实上不能实际履行。如上例中的乙本来应该给甲一吨水泥，但是实际上乙只能弄来半吨。

3. 合同履行期届满而未履行债务的行为。如上例中的乙本来应该在三天后将水泥给甲，但是三天后，甲带着钱来了，乙却说再等我十天吧。

4. 质量标准不符而产生的行为。如上例的乙，按合同约定他应该给甲一级质量的水泥，但是他却给的是三级质量的水泥。

5. 其他行为。如乙交付水泥的行为没有按照合同规定的地点、方式等等。

要注意的是，如果甲、乙在履行合同期到来的时候遇到了特殊情况，比如说履行地山洪暴发导致水泥都被冲走了，比如说乙所在地发生战乱根本找不到乙，那么违约责任是可以免除的。

违约责任的承担有很多方式，主要包括了支付违约金、赔偿损害金、继续履行合同内容和其他补救措施等。

第二节　《民事诉讼法》法律常识

一、民事诉讼法的概念

民事诉讼法是调整民事诉讼的法律规范，是指国家制定或认可的，规范法院和当事人、其他诉讼参与人进行诉讼活动的法律规范的总和。

上一节中提到的民法与我们的生活息息相关，《民法通则》像一本生活索骥图，告诉我们什么能做，什么不能做，赋予我们权利，也教育我们承担义务。然而在生活中，我们遇到民事纠纷，仅仅有《民法通则》是解决不了所有问题的。掌握一定的民事诉讼法知识，积极运用民事诉讼手段，能依法、及时、有效、公正地解决生活中遇到的民事纠纷。

二、民事诉讼调解

（一）民事诉讼调解的含义

民事诉讼调解，即是在民事诉讼过程中，在人民法院审判人员主持下，双方当事人就民事争议通过自愿协商达成协议的活动和结案方式。它是一种由人民法院作为第三方介入当事人双方的民事、经济纠纷中，而后通过双方当事人的合意解决纠纷的方式。

（二）调解的作用

在民事诉讼中，调解是当事人处分自己权利的表现。这非常能够体现出个人对自己民事权利的完全自治，外界不能进行干涉。它贯穿在诉讼的各个环节，在这个程序中，有关当事人都可以进行调解，以求得圆满效果。调解在民事诉讼中有以下主要作用：一是既可以节约很多诉讼成本，还可以有效节约司法资源。如果按照一般的诉讼审理程序，时间、财力和精力成本一般都很高，所以诉讼是不得已而为之的选择，既然有调解的手段可以选择，大家何不加以利用呢？二是可以缓解有关当事人的对抗心理，有利于调解协议的履行。传统上，很多中国人觉得打官司是不光彩的事情，甚至视为耻辱，因此诉讼是不得已而为之，如果能够采取措施，通过友好协商的途径解决问题，不但能够缓解对抗双方的敌对情绪，还有利于问题的积极解决。三是调解在民事诉讼中，不需要像审判程序那样繁琐，在各个环节中，都可以进行调解，几乎没有程序限制。当事人可以在庭内调解，也可以在庭外调解。

（三）调解的程序

传统的调解开始的方式有二：一是因当事人的申请而开始，二是由人民法院依职权主动提出而开始。我们认为应以当事人申请为原则，以法院主动提出为例外，因为是否以调解方式解决纠纷是当事人的诉讼权利。如果是人民法院进行调解，可以由审判员一人主持，也可以由合议庭主持。对于双方争议不大、民事权利义务关系比较明确的案件，人民法院可以用简便方式通知当事人、证人到庭，如可用口头和电话方式进行通知。根据案情的需要，人民法院进行调解时，可以邀请有关单位和个人、当事人所在地的基层组织协助进行调解，被邀请的有关单位和个人应当积极协助法院进行调解。

进行调解的地点应在法院内。根据法律规定，法院调解必须由审判员主持。调解开始后，审判人员应当认真听取当事人关于案件事实和理由的陈述，一般的次序是：先原告方，后被告方，再第三人方。需要证人作证的应传证人到庭发表证词。审判人员在查明事实的基础上，应有针对性地对双方当事人宣传有关政策和法律，做好疏导工作，并引导他们就具体的争议事项进行协商。在协商过程中，根据调解的需要，审判人员可以提出和解方案供双方当事人参考，但不能强迫当事人接受法院的调解方案。也可由当事人双方或单方提出和解方案。人民法院调解民事案件时，双方当事人都应出庭。因故不能出庭调解的当事人，可由其有特别授权的委托代理人参加调解，达成的调解协议，可由该委托代理人签名。但离婚案件的当事人因特殊情况无法出庭参加调解的，除本人不能表达意志的除外，应向人民法院提交书面的调解意见。对于不能出庭的精神病患者和未成年人，可由他的法定代理人出庭调解。在一般情况下，涉及精神病人的离婚案件，除了有关子女抚养和财产分割的问题，可以由他的法定代理人同对方协商外，对于是否解除双方的婚姻关系，应以判决方式进行。法定代理人与对方达成协议要求发给判决书的，可根据协议内容制作判决书。

调解的结束，是指在审判人员的主持下，通过双方当事人充分协商，达成协议，结束调解程序或因调解未达成协议而终止调解。调解达成协议的情况有两种：一是庭审中或庭审前后，在审判人员主持下经双方当事人协商达成的协议；一是双方当事人在诉讼外自行协商达成的协议。审判人员对当事人诉讼外达成的协议，应进行审查。对于当事人双方自愿达成，协议内容又符合法律规定的，人民法院应当批准协议成立。调解协议依法成立后，人民法院应制作调解书，送达双方当事人。当事人一方拒绝签收调解书的，调解书不发生法律效力，人民法院要及时通知对方当事人。调解书不能当庭送达双方当事人的，应以收到调解书的当事人签收的日期为调解书生效日期。

（四）有关调解的案例

相关案例：父女因借钱反目，法官调解挽亲情

原告：蒙某

被告：蒙某爸爸

案情：被告蒙父与原告蒙某是一对父女，长期以来，相处融洽。自2008年起，因为一系列家庭纠纷，原被告开始争吵不断。2011年11月，双方在争吵过程中，被告蒙父持刀将原告砍伤。原告一怒之下将父亲告上法庭，要求父亲赔偿医疗费、误工费及精神损害抚慰金等各项经济损失共计9717元。

这虽是一起普通的人身伤害赔偿纠纷，但因原、被告之间有血缘亲情关系，主办案件的法官十分慎重。案件受理后，主办法官本着案结事了、促进家庭和谐的原则，及时向原被告电话了解案件情况并安抚双方的对立情绪。同时，驱车前往原被告所在地，询问案件的知情人士，寻找父女反目的症结所在。经过详细的庭前调查了解到，原被告共同生活十多年，父慈女孝，相处和睦。原告在镇上做生意，经济比较宽裕。2008年，原告的弟弟无钱结婚，被告作为父亲，希望原告能借钱给弟弟，给予经济上的支持，但双方未能达成一致意见，父女关系遂开始恶化。

在掌握了这些基本情况后，主办法官在调解时以当事人双方的血缘关系作为化解矛盾的突破口，动之以情、晓之以理地讲解父女沟通的方式方法以及家庭和睦的相处之道，并指出双方若各能让一步，此案能圆满解决，且不影响父女之间的感情。最终，经过法官的多次耐心调解，父女俩自愿达成了调解协议：被告蒙父不再以武力威胁的方式向原告蒙某索要金钱；原告蒙某自愿放弃对蒙父医疗费、误工费及精神损害抚慰金的诉讼请求。至此，这场父女之战归于平静，父女重叙天伦。

三、民事诉讼审判程序

民事诉讼审判程序可以分为第一审普通程序、简易程序、第二审程序、特别程序、审判监督程序、督促程序、公告催示程序和企业法人破产还债程序。其中前四种程序与我们的生活关系比较密切，故在此详细讲解。

（一）第一审普通程序

第一审普通程序是人民法院审理民事案件时最常适用的最基本的程序。它包括起诉和受理、审理前准备、开庭审理、开庭准备、法庭调查、法庭辩论、评议与审判案七个步骤。

1. 起诉和受理

（1）起诉

起诉是指原告向人民法院提出诉讼请求的行为，它必须具备四个条件：原告是与本案有直接利害关系的公民、法人和其他组织；有明确的被告；有具体的诉讼请求和事实、理由；属于人民法院受理民事诉讼的范围和受诉人民法院管辖。

起诉原则上应该采取书面形式，就是要向人民法院提交起诉状，起诉状应该写明当事人的姓名、年龄、籍贯、职业、住所等基本情况，重点要写清楚诉讼请求和所依据的事实、理由，以及证据的种类、来源、证人的姓名和住所等，最后还要写明受诉法院的名称、起诉的日期，并由起诉人签名或盖章。原告书写起诉状确实有困难的，可以口头向人民法院起诉，由人民法院记入笔录，并告知对方当事人。

关于××纠纷的民事起诉书

原告：

名称：_____地址：_____电话：_____

法定代表人：姓名：_____职务：_____

委托代理人：姓名：_____性别：_____年龄：_____

民族：____职务：____工作单位：____

住址：_____电话：_____

被告：

名称：_____地址：_____电话：_____

法定代表人：姓名：_____职务：_____

诉讼请求：_____

事实和理由：_____

此　致

_____人民法院

原告人：_____（盖章）

法定代表人：_____（签章）

____年____月____日

附：合同副本_____份。

本诉状副本_____份。

其它证明文件_____份。

　　要注意的是事实和理由中应写清纠纷的经过、内容、纠纷产生的原因、诉讼请求及有关法律、政策依据。原告应向法院列举所有可供证明的证据，如证人姓名和住所，书证、物证的来源及由谁保管，并向法院提供复印件，以便法院调查。

关于交通事故纠纷的民事诉讼起诉书

原告：张×，女，汉族，生于1954年3月25日，原在××有限公司工作

住址：××路××花苑41号101室，电话：×××××

被告：胡×，男，汉族，上海××有限公司驾驶员

被告：上海××有限公司

法定代表人：李×

住所：×××××路××号

邮编：200030　电话：××××

诉讼请求：

一、判令被告向原告支付医疗费60000元；（附清单）

二、判令被告向原告支付精神损害赔偿费：20000元；

三、赔偿原告助动车损失费：5000元；

四、律师代理费4000元由被告承担；

五、本案诉讼费由被告承担。

事实与理由：

2010年4月1日下午1：15，当原告在上班途中，骑助动车正常行经××路、××路路口时，遭遇被告胡×驾驶的小客车（牌号为沪A*×××××）右转弯撞击，致使原告头部直接坠地及身体多处受伤，并致使原告的助动车严重损坏。事故发生后原告被送往市第六人民医院，经门诊诊断，原告头部颅底骨折，左颞顶头皮下血肿、压痛、耳聋等。后经××公安分局交巡警支队认定，被告对上述事故承担全部责任，原告无责任（见证据1）。原告又于2003年12月18日，经上海市道路交通事故鉴定中心伤残评定，确认"因交通事故致颅底骨折，遗留头痛、头晕，左耳传导功能障碍，属十级伤残"（见证据2）。又于2011年7月30日，双方不能达成一致意见，交警出具了道路交通事故损害赔偿调解终结书。

原告胪脑受伤，市第六人民医院于2010年5月9日曾出具入院通知书，要求原告应住院手术检查，但由于住院手术检查费用高达1万余元，在当时原告经济窘迫而被告拒绝作任何赔偿的情况下，原告不得不放弃了住院手术治疗的机会（见证据4）。现已造成原告留有后遗症，经常头痛、头晕、耳鸣等，被原单位解雇，至今不能正常上班。

另外，由于事故原因，原告助动车损坏严重，至今仍在被告处。且由于被告未履行修缮和归还义务，现已造成助动车报废，使原告经济损失5000元。

综上所述，原告认为：被告的行为显然构成对原告的侵权，并且直接给原告造成了人身损害和经济损失，据此，原告为维护自身合法权益，依法提起诉讼，恳请法院支持原告的诉讼请求。

此致

×××××区人民法院

原告：

（签名）

2012年　月　日

附件：

1. 本诉状副本2份。

2. 证据10份，共13页。

3. 原告的身份证复印件。

4. 被告的信息资料。

（2）受理

受理是指人民法院经过对起诉的审查，认为符合法定条件，予以立案审查的诉讼行为。

人民法院经过对起诉的审查，认为符合法定起诉条件的，应该在7天内立案，并且及时通知当事人。法院决定受理后，诉讼即告成立，诉讼关系就产生了，人民法院和诉讼的参加人都必须按照法定程序进行诉讼活动。人民法院经过对诉讼的审查，认为不符合法定起诉条件的，也应该在7天内裁定不予受理，并且及时告知原告，原告不服的，可以上诉。

2. 审理前的准备

人民法院在受理起诉后在5日内将起诉状的副本发送给被告，告知被告在15天内提交答辩状。审判人员必须认真审核诉讼材料，并且调查收集必要的证据。

3. 开庭审理

开庭审理包括了开庭准备、法庭调查、法庭辩论、评议与宣判4个阶段。

4. 开庭准备

人民法院在审理民事案件时，在开庭3日以内送达出庭通知、公开审理的予以公告。开庭前查明当事人和其他诉讼参与人是否到庭，宣布法庭纪律，开庭时还要核对当事人，宣布案由，宣布审判人员、书记员名单，告知当事人的诉讼权利和义务。

5. 法庭调查

法庭围绕案件事实及有关证据进行，询问当事人和听取当事人的陈述，询问证人，宣读证人证言，宣读鉴定结论，出示物证、书证和视听证据、宣读勘验笔录等。

6. 法庭辩论

当事人根据事实和法律，围绕诉讼请求和答辩意见展开辩论。先由原告及其诉讼代理人发言，再由被告及其诉讼代理人答辩，然后双方互相辩论。法庭辩论终结，由审判长按原告、被告的先后顺序征询双方的最终意见。

7. 评议与审判

法庭辩论结束后，可以再次调解，如果调解不成，审判人员宣布退庭评议，对案件作出处理。然后，当天或者定期宣告判决，宣告判决一律公开进行。宣判时，告知当事人有关上诉的问题。要注意的是，离婚案件的当事人，在离婚判决生效之前不得另行结婚。

（二）简易程序

简易程序，是基层人民法院和它的派出法庭审理简单民事案件所适用的程序。所谓简单民事案件，指的是事实清楚、权利义务关系明确、争议不大的民事案件。

适用简易程序的民事案件，原告可以口头起诉。当事人可以同时到基层人民法院及其派出的法庭请求解决争议，受诉人民法院和法庭可以当即处理，可以用简便的方式随时传唤当事人、证人。由审判员一人独自审理。

（三）第二审程序

第二审程序是指人民法院审理上诉案件时适用的程序。上诉必须由法定的上诉人在法定期间内以上诉状的形式提出。对判决提起上诉的期限为15天，对裁定提起上诉的期限为10天。上诉状可以通过原来审理案件的人民法院提出，也可以直接向第二审人民法院上诉。

（四）特别程序

特别程序是人民法院审理法定的特殊案例所适用的程序。所谓特殊案件指的是：选民资格案件；宣告失踪、死亡案件；认定公民无民事行为能力或者限制民事行为能力案件；认定财产无主案件。这些案件的特殊之处在于没有利害关系相冲突的原告和被告，程序一般由申请人提出申请开始。依照这种程序审理的案件，实行一审终审制。

四、证据

根据民事诉讼法规定的民事诉讼证据的表现形式为标准，我国民事诉讼证据的表现形式可以分为书证、物证、视听资料、证人证言、当事人陈述、鉴定结论、勘验笔录七种。

（一）书证

书证是指以文字、符号、图形等所记载的内容或表达的思想来证明案件真实的证据。书证的表达方式有书写的、打印的，也有刻制的等；书证的载体有纸张、竹木、布料以及石块等。而具体的表现形式上，常见的有合同、文书、票据、商标图案等等。因此，书证的主要表现形式是各种书面文件，但有时也表现为各种物品。书证在民事诉讼中是普遍被应用的一种证据，在民事诉讼中起着非常重要的作用。

（二）物证

物证是指以其存在的形状、质量、规格、特征等来证明案件事实的证据。物证是通过其外部特征和自身所体现的属性来证明案件的真实情况，它不受人们主观因素的影响和制约。因此，物证是民事诉讼中重要的证据之一。民事诉讼中常见的物证有：争议的标的物（房屋、物品等）；侵权所损害的物体（加工的物品、衣物等）；遗留的痕迹（印记、指纹）等等。

（三）视听资料

视听资料，是指利用录音、录像、电子计算机储存的资料和数据等来证明案件事实的一种证据。它包括录像带、录音片、传真资料、电影胶卷、微型胶卷、电话录音、雷达扫描资料和电脑贮存数据和资料等。视听资料是通过图像、音响等来再现案件事实的，其特征具有生动逼真、便于使用、易于保管等特点，但不是绝对可靠的证据，原因在于视听资料是可以通过剪接手段伪造变换的，凡窃听、偷录、剪接、篡改、内容失真的视听资料，都不能作为诉讼证据。

（四）证人证言

证人是指知晓案件事实并应当事人的要求和法院的传唤到法庭作证的人，证人就案件事实向法院所作的陈述称为证人证言。

证人证言具有三个方面的特征：第一，证人证言是了解案件事实的人提供的证明。知道案件情况的人并不一定都是亲眼所见，如盲人可以就其听到的事实进行作证。作证的人也并非一定要用言词形式作证才有效力，如聋哑人可以就自己亲眼所见，用哑语表达加以作证。第二，证人证言只包括能够正确表达意志的人就案件事实所作的陈述。例如，精神病人或年幼者所作的证人证言是无效的。第三，证人证言的真实性、可靠性受到多种因素的影响。证人作为自然人，对于案件的事实的感知要受到主观和客观各种因素的制约和限制。因此，证人证言可能有真有假，审判人员应尽可能地结合其他证据对其进行印证，印

41

证后无误的，才可以作为认定案件事实的根据。

（五）当事人陈述

当事人陈述是指当事人在诉讼中就与本案有关的事实，向法院所作的陈述。当事人是民事诉讼法律关系的主体，由于与诉讼结果有着直接的利害关系，决定了当事人陈述具有真实与虚假并存的特点。因此，审判人员在运用这一证据时应注意防止将虚假的证据作为认定案件事实的根据。对于当事人的陈述应结合本案的其他证据进行审查核实，以确定作为认定案件事实的根据。

当事人陈述分为口头陈述和书面陈述，也可以分为对案件事实的陈述和当事人的承认两类。当事人对案件事实的陈述，其目的在于取得有利于自己的结果。当事人的承认，是指一方当事人向另一方当事人所证明的事实的真实性表示同意的一种陈述。

（六）鉴定结论

鉴定人运用专业知识、专门技术对案件中的专门性问题进行分析、鉴别、判断后做出的结论，称为鉴定结论。民事诉讼中的鉴定结论具有广泛性和多样性，通常有医学鉴定结论、文书鉴定结论、痕迹鉴定结论、事故鉴定结论、产品质量鉴定结论、会计鉴定结论、行为能力鉴定结论等等。

（七）勘验笔录

所谓勘验，是指人民法院审判人员在诉讼过程中，为了查明一定的事实，对与案件争议有关的现场、物品或物体亲自进行或指定有关人员进行查验、拍照、测量的行为。对于查验的情况与结果制成的笔录叫勘验笔录。勘验笔录是一种独立的证据，也是一种固定和保全证据的方法。

要注意的是，证据必须具有客观性、关联性和合法性。比如录音证据，在与对方交涉后私下录音并不违法，但如果把录音监听设备偷偷安在对方家里就违法了。如果证据不符合上述条件之一或更多，就肯定失去证明的作用了。

证据的收集其实可以分为两个阶段，一个是在纠纷发生前，一个是在纠纷发生后。

在纠纷发生前收集证据，由于双方无纠纷，收集比较方便，也往往能准确反映双方的交易内容。一旦等争议发生，想取证对方也未必配合。如果纠纷发生前，取得的证据充分，很多时候是不必再费心去取什么证据了，但很多人由于缺乏经验，在纠纷发生前确实丧失了很多取证机会，那么在纠纷发生后就要尽量试着去取证以弥补前面犯的错误了，在纠纷发生后，可以以下方式或途径收集证据：

一是尽量与对方交涉，并争取与对方就已经发生的事实达成书面文件。比如对方认可欠款的证据、双方对发生的事实的共同认可，这种证据由于是当事双方书面形成的，一般证明效力相当高；

二是通过私下录音的方式取证。如果对方不配合形成书面文件，私下录音也是一种选择，但是不能采取监听、强迫等非法的手段。

三是寻找知情的证人作证。根据双方交易的经过，尽量联系知情的人提供证人证言，当然，证人一般要求与双方当事人无利害关系，证明力才强些，如果是一方的亲人做对该方有利的证据，很难被认可。

第三节　《中华人民共和国治安管理处罚法》法律常识

一、《中华人民共和国治安管理处罚法》概述

（一）违反治安管理行为的性质和特征

《中华人民共和国治安管理处罚法》第2条规定："扰乱公共秩序，妨害公共安全，侵犯人身权利、财产权利，妨害社会管理，具有社会危害性，依照《中华人民共和国刑法》的规定构成犯罪的，依法追究刑事责任；尚不够刑事处罚的，由公安机关依照本法给予治安管理处罚。"这一条对违反治安管理行为的性质和特征作了规定。

相关案例：湖北某县城的一个小老板范某，男，现年45岁，多年来一直在武汉做干货生意。发财之后，他陷入赌博泥潭，家产挥霍一空，还欠下近百万元赌债，为此寝食不安。2011年9月5日，他流窜到重庆市江北某市场，摆出老板的架子大量收购花椒，承诺先给进货收据，2天内付清货款。10多名农民以为来了大买家，纷纷赊货给他。范某一共收得花椒12件，价值1800元（人民币）。次日，范运走货物，哄骗农民说去银行取钱，就此逃回武汉。

同年10月10日，10多名重庆农民结伴来汉寻找范，追索货款。13日，他们结伴走进江汉区公安分局报案。民警赶到汉正街干货批发市场，范某的门店已转让他人，范某去向不明。17日，民警打通范某的手机，佯称有一笔生意要谈。范某果然中计，兴冲冲地坐的士赶到汉口火车站接头，刚一下车便被民警捕获。范某交待，他骗得花椒后，当即低价转卖还了赌债。

这个案件中的违法行为人范某一共骗取他人财物1800元（人民币），根据最高人民法院对个人诈骗公私财物"数额较大"的认定标准为"2千元至4千元"的规定，此案不够刑事案件的立案标准，应该依据《治安管理处罚法》来处罚范某。

（二）《治安管理处罚法》的管辖范围

在我国领域内发生的违反治安管理行为，除了有特别规定的外，都适用《治安管理处罚法》，在我国船舶和航空器内发生的违反治安管理行为，除了法律有特别规定的外，也适用本法。比如一名中国男子甲搭乘中国东方航空公司的飞机从迪拜飞往北京，这个乘客在飞机上喝了两瓶洋酒喝醉了，情绪失控，大吵大闹，并且把酒泼到别的乘客和空乘身上，虽然这架飞机还可能在迪拜的上空，《治安管理处罚法》仍旧适用于甲的行为。

（三）违反治安管理行为的民事责任

违反治安管理的行为对他人造成损害的，行为人或者其监护人要依法承担民事责任。须由监护人承担民事责任的情形主要有两种：一是违反治安管理行为人是未成年人；二是违反治安管理行为人是精神病人。

相关案例：2011年9月2号下午两点，原告甲在单位的宿舍休息，被告乙喝了酒闯入甲的宿舍，将其拉至楼下。原告发现他并不认识乙，想回宿舍继续休息时，被乙一顿打骂，原告甲跑回宿舍，被告乙拿着一根木棍在后面追打，并把原告甲打伤。

这个案例中的乙违反了《治安管理处罚法》的相关规定，公安部门将对其进行行政处罚，另外被告乙的行为还伤害了原告的身体健康权，应该承担全部的民事责任，如医药费、误工费、精神损害赔偿金等。

（四）调解

对于因民间纠纷引起的打架斗殴或者损毁他人财物等违反治安管理行为，情节较轻的，公安机关可以调解处理。经过公安机关的调解，当事人达成协议的，不予处罚。经过调解没有达成协议或者达成协议后不履行的，公安机关应该按照《治安管理处罚法》的规定对违反治安管理行为人进行处罚，并且告诉当事人，可以就民事争议向人民法院提起民事诉讼。

公安机关的调解处理，主要是为了使当事人在调解过程中能通过交流和沟通，使有过错的一方认识到过错，并且作出悔改。对于存在损害的，也比较容易就损害赔偿达成一致。这样可以比较彻底地解决纠纷，避免当事人之间的矛盾扩大。

但是要注意的是，这种调解只适用于民间纠纷。比如家人、朋友、同事等等之间在日常琐事中发生了纠纷，且比较轻微，没有危害到社会公共秩序的，就可以适用调解。

二、处罚的种类和适用

（一）治安管理处罚的种类

治安管理处罚的种类包括了警告、罚款、行政拘留、吊销公安机关发放的许可证。对于违反治安管理的外国人，可以附加适用限期出境或者驱逐出境。

其中警告属于最轻微的处罚手段，只适用于违反治安管理行为情节轻微的情况或者具有法定从轻、减轻处罚情节的情况。警告可以由县级以上公安机关决定，也可以由派出所决定。罚款只能由县级以上的公安机关决定，只有500元以下的罚款才能由派出所决定。行政拘留只能由县级以上的公安机关决定，行政拘留一般分为5日以下、5日以上10日以下、10日以上15日以下。吊销公安机关发放的许可证仅限于吊销公安机关自己发出的许可证，无权吊销别的行政机关发放的许可证。

（二）查获违禁品、工具和违法所得财物的处理

办理治安案件所查获的毒品、淫秽物品等违禁品，赌具、赌资、吸食或注射毒品的用具以及直接用于实施违反治安管理行为的本人的所有工具，都应该收缴，按照规定处理。办理案件的公安机关以及人民警察，不得因为办理治安案件获得与案件有关的任何财物。

（三）对未成年人的处罚

已满14周岁不满18周岁的人违反治安管理的，从轻或减轻处罚；不满14周岁的人违反治安管理的，不予处罚，但是应该责令他的监护人严加管教。

比如一个成年人非法携带枪支、弹药或者弩、匕首等国家规定的管制器具的，要处5日以下拘留，可以处500元以下罚款；情节较轻的，处警告或者200元以下罚款。如果是一个14周岁以上18周岁以上的人非法携带枪支，并且不属于情节较轻的情况的，也应当处警告或者200元以下的罚款。如果是一个不满14周岁的人违反该规定的，则不予处罚，但是要责令他的监护人看管。

（四）对精神病人的处罚

精神病人在不能辨认或者不能控制自己行为的时候违反治安管理的，不予处罚，但是应该责令监护人严加看管和治疗。间歇性的精神病人在精神正常的时候违反治安管理的，应该予以处罚。

对于精神病人，《治安管理处罚法》从既不歧视又要保护的原则出发，一般情况下，精神病人因为不能控制自己的行为，对他的行为是不追究责任的，但在其精神状态正常的情形下，应该负相应的责任。

（五）对盲人或又聋又哑的人的处罚

盲人或又聋又哑的人违反治安管理的，可以从轻、减轻或者不予处罚。

（六）对醉酒的人的处罚

醉酒的人违反治安管理的，应该给予处罚。醉酒的人与未成年人和精神病人有相似之处，就是对自己的行为难以控制。但是区别在于醉酒的人对自己行为的失控要负责，通俗点说就是他是自找的，所以，应当给予处罚。要注意的是，公安机关对特定的醉酒的人可以采取一定的保护性措施，约束他的行为。

相关案例：一个凌晨，南京某区的公安局某派出所接到一个群众用手机报案，称其在某个地方被人殴打。该所接到报案之后马上派员赶赴现场，但是到达现场只看到几个年轻人在优哉游哉地喝着酒，并没有发现任何警情，而在场喝酒的人都表示没有报警，民警只好无功而返。事后，办案民警觉得事有蹊跷，就对此事进行了进一步的调查走访，最后查明违法人员甲及其朋友在喝酒后为寻求刺激，用手机向派出所谎称被人殴打。

按照《治安管理处罚法》的规定，甲的行为就严重扰乱了公安机关的正常工作秩序，虽然他是在喝醉了酒的情况下违反了该法，但是还是应该接受处罚。

（七）减轻或不予处罚的情况

违反治安管理有下列情形之一的，减轻处罚或者不予处罚：

情节特别轻微的；主动消除或者减轻违法后果，并且取得被侵害人谅解的；出于别人胁迫或者诱骗的；主动投案，向公安机关如实陈述自己的违法行为的；有立功表现的。

（八）从重处罚的情形

违反治安管理有下列情形之一的，从重处罚：

有较严重后果的；教唆、胁迫、诱骗他人违反治安管理的；对报案人、控告人、举报人、证人打击报复的；六个月内曾受过治安管理处罚的。

三、 与生活相关的治安管理案例

（一）关于散布谣言的案例

2008年5月14日上午，"汶川大地震"发生后两天，在网上几个大论坛上，有两个帖子引起了众多网民的关注。第一个帖子是说"完了，彻底完了，都江堰的化工厂爆炸了……"，第二个帖子是说"请大家不要饮用自来水和地下水，可能已经被尸体污染了，我一个朋友在指挥中心工作，他告诉我四川地区真实的死亡人数已经达到十几万了。"这两条骇人听闻的信息在网上迅速扩散，一些人纷纷到商场抢购矿泉水、食品和储水工具，在都江堰的一些地方，还有大量群众慌忙离开家乡。

经过有关部门查证，这两条帖子内容纯属造谣。所谓的化工厂爆炸和"四川地区真实的死亡人数已经达到十几万了"完全是子虚乌有。

经过公安机关侦查，发这两个帖子的人为甲，甲的这种行为即违反了《治安管理处罚条例》的规定，属于扰乱公共秩序的行为，应该依法给予治安处罚。

（二）关于"黑客"的案例

2011年11月11日的下午，南京市公安局网监处接到市里某网吧老板的报警，称他的网吧开张两天就有人对网络系统进行攻击，使得网吧电脑老是掉线，无法营业，他们已经通过视频监控等网吧安全管理手段锁定了嫌疑人，目前该嫌疑人正在网吧上网。接到报警，正在值班的网监处民警立即赶去了网吧，控制了正在上网的嫌疑人。经过审查，该嫌疑人甲11月8日上午来到这个新网吧，并用假名字办了上网卡。他登陆QQ后发现网络硬盘上存着一个病毒程序，于是点开这个病毒程序，整个网吧200多台电脑就都掉

线了，看着网吧工作人员和顾客都惊慌失措的样子，他感到自己的虚荣心得到了满足，于是连着两天都来故技重施。根据《治安管理处罚条例》的规定，这个甲就构成了故意传播计算机破坏性的行为，应该给予治安处罚。

（三）关于非法携带自制枪支的案例

2009年3月23日上午，云南省玉溪市公安局流动警务站工作人员将一名涉嫌非法携带自制枪支的男子扭送到该地某派出所。根据流动警务站工作人员的介绍，他们公开查缉过程中，在检查一辆小轿车时发现车主携带自制枪支，于是将该男子送到派出所进行处理。这个男人称他做这个枪平时就是用来打鸟，只是图好玩而已，并无他意，不知道是违法行为。但是显然这个男人的"图好玩"违反了《治安管理处罚条例》，应该接受处罚，他的自制枪支也应该被收缴。

（四）在飞机上发短信影响飞机导航系统的案例

2012年的元旦，三亚飞往南京的一架飞机快要降落的时候，机长发现飞机上有不明信号影响导航系统，机长马上通知安全员。安全员检查后发现是一位女士在用手机收发短信。安全员马上令其关闭手机。飞机安全着陆后，机组人员就将该旅客移交机场公安部门处理了。机场公安部门根据《治安管理处罚法》，对该旅客处以500元的罚款。

特别提醒：当您搭乘飞机的时候，为了您自己和飞机上其他人员的安全，特别是飞机快要降落的时候，千万不要认为这个时候将手机开机是安全的，恰恰相反，这个时候手机信号对于飞机导航系统的影响特别大！

（五）关于"黄色短信"的案例

2012年某一天，南京市某派出所民警接到了一个男子甲的报警，甲称：近段时间以来，他的妻子频频收到陌生手机号发来的不堪入目的黄色短信，闹得夫妻俩不断"干仗"，产生了离婚的危机。经过调查核实，公安民警将发送黄色短信的乙抓获。经过询问，乙交代他是甲的妻子的同事，并对自己频发黄色短信的事供认不讳，还表示自己只是为了寻求刺激。乙的这种行为严重干扰了他人的生活，根据《治安管理处罚法》应当给予处罚。

47

（六）关于私拆信件的案例

今年某天，家住南京市某村的村民甲从邮递员手中接过从广州寄来的给他哥哥的信件，便随手打开看了看。甲本来以为兄弟间互相阅读信件没有大碍，谁知他的哥哥乙是一个法律观念特别强的人，他知道了自己的信被甲看了后就向公安机关进行了举报。公安机关通过调查，根据《治安管理处罚条例》，对私拆信件的甲予以行政处罚500元。

（七）关于教唆他人吸毒的案例

自己吸毒当然构成违反治安管理的行为，教唆他人吸毒也同样违反了《治安管理处罚条例》。甲是一个公司的白领，有着一份收入不菲的工作，只是因为肥胖的身材，总是被别人嘲笑。为此，苦恼的甲跑遍了各家医院寻求减肥良方，均无果。一天，甲在一家KTV遇到了小姐妹乙，这个乙有着火辣的身材，于是甲就向她讨教如何减肥。结果乙告诉她可以通过吸食摇头丸来减肥，并且以自己为例拼命鼓吹吸毒的好处。对减肥已经绝望的甲好像抓住了一根救命稻草，开始吸毒。结果肥没减下去，甲成了一个"瘾君子"。公安机关查获了甲的摇头丸后对她进行了强制戒毒，并对教唆她吸毒的乙处以拘留15日、罚款2000元的处罚。

（八）关于宠物扰民，主人受罚的案例

家住南京某小区的甲和乙是上下楼的邻居。甲住在一楼，养着一条大型宠物犬。这条狗不分昼夜狂吠不止，尤其是在深夜和清晨，它的声音尤其刺耳，严重影响了乙和其他邻里的生活安宁。乙和其他邻居都曾为此找过很多次甲，要求甲管理好自己饲养的宠物，但始终不见成效。乙由于长期受狗叫的影响，导致失眠健忘、神经衰弱。同住在一起的其他邻居也深受其害。后来乙和其他邻居们对该狗进行了录音，在取得相应证据后，依法向公安机关举报。公安机关在查实后，先对甲处以警告，但甲在警告后仍然不改正，继续放任他的宠物扰民，于是公安机关根据《治安管理处罚条例》对甲处以500元罚款。

第四节　《经济法》中的《消费者权益保护法》法律常识

一、《消费者权益保护法》概述

《消费者权益保护法》是为保护消费者的合法权益、维护社会经济秩序、促进社会主义市场经济健康发展制定的一部法律。该法调整的对象是为生活消费需要购买、使用商品或者接受服务的消费者和为消费者提供其生产、销售的商品或者提供服务的经营者之间的权利义务。

现行的《中华人民共和国消费者权益保护法》，由消费者的权利、经营者的义务、国家对消费者合法权益的保护、消费者组织、争议的解决、法律责任和附则等组成，它与我们的生活息息相关。

首先，《消费者权益保护法》为消费者提供了维护自己合法权益的有力武器。随着改革开放和现代化建设事业的发展，人民生活消费水平有了很大提高，但假冒伪劣商品充斥市场，商品和服务质量不好等侵害消费者合法权益的现象也越来越严重。广大消费者深受其害，极为不满，但往往又不知道怎样去维护自己的利益，消费者与经营者发生的消费者权益争议，无法找到适当和有效的解决途径。消费者权益保护法的制定与实施，促使广大消费者提高了权利意识和自我保护意识，消费者拥有了保护自己的合法权益、同一切侵害消费者权益的行为作斗争的强有力武器。

其次，《消费者权益保护法》为治理假冒伪劣、提高产品质量提供了充分的法律保障。质量差是长期以来我国经济发展的致命弱点，当前质量问题仍十分突出，有了消费者权益保护法，就能依法有效地治理假冒伪劣。

最后，《消费者权益保护法》还是维护市场秩序、促进社会主义市场经济健康发展的重要手段。消费者权益保护法，就是适应社会主义市场经济的法律体系的一个重要组成部分。市场经济要求按照公平、平等的准则规范调节各市场主体间的关系，在市场经济条件下，由于消费者与生产经营者各自的利益驱动，二者的利益关系并不总是一致的，常常会出现矛盾，消费者又总往往处于弱者地位，其权益总是在不断受到侵犯。《消费者权益保护法》规定了消费者的权利、经营者的义务、国家对消费者合法权益的保护、消费者组织及其职能以及消费者和经营者有关消费者权益争议的解决途径和经营者应承担的责任等，以法律的形式对生产经营者和消费者的相互关系与市场行为作了规范，有利于维护正常的市场秩序。同时，保护消费者的合法权益，用法律来约束与制裁一些生产经营者侵害消费者权益的不法行为，保护了广大合法的生产经营者，从而使平等竞争、优胜劣汰的原则得以真正实现，市场机制的作用得以较充分地发挥。

二、消费者的权利及相关案例

我国的《消费者权益保护法》在以往法律、法规规定的基础上，参考其他国家立法、司法经验，明确规定消费者有以下权利：

（一）知情权

是指消费者所享有的知悉其购买、使用的商品或者接受的服务的真实情况的权利。消费者有权知悉的情况具体包括商品的价格、产地、生产者、用途、性能、规格、等级、主要成份、生产日期、有效期限、检验合格证明、使用方法说明书、售后服务，或者服务的内容、规格、费用等。

比如说电话用户有权索要电话单，了解计费情况。再比如患者有权了解接受治疗、收费的真实情况。

（二）自由选择权

即消费者自主选择商品或者服务的权利。包括两方面含义：一是对商品的品种、服务方式及其提供者应有充分选择的余地；二是对于选择商品服务及其提供者应有自由决定的权利而不受强制。实际生活中，损害消费者自由选择权的现象主要是"官商"习气、商品搭售和强买强卖等。

比如说您居住地区的供气站要求这个区域由它供气的所有小区的用户都必须购买××牌煤气灶，否则不予供气。这个案例中的供气站就利用管道煤气这种特殊商品的垄断性质，强迫消费者购买某一品牌的煤气灶，侵犯了消费者的自主选择权。您可能不喜欢使用××牌煤气灶，而根据《消费者权益保护法》，您完全可以购买自己喜欢的品牌的煤气灶。

（三）安全权

即消费者享有在购买、使用商品和接受服务时，人身、财产安全不受损害的权利。实际生活中的毒酒事件，劣质药品和化妆品事件，电器、压力容器、玩具、鞭炮烟火、机动车等因漏电、燃烧、爆炸及失灵等原因致人损害案件，是侵害消费者安全权的典型事例。

> 相关案例：2012年11月11日上午，甲先生驾驶他的汽车到南京市某加油站加油后，顺便来到该站免费为加油司机提供的洗车台洗车，在使用高压水枪洗车的过程中，因设备漏电导致突然死亡。

根据《消费者权益保护法》的相关规定，该加油站的洗车服务应该保证消费者在接受服务时人身、财产安全不受损害。本案中的甲先生就属于安全权甚至生命权被该加油站侵害了，加油站应该赔偿他的各项损失。

（四）公平交易权

是指消费者在购买商品或者接受服务时，有权获得质量保障、价格合理、计量准确等公平交易条件，有权拒绝经营者的强制交易。

关于商品和服务的质量，消费者有权要求其符合国家规定的标准或者与生产经营者约定的标准，不致因质量低劣而妨碍消费。如果经营者提供的商品或者服务不符合规定的质量要求，消费者有权要求修理、更换、退货、降价等。

关于商品和服务的价格，消费者有权要求生产经营者执行国家的价格政策、法规或按质论价，商品价格或服务费用合理，不因乱涨价或乱收费而受到经济利益损失。

关于商品和服务的计量，消费者有权要求生产经营者计量准确、足量，不致因短尺少秤而遭受经济利益损害。生产经营者更应自觉守法，遵守职业道德，不在计量上弄虚作假。对于工厂包装的产品，消费者有权要求其注明净重量或容量，并与实际相符；交易时计量的商品，消费者有权查明度量、衡器是否准确，有权看秤、复秤，对不足分量者有权要求退货或退回多收的价款。

比如说居民甲在某商场购得一台"多功能食品加工机"，回家试用后发现该产品只有一种功能，遂向商场提出退货。商场答复："该产品说明书未就其性能作明确说明，这是厂家的责任，所以顾客应向厂家索赔，商场概不负责。"在该案中，这个商场就侵犯了甲对产品的公平交易权，即甲依我国《消费者权益保护法》享有的知悉其欲购买的"多功能食品加工机"的用途、性能等真实情况的权利以及依此自主作出选择购买的权利。由于经营者提供虚假产品信息，并且未对产品性能作出明确说明，使甲基于误解而购买，故经营者侵犯了甲享有的上述权利。

（五）求偿权

求偿权是指在当权利、资源等因个人或集体而遭受侵害、损失的时候所具有的要求赔偿的权利。

> 相关案例：甲的防盗门是2011年12月7日购买的，价格是2800元，除此之外，甲还付了80元的安装费。在甲购买防盗门的时候，厂家在广告中宣称为购买安全门的用户投保两万元，甲就是觉得这个条件不错，所以买了这扇门。谁知道2012年7月，正在上班的甲接到了邻居打来的电话，说他购买的那扇安全门被撬开了。公安机关经过现场勘察，认定盗贼是撬开该安全门后入室盗窃，甲因此损失财物三万余元。公安机关的人走后，甲突然想起，买门的时候厂家许诺了为他投保的，这个门被撬开就说明它的质量不合格。于是，甲给厂家打了电话说明了情况。很快厂家就派了人来查证，并在几日后为甲换了门。但当甲提出给付保险金时，厂家却予以拒绝。

在这个案件中，甲购买安全门正是由于考虑到厂家在做广告的时候承诺的保险金。厂家行为就应该和它保证的服务相符合，据此，甲对厂家具有求偿权，厂家应该赔偿他的损失。

（六）参与和监督权利

即消费者有对商品和服务以及保护消费者权益工作进行监督的权利。特别是消费者有权参与国家消费政策和相关立法的制定，并对其实施加以监督。其内容包括：

1. 对于国家有关部门执行政策法规不力，或者在日常工作中不注意维护消费者合法权益的，消费者有权提出质询、批评或建议；

2. 对于生产经营者从事有损消费者利益的行为，消费者有权要求国家有关机关依法查处。

比如说当您作为消费者的利益受到损害时，有权通过报刊、电台、电视台等大众传播媒介进行声援，对有关的生产经营者和国家机关的违法失职行为予以"曝光"和批评。

（七）受消费教育权利

即消费者"有获得有关消费和消费者权益保护方面的知识的权利"。首先要求国家制订消费教育、宣传的基本政策、方针和方法，通过长期的实施，使大多数民众能够成为比较聪明的消费者，能够掌握基本的消费知识和法律知识；其次，消费者有权在接受义务教育的过程中获得有关消费者保护的基本教育，为终身成为有知识的消费者奠定基础。

（八）建立消费者组织权

包括两方面内容：一是有权要求国家建立代表消费者利益的职能机构，二是有权建立自己的组织，维护自身的合法权益。

消费者除了拥有上述8种权利外，我国《消费者权益保护法》还规定："消费者在购买、使用商品和接受服务时，享有其人格尊严，民族风俗习惯得到尊重的权利。"

三、消费者权益的法律保护途径

当您作为消费者，您的权利被侵害时，解决争议的途径主要有两种，一是民间途径，二是法律途径。

民间途径包括了与经营者协商和解以及请求消费者协会调解；法律途径包括了向行政部门申诉。根据与经营者达成的仲裁协议提请仲裁和向人民法院提起诉讼。

第三章　职业道德

第一节　职业与职业道德概述

一、职业与职业道德

（一）职业是人生的基石

所谓职业（也可称为行业），简单来说，就是指人们在社会生活中从事比较稳定的、有合法收入的、专门业务的工作。职业是社会生产活动发生分工的结果，随着社会分工的日益细化，职业的种类也越来越多。

例如教师是一种职业，律师、医生、工人、农民也都是职业。职业是社会发展的产物，是社会分工的需要，同时不同的职业也担负着不同的社会责任。教师的责任是教书育人、为人师表，医生的责任是救死扶伤、治病救人，农民的责任是不误农时、勤于耕种。

有了职业，便形成了围绕职业活动的各种关系。人们在协调这些关系中，也就产生了职业道德。

（二）职业道德的含义、特点及构成要素

1. 什么是职业道德

职业道德是指所有从业人员在职业活动中应该具备的一种素质和遵守的行为规范以及自我要求。职业道德涉及了从业人员个人与个人、个人与组织、个人与职业之间的诸多关系。

对每一个从业者来说，具备一定的职业道德素质，同具备一定的职业技能一样，是职业本身具有的内在要求，是职业者参与社会、奉献社会、实现自身价值必不可少的条件。不同职业有不同的职业道德，如教师的师德、医生的医德、官员的官德等。因此，一个人无论选择什么职业，一旦确定，就要在职业活动中自觉遵守，不能挑战这种道德要求，这是每个从业人员的行为准则。

职业道德在现实中是一个庞大的道德体系。主要包括职业道德原则、职业道德规范、职业道德观念、职业道德评价及职业道德养成等。

2. 职业道德的特点

由于作用领域的特殊性，职业道德除了具备一般道德的特性外，还具有以下三个自身

53

的特点：

（1）职业道德的行业性和广泛性

首先只要有社会分工的地方，必然会形成行业的差异性，因此也就会产生职业道德的行业特征的不同要求。其次，每一个职业都有明确的职业纪律和规章制度，要求每一个从业人员都必须在法律规定的范围内开展工作。再次，全世界所有行业都有共同遵守的职业道德规范。例如白求恩不远万里来到中国，通过自己的道德行为体现了医疗行业"救死扶伤、治病救人"的人道主义精神。

●资料卡片

某工业集团公司工人职业道德规范：

1. 敬业爱岗，遵章守纪：热爱本职工作，尽职尽责，自觉遵守并执行公司各项规章制度。

2. 服从分配，文明生产：听从指挥，高度服从并严格执行调度指令，自觉按照岗位工作标准进行文明生产，文明作业。

3. 安全操作，注重质量：牢固树立"安全第一，质量至上"观念，不违章操作。

4. 钻研技术，尊师爱徒：认真钻研并熟练掌握本专业、本工种的专业技术，不断开拓知识视野，提高业务技术水平；尊敬师长，虚心学习，爱护徒弟，耐心传授，互相尊重，互相关心。

5. 节能降耗，讲究效益：积极提出合理化建议，积极参与技术革新、劳动竞赛活动，加强设备维护保养，最大限度地节约能源降低物耗，为企业取得最佳经济效益而努力工作。

（2）职业道德的历史继承性和稳定性

职业道德和道德一样，虽然随着社会和时代的变迁而变化，但也逐渐形成了某些比较稳定的职业道德观念，最终形成了职业传统。

其中有一些优秀的职业道德观念，例如"诚实守信"、"敬业乐业"，历经千百年的沧桑巨变，一直传承至今，被各行各业奉为职业道德规范的重要内容。对于具体行业来说，一些具有行业特色、符合行业要求的职业道德传统同样流传至今。如商人"以义制利"、"和气生财"；司法人员的"刚正不阿"、"清正廉明"等。同时，也有一些落后的职业道德观念，如"同行相轻"、"同行是冤家"等也在一定程度上被延续下来。由此可见，职业道德具有较强的历史继承性和稳定性。

（3）职业道德表现形式的多样性和适用范围上的有限性

在现代社会，经济快速发展使社会分工越来越细，造成行业种类不断增加，并不只局限于古人归纳的三百六十行。因此，职业道德的内容也会千差万别。于是，各行各业的职业道德在实践操作的层面上更加具有针对性和行业性。与此同时，职业道德在使用范围上形成了一种有限性。某一特定的行业和具体的岗位，必须有与本行业和本岗位相适应的具体的职业道德规范，而这些特定的规范只有在特定的职业范围内起作用，而不能对其他行业和岗位从业人员起作用。

●资料卡片

学生是各种职业的预备队，学生时期的道德状况，直接关系到今后的成长。因此，学习期间培养良好的道德品质就显得非常重要。在校学习期间道德规范的基本要求是：

爱党爱国，顾全大局；关心集体，爱校如家；
遵纪守法，服从管理；坚持原则，伸张正义；
谦虚谨慎，勤奋好学；办事公道，诚实守信；
保持整洁，美化校园；爱护公物，保护环境；
衣冠整齐，语言文明；品行端庄，举止得当；
尊敬师长，团结同学；尊老爱幼，助人为乐；
热爱公益，积极参与；爱好广泛，情趣高雅；
勤俭节约，合理消费；生活有序，强身健体。

---

3. 职业道德的构成要素

职业道德作为一个相对独立的规范体系，是由职业理想、职业态度、职业责任、职业技能、职业纪律、职业良心、职业荣誉和职业作风等要素构成，这些要素从不同侧面反映着职业道德的特殊本质。

（1）职业理想

俗话说，"不想当将军的士兵不是好士兵"，职业理想是人们对未来具体职业的选择、向往以及达到的成就的构想，它是职业道德的灵魂。

（2）职业态度

职业态度是指从业人员在职业活动中的行为表现，它是从业人员承担职业责任的基础。

（3）职业责任

职业责任是从业者对自己的职业集体和对社会必须承担的特定的职责和义务。承担职业责任不仅要有较高的业务水平，更要有很强的责任感。

（4）职业技能

职业技能是职业道德的载体和表现手段，是从业者胜任职业活动的具体业务能力。它是每一位从业者都必须具备的。

（5）职业纪律

职业纪律是一种以规章、制度、条例等形式维持职业活动的正常秩序，是调节职业活动各种现实关系的行为准则。

（6）职业良心

职业良心是人们在职业实践中形成的内心尺度和内心天平。

（7）职业荣誉

职业荣誉是人们对职业行为的社会价值所作出的公认的客观评价和正确的主观认识。

（8）职业作风

职业作风是从业人员在职业实践中表现出来的习以为常的行为特色，是职业道德丰富内涵的外在表现。

（三）职业道德对从业者个人的作用

1. 职业道德是一种谋生手段

当职业是谋生的手段时，职业道德也就具有了谋生的意义。在竞争激烈的现代社会，职业道德修养好的人，容易获得工作的机会。

如果一个售货员如果不讲职业道德，经常与顾客发生纠纷，他就会影响这家商店的名声，就会使顾客减少，从而降低营业额，降低销售盈利，商店的经理就会把他辞退。如果一个技术工人干活的时候不用心，老出废品、次品，或者不能按照操作规程去操作机器，往往就会出事故，那必然会给厂家带来损失，他自己的职位也就难保住了。

2. 职业道德修养是提高个人人格境界的重要途径

人的品德、精神境界和价值观念也主要是通过职业工作表现出来的。职业道德既包含着与职业行为相关的特殊内容、特殊的表现方式，同时又渗透着一个人的总体精神风貌和道德情操。所以职业道德修养就是整个人格修养的一个部分。从业人员与服务对象、与同事、与自身职业等在职业道德方面形成良性的互动关系，从而在不断的工作实践中接受教育，不断提升自身的职业道德境界。

学习职业道德，可以使你把职业理想和具体实践紧密结合起来，提高实现人生价值的自觉性，对未来生活充满信心。学习它，可以使你对即将从事的社会职业充满深厚的感情，热爱本职工作，关心本职工作的发展，明确肩负的责任，从而保持强大的持久的职业动力。从这个意义上讲，学习和了解职业道德，有助于提高思想品德素养，做好思想品德方面的准备，提高求职的成功率，尽快适应职业对你的要求。

3. 职业道德是做人的根本与事业成功的保障

人生在世，最重要的就是学会如何做人，如何处事，如何成就自己的一番事业，从而实现自己的梦想和人生价值，不枉在人世间活一次。那么我们应该如何做人与处事呢？最重要的就是以德为先，以诚为本。

★案例链接

小张是个很活跃的年轻人，既聪明，又肯吃苦。刚到公司的时候，他的表现让领导颇为满意。得到了领导的肯定，小张变得非常有自信，觉得自己的前途一片光明。有一天，自己所在的部门准备开会，但是到了会议室才发现，别的部门还没有开完会，于是大家就在门外等候。小张却一个人跑了进去，对这个部门的工作发表了一番自己的见解，告诉他们应该怎样。平时，他也总喜欢对同事的工作发表一番评论，常常为自己独特的见解所陶醉。有一次，面对一份新的合同，他觉得所涉金额不大，内容没什么问题，刚巧领导又出差不在，于是就代签了。几天后，他收到了一张解雇通知单。

（四）时代呼唤职业道德建设

在人类的道德文明中，职业道德具有极其重要的地位和作用，尤其是现代社会，职业道德已经成为一种有代表性的、起中坚作用的主导型道德，它对于个人的发展，对于企业的成功，乃至于对整个社会的进步都具有不可替代的重要意义和作用。

1. 职业道德与精神文明

（1）职业道德建设是精神文明建设的重要内容。

精神文明是人类社会历史发展过程中所创造的精神财富，包括思想、道德、风尚、科学和文化等。精神文明建设的核心是思想道德建设。职业道德建设是思想道德建设的重要内容，忽略或者弱化职业道德建设，必将影响思想道德体系的完善，阻碍精神文明建设的进程。特别是在社会主义市场经济高速发展的今天，更应该把职业道德建设摆在更高位置上。

（2）职业道德建设是精神文明建设的客观要求。

社会主义市场经济的发展，推动了社会主义物质文明的进步，同时也给社会带来了一些负面的影响。例如在一些领域中的见利忘义、损人利己、以次充好、以假乱真等丑恶的社会现象滋生蔓延，严重阻碍了精神文明建设的进程。因此，为了保障市场经济的健康持续发展，促进精神文明的快速全面进步，就必须大力加强职业道德建设，完善社会主义职业道德体系。目前，职业道德建设已成为精神文明建设的客观要求和当务之急。

★案例链接

据媒体报道，国务院总理温家宝在同国务院参事和中央文史研究室成员座谈时说："当前文化建设特别是道德文化建设，同经济发展相比仍然是一条短腿。举例来说，近年来相继发生'毒奶粉'、'瘦肉精'、'地沟油'、'彩色馒头'等事件，这些恶性的食品安全事件足以表明，诚信的缺失、道德的滑坡已经到了何等严重的地步。"

之所以会出现这些恶劣的事件，既有不法生产者、不法经营者无视法律法规、见利忘义的原因，同时也有有关工作人员玩忽职守、枉法渎职的原因。这说明，在发展社会主义市场经济的过程中，丝毫不能松懈思想道德建设和法制建设。

二、职业道德与企业的发展

职业道德对于企业形象和企业凝聚力的提升，有着重要的作用。

（一）职业道德与企业形象

所谓企业形象，通俗地讲，就是社会公众对企业的总体印象和评价。它是企业展现给社会公众的形态和美誉度，是企业展现经济实力和精神风貌的窗口。

●资料卡片

企业形象的内容

精神层面：

企业价值观、经营理念、经营宗旨。

制度行为层面：

企业组织制度，企业管理行为技术水平、服务水平等。

物质层面：

企业建筑，设备产品包装、企业标识等。

良好的企业形象是企业宝贵的无形资产，直接影响到企业的生存和发展。形成良好的企业形象，有助于企业的产品和服务赢得消费者的信赖和喜爱；有助于企业得到社会各界的重视和支持；有助于企业增强凝聚力；有助于企业在竞争中赢得更多的优势。

★案例链接

1984年，34岁的张瑞敏入主青岛市电冰箱厂。他刚一上任，就颁布了13条规定，从禁止随地大小便开始，揭开了海尔现代管理之路。

1985年的一天，张瑞敏的一个朋友要买冰箱，结果挑了很多台都有毛病，最后勉强拉走一台。朋友走后，张瑞敏派人把库房里的400多台冰箱全部检查了一遍，发现共有76台存在各种各样的缺陷。张瑞敏把职工叫到车间，问大家怎么办？多数人提出，也不影响使用，便宜点处理给职工算了。当时一台冰箱的价格800多元，相当于一名职工两年的收入。张瑞敏说："我要是把这76台冰箱卖了，就等于允许你们明年再生产760台这样的冰箱。"他宣布，这些冰箱要全部砸掉，谁干的谁来砸，并抡起大锤亲手砸了第一锤！很多职工砸冰箱的时候流下了眼泪。在接下来的一个多月里，张瑞敏发动和主持了一个又一个会议，讨论的主题非常集中："如何从我做起，提高产品质量"，三年以后，海尔人捧回了我国冰箱行业的第一块国家质量金奖。

20年后，海尔已经发展成为年产值逾千亿元的世界著名家电巨头，成为中国企业管理史上诞生的第一个"神话"，代表了中国企业职业道德意识的觉醒和中国最具竞争力的家电企业的崛起！

（二）职业道德与企业凝聚力

在企业内部存在着各种复杂的关系，这些关系既有互相协调的一面，也有矛盾冲突的一面。这就要求企业所有员工都应该从大局出发、光明磊落、互相谅解、互相宽容、互相信赖、同舟共济，而不能意气用事、互相拆台。而职业道德则是增强企业凝聚力的最好纽带。

★案例链接

蒙牛是拥有员工5000多人的我国大型乳液集团公司，公司关心员工，注重与员工的沟通与交流。例如，公司建立了员工思想信息反馈网络，员工有什么想法、意见、建议、要求，都会及时通过这个网络反映到公司高层领导。对员工每月提出的意见和建议，公司领导都认真地分析研究，或采纳，或做出解释，并对提出合理化建议的员工给予奖励。此外，公司每年举行一次别开生面的集体婚礼，为每对新人送上贺金和精美的礼品；"六一"儿童节，总裁为员工的孩子买一份精美礼品，并附上一封热情洋溢的慰问信；每年通过测评选拔，派送30多人到国内一些高等院校进修，大大提升了员工的综合素质。这些做法，使员工们体会到蒙牛公司大家庭的温暖，感到个人与企业利益上的一致，使企业凝聚力大大增强。

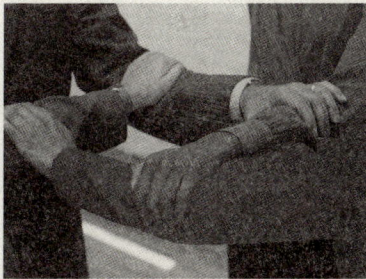

三、 职业道德与人自身的发展

（一）职业道德是个人安身立命于职场的思想基础

某企业门口写上巨幅标语："今天工作不努力，明天努力找工作。"其目的大概就在于通过竞争的压力引发员工尽职尽责的意思。一个人能否立足于职场而获得长久的生存与发展，常常不在于他是否具有优越的客观条件，而在于是否具备和遵守从事某一项职业所必需的职业道德。职场中的懒惰、自私、虚伪等，往往使人碌碌无为，甚至身败名裂；而职场生活中的尽职尽责、廉洁奉公、诚实公道则使人不仅在生活上而且在成才和事业的道路上不断进步。

（二）职业道德是个人事业成功的保证

现代成功学的研究表明：一个人事业的成功，20%取决于专业技术，80%取决于职业精神品质。职业精神品质包括敬业、诚信、勤俭、公正、团队协作、创新和奉献等内容。它对促进从业人员做好本职工作、实现职业理想具有重要的推动作用。

（三）职业道德是实现人的全面发展的主要途径

良好的职业道德不仅有助于提高个人的综合素质，而且有利于培养个人的创新精神，实现个人的全面发展。

★案例链接

某公司总经理即将离职，董事会决定在该总经理离职前临时选出一个代理总经理，目的是在总经理离职后，代理总经理可以马上上任。经理和几个董事一起开会探讨公司里面的几个骨干谁更适合这个位置，谁更有这个能力？大家综合分析都认为销售部经理王某比较适合，于是王某就成为了代理总经理。王某在工作上确实是个比较有能力的人才，市场开拓和客户维护都做得非常好。王某在接任代理总经理以后，提出每天用公司的车辆上下班，董事会考虑到能让他可以更好地做好总经理的工作，答应拨出公司车辆给他上下班使用。可是令大家都没想到的是，他每天用公车接送他的妻子，更有甚者，还接送他妻子的同事，而且没有将这件事情上报申请。更没有料到的是，他把公司车辆碰伤了，竟然不声不响地把车停到公司，然后休假一天。等第二天上班来时，他竟然问车是谁碰的！办公室主任管理车辆钥匙的交接，已经看到了这辆车子出险，所以在他休假的那天，就通知了所有司机不要开这辆车，以免日后难以说清。

在王某任代理总经理期间，他还改造了公司设备线路工程、污水处理工程等几个项目，这些都是好事。为此，董事会还特意给他培训学习，让他提高自身的修养和知识。事后一个月，财务送来报表和单据审核签字时，董事会才看懂了王某这个人的阴谋。他通过几个改造项目报了高出一倍的价格谋私利！最终董事会决定，不但没有将王某升为总经理，而且还降了他的职。

第二节　职业道德规范

医生是最古老的职业之一，被西方尊称为"医学之父"的古希腊名医希波克拉底就生活在公元前5世纪到公元前4世纪之间。

在那个时代，希波克拉底的医术有许多合乎现代医学科学，这已经十分可贵，但更为可贵的是，那时的希波克拉底就以誓言的形式提出了医生应当遵循的职业规则：

"我以阿波罗及诸神的名义宣誓：我要遵守誓约，矢志不渝。对传授我医术的老师，我要像父母一样敬重。对我的儿子、老师的儿子以及我的门徒，我要悉心传授医学知识。我要竭尽全力，采取我认为有利于病人的医疗措施，不能给病人带来痛苦与危害。我不把毒药给任何人，也决不授意别人使用它。我要清清白白地行医和生活。无论进入谁家，只是为了治病，不为所欲为，不接受贿赂，不勾引异性。对看到或听到不应外传的私生活，我决不泄露。如果我能严格遵守上面的誓言，请求神祇让我的生命与医术得到无上光荣；如果我违背誓言，天地鬼神一起将我雷击致死。"

此后，古代西方医生开业时都要宣读这份誓言。1948年，世界医学协会对这份誓言进行了一定的修改，将其定名为《日内瓦宣言》，作为全世界医生的职业规范。全文如下：

"当我成为医学界的一员：我郑重地保证自己要奉献一切为人类服务。我将会给予我的师长应有的尊敬和感谢。我将会凭着我的良心和尊严从事我的职业。我的病人的健康应是我最先考虑的。我将尊重所寄托给我的秘密，即使是在病人死去之后。我将会尽我的全部力量，维护医学的荣誉和高尚的传统。我的同僚将会是我的兄弟姐妹。我将不容许年龄、疾病或残疾、信仰、民族、性别、国籍、政见、人种、性取向、社会地位或其他因素的考虑介于我的职责和我的病人之间。我将会保持对人类生命的最大尊重。我将不会用我的医学知识去违反人权和公民自由，即使受到威胁。我郑重地做出这些承诺，以我的人格保证。"

●资料卡片

中共中央在2001年9月20日颁发的《公民道德建设实施纲要》第16条中明确要求："要大力倡导以爱岗敬业、诚实守信、办事公道、服务群众、奉献社会为主要内容的职业道德，鼓励人们在工作中做一个好的建设者。"

职业道德规范，就是从业者在职业活动中必须遵循的行为准则，也是企业用来评判一个员工的职业行为是否符合职业要求的基本标准。职业道德规范的基本内容概括起来有：爱岗敬业、诚实守信、办事公道、服务群众、奉献社会。这个20个字概括了各行各业职业道德的共同特点，适用于各种职业。

（一）爱岗敬业

爱岗敬业是职业道德的基础，是社会主义职业道德所倡导的首要规范。

所谓爱岗，就是热爱自己的岗位，热爱自己的本职工作，能够为了做好本职工作尽心尽力。所谓敬业，就是以极端负责的态度对待自己的工作，对自己的工作要专心、认真、负责任。爱岗和敬业是紧密联系在一起的。爱岗敬业就是热爱本职、扎实工作，干一行爱一行，爱一行钻一行，精益求精，尽职尽责。

爱岗敬业是从业的基本要求。爱岗敬业是事业成功的前提，一个人只有敬重自己的事业，才会热爱自己的工作，才有可能为此而拼搏。要做到爱岗敬业，就要热爱本职工作。树立强烈的职业责任感，面对自己工作职责范围内的事要主动去做、认真去做，并把它做好，无须他人催促，无须别人监督。要做到爱岗敬业，就要认真履行职责，不断提高岗位技能。出色地履行岗位职责，熟悉精通岗位业务和有关情况，做到做一行、爱一行、钻一行。把自己全部的精力、意志、知识甚至生命都贡献给自己所钟爱的事业。

★案例链接

李素丽，女，汉族，北京市公交总公司公汽一公司第一运营分公司21路公共汽车售票员，1962年出生，1987年入党。她自1981年参加工作以来，十几年如一日，在平凡的岗位上，把"全心全意为人民服务"作为自己的座右铭，真诚热情地为乘客服务，被誉为"老人的拐杖、盲人的眼睛、外地人的向导、病人的护士、群众的贴心人"，1996年被全国妇联授予"全国'三八'红旗手"。

早在两千多年前，儒家学派创始人孔子就提出，无论为人还是做事都应该"敬事而信"。儒家经典《礼记》中则明确提出从业要"敬业乐群"。这里的"敬事""敬业"都是指一个人对待工作的态度。在古代，人们就已经形成了要聚精会神、全心全意、恭敬谨慎地做事的要求。

★案例链接

历史上有个庖丁解牛的故事，说的是庖丁被请到文惠君的府上，为其宰杀一头肉牛。只见他用手按着牛，用肩靠着牛，用脚踩着牛，用膝盖抵着牛，动作极其熟练自如。他在将屠刀刺入牛身时，那种皮肉与筋骨剥离的声音，与庖丁运刀时的动作互相配合，显得是那样的和谐一致、美妙动人。他那宰牛时的动作就像踏着商汤时代的乐曲《桑林》起舞一般，而解牛时所发出的声响也与尧乐《经首》十分合拍。站在一旁的文惠君不觉看呆了，他禁不住高声赞叹道："啊呀，真了不起！你宰牛的技术怎么会这么高超呢？"庖丁见问，赶紧放下屠刀，对文惠君说："我做事比较喜欢探究事物的规律，因为这比一般的技术技巧要更高一等。我在刚开始学宰牛时，因为不了解牛的身体构造，眼前所见无非就是一头头庞大的牛。等到我有了3年的宰牛经历以后，我对牛的构造就完全了解了。现在宰牛，我可以娴熟自如地按照牛的天然构造，将刀直接刺入牛的关键部位，顺利将牛剖开。"

庖丁解牛的故事告诉人们：世间万物都有其固有的规律性，只要你在实践中做有心人，不断摸索，久而久之，熟能生巧，事情就会做得十分漂亮。

求职者是不是具有爱岗敬业的精神，是用人单位挑选人才的一项非常重要的标准。用人单位往往在录用时优先选择那些爱岗敬业的人。因为只有那些干一行、爱一行的人，才能专心致志地搞好工作。如果只是从兴趣出发，见异思迁，干一行，厌一行，不但自己的聪明才智得不到充分发挥，甚至会给工作带来损失。同样，那种视职业如儿戏、三心二意、朝秦暮楚、站在这山望那山高的见异思迁的行为则是与爱岗敬业大相径庭，势必会受到职业道德规范的谴责。

★案例链接

有一位才华出众的双料博士，他先修完了法律博士课程，后又修完了工程管理博士课程。

这样优秀的人才，理应工作顺利，事业飞黄腾达。可事实却并非如此，他最后还登上了多家企业的黑名单，成为这些企业永不录用的对象。

毕业后，他去了一家研究所，凭借自己的才华，研发出了一项重要技术。后来他觉得待遇太差，就跳槽到一家私企，并因出让那项技术做了公司的副总。不到

三年，有一家企业以给他公司股份的条件吸引他带着公司机密跳槽了。就这样，他先后背叛了不下五家公司，以至于许多大公司都知道了他的品行，当他在私企发展受制后再跳时，已经没有一个大公司敢聘用他了。

最后他才发现，心怀二心受打击最严重的是自己，因为被贴上了"见异思迁、不忠诚"的标签，几乎每一个了解他情况的老板都明确地表示绝对不会聘用他。他后悔莫及，可为时已晚。才华出众不代表就能赢得好的事业，缺少了忠诚，才华没有施展的舞台就会变得没有意义，双料博士之所以找不到工作，就在于他心怀二心、见异思迁。

对企业、对他人不忠诚的人，是永远无法在社会上立足的，也不可能得到重用，更谈不上在事业上有所成就。这样的员工就如同三国时期的吕布。所以我们更应该从职业文化和科学发展等方面不断强化爱岗敬业的新的内涵，把爱岗敬业作为从业者的基本精神加以倡导和培养。

（二）诚实守信

诚实守信是做人的基本准则，也是职业道德的精髓。

诚实，就是忠诚正直，言行一致，表里如一。守信，就是遵守诺言，不虚无欺诈。诚实守信不仅是从业者步入职业殿堂的"通行证"，体现着从业者的道德操守和人格力量，也是具体行业立足的基础。

★案例链接

李某是一家私营公司的老板，那年他向朋友借了一笔钱，没有借据，没有财产担保，也没有存单抵押，有的只有一句话，"相信我，年底无论如何都还你"。到了年底，李某的公司资金周转出现问题，为了还朋友这50万元，他绞尽脑汁才筹了30万元。怎么办？最后李某横下一条心，把自家的房子以20万元的低价卖出，筹齐50万元。

新的一年里，李某的公司陆续收回了欠款。正当他在商场上大展拳脚时，却被一家跨国公司联合其他公司骗走了他的货款，李某不但一无所有，而且还负债累累。在他走投无路时，朋友没有嫌弃失魂落魄的他，毅然再借给他50万元，期约为2年。

李某再次回到商海里搏击。他又一次成功了，2年后他不仅还清了债务，而且还赚了一大笔。每当有人问他怎样起死回生时，他便郑重地说："是信用！"

孔子在其教育生涯中就曾反复告诫他的弟子：为人处世，要说话算数。要做到诚实守信，就应该做到"言必行，行必果"。坚持实事求是的原则，是什么就是什么，说到就要做到，真诚待人，勤勉做事，言行一致，表里如一。

诚信的大敌就是欺骗。一个人如果不诚实、不守信，轻者难以获得他人的信任，影响其正常的社会活动，重则败坏社会风气，妨害社会秩序，其本人在社会中也将难以立足。

●资料卡片

> 诚信不仅是一种态度，更是一种规矩；
> 诚信不仅是一种感觉，更是一种环境；
> 诚信不仅是一种倡导，更是一种强制；
> 诚信不仅是一种道德，更是一种律法；
> 诚信不仅是一种谈论，更是一种人格；
> 诚信不仅是一种选择，更是一种环境；
> 诚信不仅是一种态度，更是一种必须；
> 诚信不仅是一种量度，更是一种质断；
> 诚信不仅是一种口号，更是一种原则。

在社会主义市场经济日益发展的今天，诚信的意义更加重要。在诚信的建设上，我国还存在种种问题，信用缺失引发的矛盾经常发生。无照经营，商标侵权，制假售假，合同欺诈，虚假招标，骗税逃税，伪造假账，恶意拖欠……这种种现象就像"病毒"一样侵蚀着社会。要想解决这些问题，企业或者个人自身要具有诚实守信的道德修养。

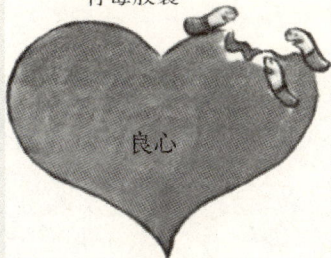

有毒胶囊

良心

★案例链接

"修正药，良心药，放心药，管用的药"，大家看到这个广告词一定不陌生。2012年4月15日，央视《每周质量报告》节目《胶囊里的秘密》，曝光河北一些企业，用生石灰处理皮革废料，熬制成工业明胶，卖给绍兴新昌一些企业制成药用胶囊，最终流入药品企业，进入患者腹中。由于皮革在工业加工时要使用含铬的鞣制剂，因此这样制成的胶囊，往往重金属铬超标。经检测，修正药业等9家药厂13批次药品，所用胶囊重金属铬含量超标。

（三）办事公道

办事公道是在爱岗敬业、诚实守信基础上提出的更高层次的职业道德要求。

所谓办事公道是指从业人员在办理事务、处理问题时，要站在公正的立场上，按照同一个标准和同一原则办事的职业道德规范。即处理各种职业事务要公道正派、不偏不倚、客观公正、公平公开。

一般人可能认为，办事公道主要是针对那些有权力的人提出的。其实不然，每一个从业者都有一个办事是否公道的问题。因为一个人不管在什么样的岗位上，不管有没有权力，都要与人打交道，都要处理各种各样的关系，这就无法回避"公道"二字。如一个服务员接待顾客时，不以貌取人，无论对于那些衣着华贵的大老板还是对那些衣着普通的乡下人，都能一视同仁，同样热情服务，这就是办事公道；无论是对于那些一次购买上万元商品的大主顾，还是对于一次只买几元钱小商品的人，同样周到接待，这就是办事公道。

★案例链接

"芬克斯"酒吧的老板是一位叫罗斯·哈尔斯的犹太人。它虽然是一个不足30平米，仅有一个柜台、5张桌子的小酒吧，却因为一件小事而名声大噪。

美国前国务卿基辛格作为犹太人后裔，一直想领略一下犹太民风。一次，公务之余，他突然想到此酒吧消遣。于是他亲自打电话到酒吧，说有10个随从将和他一起光顾，希望到时候拒绝其他顾客。像这样一位显赫的国家要人光顾小店，是一般老板求之不得的事。不料，酒吧老板客气地说："你能光顾本店，我感到莫大的光荣，但因此谢绝其他客人，是我做不到的，因为他们都是老顾客，是曾支持过这家店的人，如果因为您的来临而拒他们于门外，我无论如何做不到。"基辛格只得遗憾地挂了电话。

不料此事被正在消费的顾客们自豪地作为美谈传出，小小的"芬克斯"酒吧就幸运地被美国《新闻周刊》杂志选入世界最佳酒吧前15名，理由是它对顾客的绝对平等。从此，该酒吧经常宾客满座，不少名流也经常光顾。

公正是几千年来为人所称道的职业道德。人是有尊严的，人们都希望自己与别人一样受到同等的对待，企盼在法律面前人人平等，自古就有"王子犯法与庶民同罪"的说法。因此人们一直歌颂那些秉公办事、不徇私情的清官明主。如宋朝的包拯，家喻户晓，老少皆知。

当前我们正处于市场经济的大潮中，市场经济中有平等互利原则，这体现了买卖双方的平等地位，因此在经济领域中要求处事公平、办事公道。需要注意的是，我们所讲的公平并不是平均。以往

我们在计划经济体制下，认为平均就是公平，不平均就是不公平，这是非常错误的。公平是指人们的社会地位的平等，受教育的权利、劳动的权利的平等，多劳多得，少劳少得，不劳动不得，每个人都一样没有特权。办事公道是每一个从业者都应该具备的品质，办事公道有助于社会文明程度的提高，是市场经济良性运转的有效保证。

★案例链接

"在危险面前，我不是天生的无所畏惧，而是我有追求正义的信念，这种信念给了我勇气和战胜邪恶的信心。"这是英雄的信念。为了百姓，为了党，她兢兢业业，追求公平正义，她是人民心中的好法官，她是人民心中公平的天平。她就是宋鱼水，一位普通的共产党员，一位平凡而又伟大的女法官。自宋鱼水独立办案以来，公正高效地处理了各类民商事案件1200余件，其中300余件属于疑难、复杂、新类型案件，均取得良好的社会效果。宋鱼水办案不但要求客观公正，还力争让败诉方输得心服口服、明明白白。连败诉方都诚心送上锦旗"辩法析理，胜败皆服"。她以一个法官的公正和真诚，赢得了所有人的敬意。

（四）服务群众和奉献社会

服务群众和奉献社会这两个职业道德规范，一个是从服务的对象角度提出，另一个是从服务的境界角度提出。社会是由群众组成，要更好地服务群众，就得有奉献精神，而我们之所以要在职业活动中无私奉献，就是为了让群众满意，使社会更加和谐。

★案例链接

老兵10余年免费为老人淘厕

皮肤黝黑，五大三粗，说一口不太容易听懂的河南话，今年53岁的退伍老兵张喜忠很招老人们喜欢。10多年来，他义务为残疾人、孤寡老人、军烈属、福利院和敬老院免费疏通管道，清淘化粪池。2000年，张喜忠东拼西凑购买了一辆二手污水抽运车，不久他带领多名河南退伍老兵创建了公司。如今，"老兵"的员工由原来的2人增加到现在的55人，拥有9辆专业清洁车，因业务繁忙，从事IT行业的大儿子也回家替父亲打工。

职业活动的本质，规定了既定职业的社会责任和社会义务，也确认了从业者与群众的关系——服务与被服务的关系。当然这个关系是相对的，因为从业者自己

67

也是群众的一员，从业者在为社会服务的同时，也是在接受社会所提供的各种服务。这种关系如果用一句通俗的话来讲，就是"我为人人，人人为我"。但是从职业道德的角度来看，在这种关系中从业者必须首先做到"我为人人"——发挥出本职业岗位既定的职能，向社会提供应有的优质服务。否则，就是没有尽到本职工作的责任和义务，那么职业的社会本质也就无法体现。

●资料卡片

海尔服务人员承诺：

一证件：上门服务要出示上岗资格证；

二公开：公开出示海尔"统一收费标准"，并按标准收费，公开出示维修或安装记录单，服务完毕后请用户签署意见；

三到位：服务后清理现场到位，服务后通电试机演示到位，服务后向用户讲解使用知识到位；

四不准：不准喝用户的水，不准抽用户的烟，不准吃用户的饭，不准要用户的礼品；

五个一：递上一张名片，穿上一副鞋套，自带一块抹布，赠送一份小礼品，提供一站式产品通检服务。

★案例链接

以"岗位献真情，真情为他人"自律的全国劳动模范李素丽是热心周到服务群众的典范。

"礼貌待客要热心，照顾乘客要细心，帮助乘客要诚心，热情服务要恒心"，这是李素丽为自己定下的服务原则。

李素丽售票台旁的车窗玻璃，一年四季进出站时总是敞开的，她说："这样我可以更好地照顾乘客"。即使下大雨，车一进站，她也要把车窗打开，伸出伞为上车前脱雨衣、收拢雨伞的乘客挡雨。

奉献社会是一种无私忘我的精神，是职业道德的最高境界，是每个从业者职业道德修养的最终目标。

奉献，通常是指岗位奉献。每个从业者，不论分工如何、能力大小，都能够在本职岗位上通过不同的形式为国家和人民作出自己的奉献。这之中，敬业是奉献的基础，乐业是奉献的前提。

★案例链接

最美女教师——张丽莉

张丽莉，女，中共预备党员，大学本科学历，中学教师。2006年毕业于哈尔滨师范大学，分配到佳木斯市第十九中学任教（虽在这所中学执教五年多，她却一直都没有拿到正式的教师编制，也没有医保，每月工资仅为1000元）；2012年5月8日的一次交通事故中，她为救学生而受重伤，致使双腿截肢，经全力抢救已脱离生命危险。2012年5月15日、5月16日，张丽莉相继获得获"全国五一劳动奖章"、"全国三八红旗手"、"全国优秀教师"等荣誉称号。2012年9月2日，张丽莉赴北京康复治疗。2012年10月16日张丽莉被增补为黑龙江省残联第五届主席团委员、副主席。

刘丽（2010年感动中国十大人物）

刘丽，女，1970年生，安徽颍上县人，2010年"感动中国十大人物"，被网友称为"中国最美洗脚妹"。2011年全国道德模范候选人。2011年9月20日，在第三届全国道德模范评选中荣获"全国助人为乐模范"称号。

刘丽有五个兄弟姐妹，因家境贫寒，14岁那年，还在念初中的她就辍学了。她要外出打工，挣钱为弟弟妹妹交学费、贴补家用。她先后到湖北、江苏等地打工，做过服务员，当过保姆。2000年至今，刘丽一直在厦门一家足浴城当"洗脚妹"。她用在福建厦门做洗脚妹攒下的辛苦钱捐资助学，延续了几十个穷孩子的读书梦，还号召数百位好心人加入了她的爱心团队。

对于一个从业者来说，有没有奉献精神，工作成效是不大一样的。有奉献精神的，就会有高度的责任心和事业心，就会忠于职守、尽职尽责，就会争一流、创一流，就会在平凡的岗位上做出不平凡的业绩。反之，就会斤斤计较、患得患失，凡事讲条件、争待遇，一旦私利得不到满足，就容易满腹牢骚、消极怠工，甚至会违反职业纪律。当然，讲奉献并不是就忽略了个人利益，而是要正确处理好国家、集体和个人三者之间的利益关系，始终把国家利益和集体利益放在个人利益的前面。这样，就能成为一个具有高尚情操、乐于奉献、能在平凡的岗位上实现伟大人生价值的人。

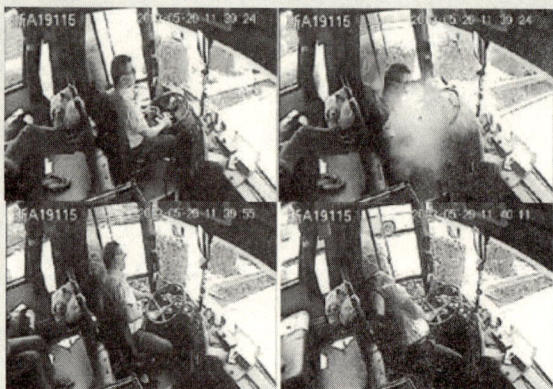

杭州最美司机——吴斌

2012年5月29日中午,杭州长运司机吴斌驾驶大客车行驶于沪宜高速,途中被一个来历不明的金属片砸碎前窗玻璃后刺入腹部致使肝脏破裂,他强忍疼痛将车停稳,并提醒车内24名乘客安全疏散和报警。后被送往无锡中国人民解放军第101医院抢救。2012年6月1日凌晨3点45分,因抢救无效死亡,年仅48岁。他的先进事迹得到广泛流传,并被人们称为杭州最美司机。

第三节　职业道德行为及其养成

一、职业道德行为的内涵

职业道德行为是指从业者在一定的职业道德认知、情感、意志、信念的支配下所采取的自觉职业活动。

作为一个从业者,怎样才能够在职业活动中让自己的行为获得善的评价、好的效果呢?

第一,从业者需要去学习并掌握职业道德规范,只有这样才能从中获得是非善恶、好坏美丑的行为标准。

第二,要不断地加强自身的道德修养,提高自己的道德水平,只有这样才能够在职业活动中选择善的行为,体验美的情感。

第三,要时时刻刻、随时随地警示自己去恪守道德规范,去积累善的行为,从而养成好的行为习惯,直至形成道德信念。

●资料卡片

参加会议、与别人约会时要准时,更不能失约;

与人握手时,眼睛要直视对方,用力要恰当、有度;

与人交谈,语言诚恳、直截了当;

打电话时要有所准备,讲话直奔主题,不说无关紧要的废话;

介绍别人的时候要把本单位的人先介绍给外来客人,体现对客人的尊重。

与人交换名片的时候要用双手递出自己的名片,同时双手接过对方的名片。

★案例链接

2008年12月9日早上，深圳机场清洁工吴某在候机楼她的工作区域内一个垃圾桶旁"捡"到了一个装有14千克黄金的小纸箱，之后她把小纸箱放在洗手间里，下班后没见失主就将其带回家中。当天傍晚，吴某已听到有关失主寻找黄金的消息，但她仍旧没有呈报，结果因涉嫌盗窃，被警方刑事拘留。

好的职业道德行为一旦在职业活动中产生了一贯的、习以为常的、不做则内心会感到不安的行为方式，就会形成好的职业行为习惯。

好的职业行为习惯是职业道德认知、职业道德情感和职业道德意志的外部状态，是从业者内心世界的显露，是对职业道德规范的行为实践。

服务时要面带微笑，这是每一个空中乘务员的一种职业礼仪。同样是微笑，有的是出于公司的规定，有的是迫于乘客的压力，有的则是发自内心对乘客的真诚微笑。所以，良好的职业道德行为习惯是从业者优秀职业素养的一种行为体现。例如：江苏省海安县大货车司机朱林，创造了国内首个十年安全行车百万公里无大修的纪录。他的秘诀在于中速行驶从不急刹车，每天保养车辆，汽缸中加纯净水，机油只用一个品牌另加抗磨剂等。这个纪录的诞生并不需要高超的职业技能，关键在于朱林已经养成了良好的职业道德行为习惯。

71

★案例链接

泰国曼谷有一家知名的酒店，酒店餐厅里有一位著名的女服务员。她之所以出名，就在于当客人问及她所上菜的菜名时，她会下意识地往后退一小步再回答。她的这个动作后来成为该酒店的一条服务规则，并被写进了教科书。

二、良好职业道德行为的养成

养成良好的职业道德行为，就是要把职业道德原则和规范落实到职业活动中去，做到言行一致、知行统一，进而形成高尚的职业道德品质，达到崇高的职业道德境界。

职业道德行为养成有助于提高职业人的全面素质，对于谋职就业与职业生涯发展具有重要意义；有助于培养良好的职业观念、职业作风和职业行为习惯，使职业人以更好的心态、更大的热情投入工作、作出更多的贡献，从而实现人生价值。

（一）见贤思齐

古代伟大的思想家、教育家孔子认为道德修养的关键之一是要"见贤思齐"。"贤"，就是指品德高尚的人；"齐"，就是学习、看齐。"见贤思齐"就是向品行高尚的人看齐，学习他们可贵的品德。

见贤思齐焉
见不贤而内自省也

每个人都应该有自己尊崇的职业道德榜样，每个行业和企业也应该都有自己树立的道德楷模。榜样除了给我们起到示范、引导作用外，还具有巨大的人格感召力，对人的心灵有着潜移默化的净化功能。榜样是一种向上的力量，是一面镜子，更是一面旗帜，它提醒着我们前进，更激励着我们成长。因此，我们应该结合自己的专业和未来的职业领域，确定一个职业道德楷模作为自己的偶像，可以让自己时时刻刻有一面明镜、有一个向导，提醒我们一路向前，避免走弯路。

★案例链接

有一位大学生毕业后来到北京一家知名的跨国公司求职，在豪华的写字楼前遇到一位中年人。大学生以为这个中年人只是这里的一个职员，甚至把他当成了一个清洁工。因为他一路上捡起了至少三个人扔在走廊地面上的烟头以及一张废纸。后来才知道，这个中年人其实就是这家企业的董事。这位大学生深受感触，以至于后来自觉或不自觉地见到烟头就捡起来扔进垃圾箱。

（二）保持良知

良知是人们具有的最基本的道德素质。

古代伟大的思想家孟子主张人性本善。他认为："恻隐之心，人皆有之，仁之端也；羞恶之心，人皆有之，义之端也；辞让之心，人皆有之，礼之端也；是非之心，人皆有之，智之端也。"孟子的这句话中讲的恻隐之心、羞恶之心、辞让之心、是非之心就是人类最基本的道德品质，每个人都有自己的优点，每个人身上也都有着人类道德理性的一面。

> ★案例链接
>
> 明代思想家王守仁有个门人，一天深夜在房间里面抓住一个窃贼，他对窃贼讲了一通做人要有良知的道理。贼听后不仅没有一点悔悟之心，反而大笑问道："请你告诉我，我的良知在哪里？"当时是大热天，他叫窃贼脱光了上身的衣服，并说道："还是太热了。为什么不把裤子也脱掉呢？"窃贼四下看看，犹豫了半天说："这，好像不太好吧。"这时，他大声向窃贼喝道："这就是你的良知！"

每个人都有良知和善念，可以让人们知道自己行为的对与错。肯为小善，这一丝的善念，就像一粒善的种子，会萌芽，会生长，也会结果。若为小恶，这一丝的恶念，就像一个初现的癌细胞，会分裂，会扩散，最终会夺取人的生命。在现实生活中，一些从业人员自爆行业不正当内幕正是他们内心的良知和善念所起的作用。

（三）自省与克己

自省就是依据职业道德规范进行自我反省、自我检查、自我批评；克己就是按照职业道德规范约束自己的行为，克服自己的不足之处。

中国古代著名教育学家孔子说："内省不疚，夫何忧何惧？"意思就是一个人常自我反省，问心无愧，就能达到无忧无惧的境界。自省和克己的关键就在于一个"恒"字。良好的道德品质不是一朝一夕的事情，是一个长期的培养过程。每天，当我们休息的时候，都要扪心自问，自己今天做了什么？哪些事是对的？哪些事做错了？错在哪里？应该怎么办？在职业活动中长期自省克己，从业人员就可以培养强烈的职业责任心和职业信念。

> ★案例链接
>
> 一家公司要求自己的员工每天下班后必须思考四个问题，在第二天上班前进行交流。
>
> 1. 今天我对自己最满意的表现是什么？
> 2. 今天我的工作有失误吗？
> 3. 我的失误给公司、客户和自己带来了怎样的影响？
> 4. 明天我将做哪些改进？

今天你自省了吗？

（四）慎独

"慎"就是谨慎、警觉的意思，"独"是指没人看见，自己独处。

慎独就是指在没人看见、无人监督的情况下，不仅不能放松自己，反而要更加警觉，坚持自己的道德信念。

"慎独"作为修养方法，就是强调在没有外在监督的情况下始终不渝地、更加小心地坚持自己的道德信念，自觉按道德要求行事，不会由于无人监督而肆意妄行。

● 资料卡片

人生如酒，或可口，或浓烈，或芳香，有了慎独，它可以变得更醇厚；

人生如画，或素雅，或黯淡，或明丽，有了慎独，它可以变得更美丽；

人生如歌，或悲戚，或低沉，或高昂，有了慎独，它可以变得更动听。

随着社会主义市场经济的发展，社会分工越来越细，专业化程度也越来越高，许多行业、企业和部门职业活动的相对独立性也随之增强，当中有些职业活动和工作任务甚至完全需要个人独立操作完成。在这种情况下，慎独就显得尤为重要。

慎独

★ 案例链接

2005年感动中国的王顺友，一个普通的乡村邮递员，就是当代恪守"慎独"原则的典范。他一个人20年走了26万多公里的寂寞邮路。尽管生存环境和工作条件十分恶劣，但他没有延误过一个班期，没有丢失过一封邮件，投递准确率达100%。他说："保证邮件送到，是我的责任。"在漫漫"孤独之旅"上他对自己严格要求，在"一个人的长征"中，他服务无数山里人的执著，为社会创造了一笔宝贵的精神财富。

第四章 计算机应用基础

第一节 计算机软硬件常识

一、计算机基础

计算机系统是由硬件系统和软件系统两大部分组成的。硬件系统是计算机系统中各种电子的、机械的、磁性的、光学的器件或装置组成的物理实体部分。软件系统是指程序、数据和文档资料等的总称。

常见的计算机有台式计算机、笔记本计算机、大型计算机等，较先进的计算机有生物计算机、光子计算机、量子计算机等。

（一）计算机的硬件

硬件是计算机系统的基础，软件是发挥计算机功能的关键。计算机硬件，包括计算机中所有物理的零部件，以此来区分它所包括或执行的数据和为硬件提供指令以完成任务的软件。计算机硬件主要包含：机箱、主板、总线、电源、存储控制器、界面卡、携储存装置、内置存储器、输入设备、输出设备、CPU风扇、蜂鸣器等。

计算机基本部件

输入设备	•键盘 •数码绘图板 •鼠标 •轨迹球 •麦克风 •摄像头
输出设备	•显示器 •音箱 •打印机
移动数据存储	•软盘 •光盘驱动器 •DVD+RW •闪存盘 •存储卡
机箱内	•中央处理器 •随机存取存储器 •显示卡 •声卡 •主板 •电源供应器 •硬盘
数据接口	•串行端口 •并行端口 •USB

1. 电源

电源是计算机中不可缺少的供电设备，它的作用是将220V交流电转换为计算机中使用的5V、12V、3.3V直流电，其性能的好坏，直接影响到其他设备工作的稳定性，进而会影响整机的稳定性。手提计算机中还自带有锂电池，便于在无交流电的情况下，为手提计算机提供有效电源。

75

2. 主板

主板是计算机中各个部件工作的一个平台，它把计算机的各个部件紧密连接在一起，各个部件通过主板进行数据传输。也就是说，计算机中重要的"交通枢纽"都在主板上，它工作的稳定性影响着整机工作的稳定性。

计算机的主板对计算机的性能来说，影响是很重大的。曾经有人将主板比喻成建筑物的地基，其质量决定了建筑物坚固耐用与否。也有人形象地将主板比作高架桥，其好坏关系着交通的畅通力与流速。性能良好的主板工作稳定，兼容性好；功能完善，扩充力强；使用方便，可以在BIOS中对尽量多的参数进行调整；厂商有更新及时、内容丰富的网站，维修方便快捷；价格相对便宜，即性价比高。

3. CPU

CPU即中央处理器，是一台计算机的运算核心和控制核心。其功能主要是解释计算机指令以及处理计算机软件中的数据。CPU由运算器、控制器、寄存器、高速缓存及实现它们之间联系的数据、控制及状态的总线构成。作为整个系统的核心，CPU也是整个系统最高的执行单元，因此CPU已成为决定计算机性能的核心部件，很多用户都以它为标准来判断计算机的档次。

4. 内存

内存又叫内部存储器或者是随机存储器（RAM），分为DDR内存和SDRAM内存（SDRAM由于容量低、存储速度慢、稳定性差、已经被DDR淘汰了），内存属于电子式存储设备，它由电路板和芯片组成，特点是体积小，速度快，有电可存，无电清空，即计算机在开机状态时内存中可存储数据，关机后将自动清空其中的所有数据。内存有DDR、DDR Ⅱ、DDR Ⅲ三大类，容量1—64GB。

5. 硬盘

硬盘属于外部存储器，机械硬盘由金属磁片制成，而磁片有记忆功能，所以储存到磁片上的数据，不论在开机还是关机，都不会丢失。硬盘容量很大，已达TB级，尺寸有3.5英寸、2.5英寸、1.8英寸、1.0英寸等，接口有IDE、SATA、SCSI等，SATA最普遍。移动硬盘是以硬盘为存储介质、强调便携性的存储产品。市场上绝大多数的移动硬盘都是以标准硬盘为基础的，而只有很少部分是以微型硬盘（1.8英寸硬盘等）为基础，但价格因素决定着主流移动硬盘还是以标准笔记本硬盘为基础。因为采用硬盘为存储介质，因此移动硬盘的数据读写模式与标准IDE硬盘是相同的。移动硬盘多采用USB、IEEE1394等传输速度较快的接口，可以较高的速度与系统进行数据传输。固态硬盘是用固态电子存储芯片阵列而制成的硬盘，由控制单元和存储单元（FLASH芯片）组成。固态硬盘在产品外形和尺寸上也完全与普通硬盘一致，但是固态硬盘比机械硬盘速度更快。

6. 声卡

声卡是组成多媒体计算机必不可少的一种硬件设备，其作用是当发出播放命令后，声卡将计算机中的声音数字信号转换成模拟信号送到音箱上发出声音。

7. 显卡

显卡在工作时与显示器配合输出图形、文字，显卡的作用是将计算机系统所需要的显示信息进行转换驱动，并向显示器提供行扫描信号，控制显示器的正确显示，是连接显示器和个人计算机主板的重要元件，是"人机对话"的重要设备之一。

8. 网卡

网卡是工作在数据链路层的网路组件，是局域网中连接计算机和传输介质的接口，不仅能实现与局域网传输介质之间的物理连接和电信号匹配，还涉及帧的发送与接收、帧的封装与拆封、介质访问控制、数据的编码与解码以及数据缓存的功能等。网卡的作用是充当计算机与网线之间的桥梁，它是用来建立局域网并连接到Internet的重要设备之一。

在整合型主板中常把声卡、显卡、网卡部分或全部集成在主板上。

9. 光驱

光驱是计算机用来读写光碟内容的装置，也是在台式机和笔记式计算机里比较常见的一个部件。随着多媒体的应用越来越广泛，使得光驱在计算机诸多配件中已经成为标准配置。光驱可分为CD-ROM驱动器、DVD光驱（DVD-ROM）、康宝（COMBO）和DVD刻录机等种类。读写的能力和速度也日益提升。

10. 显示器

显示器有大有小，有薄有厚，品种多样，其作用是把计算机处理完的结果显示出来。它是一个输出设备，是计算机不可缺少的部件之一。分为CRT（已淘汰）、LCD、LED、3D等几大类，接口有VGA、DVI、HDMI三类。

LCD显示器

LCD显示器即液晶显示器，优点是机身薄，占地小，辐射小，给人以一种健康产品的形象。但液晶显示屏不一定可以保护到眼睛，这需要看各人使用计算机的习惯。

下面介绍一下LCD液晶显示器的工作原理。在显示器内部有很多液晶粒子，它们有规律地排列成一定的形状，并且它们每一面的颜色都不同，分为红色、绿色、蓝色。这三原色能还原成任意的其他颜色，当显示器收到计算机的显示数据时，会控制每个液晶粒子转动到不同颜色的面，来组合成不同的颜色和图像。

液晶显示屏的缺点是色彩不够艳，可视角度不高等。可能你在购买液晶显示器的商店看到显示的效果很不错，回家后却发现效果却相去甚远。这是因为液晶显示屏主要的光源是通过反射外来光源，而在你购买产品的地方备有足够的灯光，所以才会有不同的显示效果。

11. 键盘

键盘是主要的人工学输入设备，通常为104或105键，用于把文字、数字等输到计算机上，以及对计算机进行操控。

12. 鼠标

当人们移动鼠标时，计算机屏幕上就会有一个箭头指针跟着移动，并可以很准确地指到想指的位置，快速地在屏幕上定位，它是人们使用计算机不可缺少的部件之一。键盘鼠标接口有PS/2、USB和无线鼠标等几种。硬件的鼠标分为光电和机械两种（机械已被光电淘汰）。

13. 音箱

通过音频线连接到功率放大器，再通过晶体管把声音放大，输出到喇叭上，从而使喇叭发出计算机的声音。一般的计算机音箱可分为2、2.1、3.1、4、4.1、5.1、7.1这几种，音质也各有差异。

14. 打印机

通过打印机可以把计算机中的文件打印到纸上，它是重要的输出设备之一。在打印机领域形成了针式打印机、喷墨打印机、激光打印机三足鼎立的主流产品，各自发挥其优点，满足各界用户不同的需求。衡量打印机好坏的指标有三项：打印分辨率、打印速度和噪声。

15. 视频设备

如摄像头、扫描仪、数码相机、数码摄像机、电视卡等设备，用于处理视频信号。

16. 闪存盘

闪存盘通常也被称作优盘、U盘、闪盘，是一个通用串行总线USB接口的无需物理驱动器的微型高容量移动存储产品，它采用的存储介质为闪存存储介质（Flash Memory）。闪存盘一般包括闪存（Flash Memory）、控制芯片和外壳。闪存盘具有可多次擦写、速度快而且防磁、防震、防潮的优点。闪存盘采用流行的USB接口，体积只有大拇指大小，重量约20克，不用驱动器，无需外接电源，即插即用，实现在不同计算机之间进行文件交流，存储容量从1~128GB不等，满足不同的需求。

以上各部件经过系统装配后，可以组装成一台完整的计算机，这其中主机显得最为重要。

主机指计算机硬件系统中用于放置主板及其他主要部件的容器（Mainframe）。通常包括CPU、内存、硬盘、光驱、电源以及其他输入输出控制器和接口，如USB控制器、显卡、网卡、声卡等。位于主机箱内的通常称为内设，而位于主机箱之外的通常称为外设（如显示器、键盘、鼠标、外接硬盘、外接光驱等）。通常，主机自身（装上软件后）已经是一台能够独立运行的计算机系统，服务器等有专门用途的计算机通常只有主机，没有其他外设。

主机的组成部分有：① 机箱（必备）；② 电源（主机供电系统，没有电源不能使用）；③ 主板（连接主机各个配件的主体，没有主板主机不能使用）；④ CPU（主机的心脏，负责数据运算，不可缺少，属于重要设备）；⑤ 内存（存储主机调用文件，不可缺少）；⑥ 硬盘（主机的存储器，独立主机不可缺少）；⑦ 声卡（某些主板集成）；⑧ 显卡（某些主板集成，显示器控制）；⑨ 网卡（某些主板集成，没有网卡计算机无法访问网络，是连接其他主机的渠道）；⑩ 光驱（没有光驱，主机无法读取光碟上的文件）；⑪ 软驱（没有软驱，主机无法读取软盘上的文件）。另有一些不常用设备，如：1394卡、视频采集卡、电视卡、蓝牙等。

（二）计算机软件系统

软件系统（Software Systems）是指由系统软件、支撑软件和应用软件组成的计算机软件系统，它是计算机系统中由软件组成的部分。它包括操作系统、语言处理系统、数据库系统、分布式软件系统和人机交互系统等。

　　操作系统是软件，而且是系统软件。它在计算机系统中的作用，大致可以从两方面体会：对内，操作系统管理计算机系统的各种资源，扩充硬件的功能；对外，操作系统提供良好的人机界面，方便用户使用计算机。它在整个计算机系统中具有承上启下的地位。

　　微软自1985年推出Windows 1.0以来，Windows系统经历了十多年风风雨雨，从最初运行在DOS下的Windows 3.x，到现在风靡全球的Windows 9x、Windows 2000、Windows XP、Windows 2003、Windows Vista、Windows 7、Windows 8。

　　32位的Windows 95发布的时候，Windows3.x中的某些功能被保留了下来。Windows的流行让人们感到吃惊，几乎所有家庭用户的计算机上都安装了Windows，大部分的商业用户也选择了它。一时间，蓝天白云出现在世界各个角落。

　　Windows之所以如此流行，是因为它功能的强大和易用性。

二、Office软件的安装

　　Microsoft Office 2003是微软公司针对Windows操作系统所推出的办公室套装软件，于2003年9月17日推出，其前一代产品为Office XP，后一代产品为Office 2007。是微软公司为了重新订定Office品牌形象设计的新产品标志。Office 2003是Office系列第一个使用Windows XP接口的图标和配色。Office 2003只能在基于Windows NT架构的操作系统上运行，因此并不支持Windows 98和Windows Me。

　　常用的Microsoft Office Professional Edition 2003有着开放而又充满活力的新外观、丰富而方便实用的各种功能，包含了日常办公事务处理的七大常用组件。它们分别是：字处理软件Word 2003、电子表格处理软件Excel 2003、演示文稿软件PowerPoint 2003、数据库管理软件Access 2003、动态表单软件InfoPath 2003、电子邮件管理软件Outlook 2003、桌面排版软件Publisher 2003。其他版本的Office 2003还包含着网页制作软件FrontPage 2003、电子记事本软件OneNote 2003、项目管理软件Project 2003、流程图管理软件Visio 2003等不同组件。Office 2003软件的安装如下：

　　1.直接运行安装包，就会出现一个界面，点击"下一步"。

　　2.若下一步不能点击，这是因为需要你选择一下是否接受许可协议，选定"我接受该许可证协议中的条款"后再点击"下一步"。

　　3.由于我们安装的其实是一个压缩包，所以它需要一个解压缩的过程，它会先把相关文件释放出来，再安装。

　　4.出现安装选项，这里要注意，如果需要安装公式编辑器的话，下面的那个"选择应用程序的高级自定义"这里一定要打勾，至于是否选中"ACCESS"，视需要情况而定，最好选上。

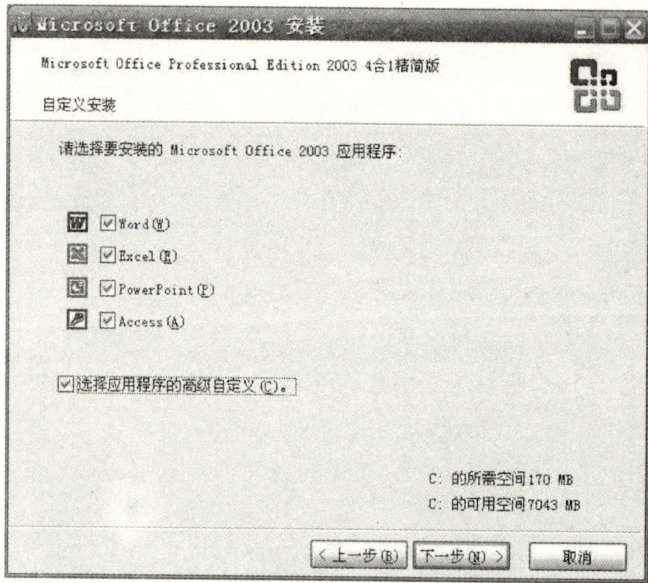

5. 出现下面的选项时，展开"Office工具"这一项，点击"从本机运行全部程序"。

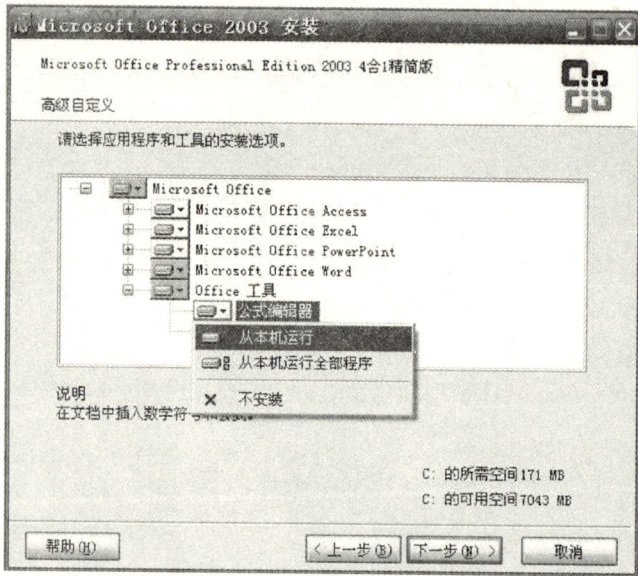

6. 和其他软件类似，会出现一个列表，列举了你在安装过程中选择的内容，如果确定无误，点击"安装"。

7. 安装完成。

　　整个安装过程结束后，看看开始菜单里面是不是有一个Office2003了，里面就有你所选择安装的组件，安装软件的过程就这么简单！

第二节　办公软件应用

一、Word 2003

　　Word 2003是微软公司的办公自动化套装软件Office 2003中的一员。它操作简单，常用功能可以通过图标形式的工具按钮直接进行操作，真正做到了"所见即所得"。Word 2003具有很强的文字编辑排版功能、灵活的制表功能、很好的图文混排功能、方便的样式模板应用及简单易行的邮件合并功能等，是较为理想的办公自动化软件。

（一）Word 2003基本操作

1. 启动Word 2003

试采用三种不同的方式启动Word 2003。

（1）单击"开始"→"程序"→"办公软件"→"Microsoft Word"命令，启动Word 2003。

（2）双击桌面上的Word 2003的快捷方式图标，启动Word 2003。

（3）单击"开始"→"运行"命令，在弹出的"运行"对话框中键入"Winword"，单击"确定"按钮（或者按Enter键），启动Word 2003。

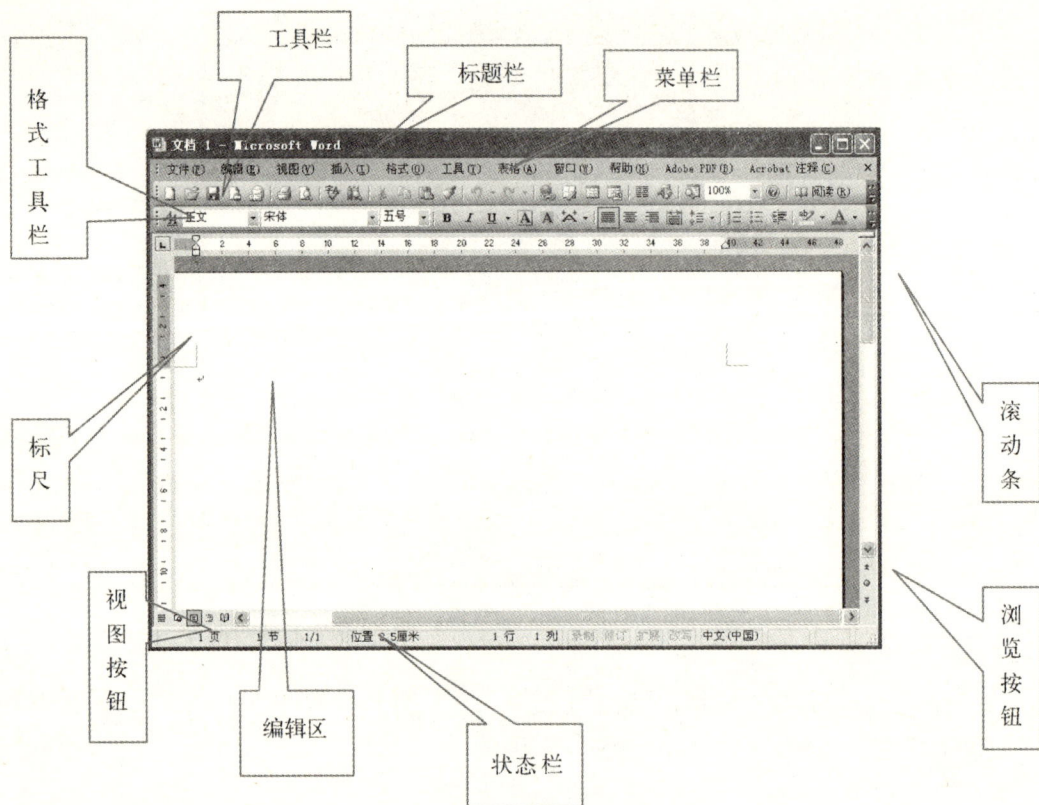

图2.1.1 新建的Word 2003空文档

Word 2003的工作界面主要有标题栏、菜单栏、工具栏、标尺、文档编辑区、滚动条、任务窗格以及状态栏八个部分。

1) 工具栏

当启动Word 2003的工作界面时，会自动显示"常用"和"格式"两个工具栏。用户可以根据需要显示或隐藏某个工具栏。Word 2003提供了多个工具栏，通常在窗口中显示的只是常用的部分。执行菜单栏中的"视图→工具栏"命令，会弹出工具栏菜单。在该命令菜单中，可以看到一些命令前面都有"√"标记，则表明该命令按钮已在工具栏中显示。

①在工具栏中，执行"绘图"命令，"绘图"窗口被打开。

②执行菜单栏中的"工具→自定义"命令，将弹出"自定义"对话框。

③在"自定义"对话框中的"工具栏"选项卡中，勾选所要显示的工具栏。设置完选项后，关闭对话框，便恢复了工具栏的显示。

2) 标尺

位于文本编辑区的上边和左边，分水平标尺和垂直标尺两种。

①执行菜单栏中的"视图"命令，弹出下拉菜单。在"标尺"命令的左侧如有"√"符号，说明标尺已显示，如没有"√"符号，说明正处在隐藏状态。

②执行"标尺"命令，标尺被显示或隐藏。

3）文档编辑区

位于窗口中央，用来输入、编辑文本和绘制图形的地方。

2. 新建空白文档

无论用上面哪种方式启动 Word 2003，都创建了一个空白文档，文档默认文件名为"文档1"，如图2.1.1所示。

除了以上面方法启动 Word 2003 后可以创建一个空白文档外，还可以在 Word 2003 窗口中用以下方式新建文档：

（1）单击"文件"→"新建"命令，打开"新建"界面，单击"空白文档"图标。

（2）单击"常用"工具栏上的"新建空白文档"按钮 。

（3）利用模板和向导创建文档。单击"文件"菜单中的"新建"命令，单击下方"本机上的模板"链接，打开"模板"对话框。单击一个文档类别选项卡，从中选择需要的模板样式。有些模板中还带有向导，可以根据向导的提示完成文档的建立，如图2.1.2。

使用以上两种方法分别建立两个空白文档，文档名分别为"文档2"和"文档3"。

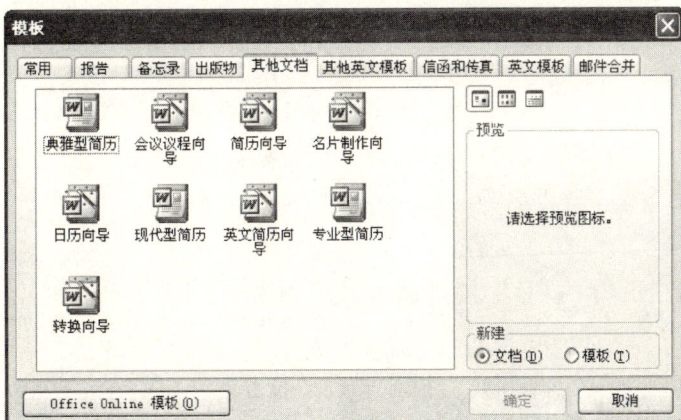

图2.1.2 "新建"对话框

3. 录入文本

在新建的空白文档"文档1"中，录入下面的样文。

样文的内容：

家用计算机与计算机

其实，家用计算机与普通计算机本来就没有什么区别，只是随着计算机越来越多地进入家庭，才出现了"家用计算机"这个名词。所谓家用计算机是指由个人购买并在家庭中使用的计算机。

家用计算机在家庭中能发挥什么样的作用？这是每个购买家用计算机或打算购买家用计算机的家庭所面临的问题。家用计算机在家庭中所起的作用主要体现在以下几个方面：

（1）教育方面：计算机在家庭中可以扮演家庭教师，利用家用计算机可以更好地教育子女，激发学习兴趣、提高学习成绩。您可以将不同程度、不同科类的教学软件装入到计算机中，学习者可以根据自己的程度自由安排学习进度。

（2）办公方面：计算机应用最重要的变革就是实现了办公自动化。计算机进入家庭，使得办公室里的工作可以在家中完成。您可将办公室里的一些文字工作拿回家中，利用计算机进行文书处理，还可以利用计算机与异地计算机进行联网通信，以获得更多的信息，您还可以利用您的计算机接受、发送传真等。

（3）家政方面：计算机在家庭中还可以充当家庭秘书的角色，可以利用计算机来管理家庭的收入、支出，对家庭财产进行登记。计算机可以提供飞机航班、火车时刻表、重要城市的交通路线，以便家庭随时查询。计算机还可以提供股市行情、旅游购物指南等。

（4）娱乐方面：多媒体进入家庭，使得利用家用计算机进行娱乐的种类更加多样化，比如：可以利用计算机建立家庭影院、家庭卡拉OK中心、家庭影碟中心，利用家用计算机玩游戏等等。

4. 保存文档

将已录入文本的文档以文件名"练习1.doc"保存在"D:\Word练习"（若此文件夹不存在，请在D盘根目录下建立名为"Word练习"的文件夹）中。

操作方法如下：

① 单击工具栏上的"保存"按钮 ，或者单击"文件"→"保存"命令，打开如图 2.1.3所示的"另存为"对话框。

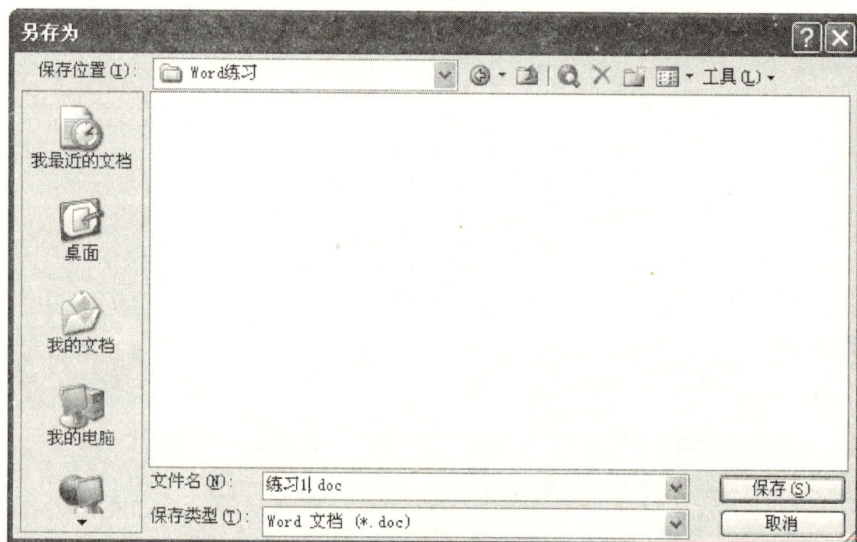

图2.1.3 "另存为"对话框

②在"文件名"框中输入文件名"练习1"。

③在"保存位置"框中选择文档的保存文件夹：D:\Word练习。

④单击"保存"按钮，关闭"另存为"对话框，完成保存文件操作。

提示：文档保存的几种方式

（1）保存新建文档：如果新建的文档未经过保存，单击"文件"菜单中的"保存"命令，或者单击"常用"工具栏上的"保存"按钮，系统会弹出"另存为"对话框，在对话框中设定保存的位置和文件名及文件类型，然后单击对话框右下角的"保存"按钮。

（2）保存修改的旧文档：单击工具栏上的"保存"按钮或单击"文件"菜单中的"保存"命令，不需要设定路径和文件名，以原路径和原文件名存盘，不再弹出"另存为"对话框。

（3）另存文档：Word 2003允许打开后的文件保存到其他位置，而原来位置的文件不受影响。单击"文件"菜单中的"另存为"命令，在出现的"另存为"对话框中重新设定保存的路径、文件名及类型即可。

（4）全部保存：在按下Shift键的同时单击"文件"菜单，"文件"菜单下将增加一个"全部保存"命令。单击"全部保存"命令，可以将所有已经打开的Word文档逐一进行保存。

（5）自动保存：Word 2003提供了一种定时自动保存文档的功能，可以根据设定的时间间隔定时自动地保存文档。这样可以避免因"死机"、意外停电、意外关机造成文档的损失。单击"工具"菜单中的"选项"命令，在弹出的对话框中单击"保存"选项卡，选中"自动保存时间间隔"复选框并设定自动保存时间间隔，就可以高枕无忧地编辑你的作品了。

---

5. 关闭文档

将文档"练习1"关闭。操作方法如下：

（1）单击"练习1"文档窗口，使其成为当前窗口。

（2）单击"练习1"窗口右上方的关闭按钮，或者单击"文件"→"关闭"命令。

（3）如果在上一次保存"练习1"后一直没有对"练习1"进行任何修改，将不会有任何提示就关闭该文档，否则，会弹出如图2.1.4所示的提示框。若保存对文档所做的修改，单击"是"按钮，放弃修改单击"否"按钮，取消关闭操作单击"取消"按钮。

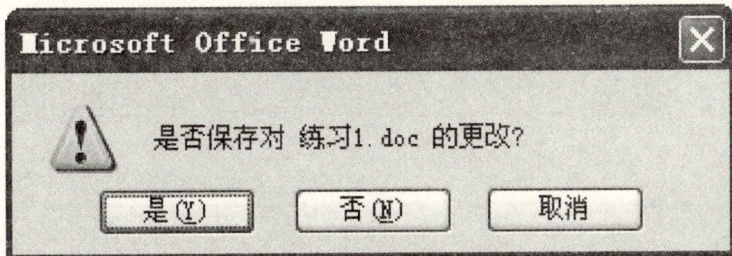

图2.1.4 保存文档提示框

提示：如果已经打开了多个文档窗口，要关闭全部打开的Word文档，可单击"文件"→"退出"命令，或者按下Shift键后，单击"文件"→"全部关闭"命令（如果不按下Shift键，则不会出现"全部关闭"命令），前者在关闭全部打开的文档同时退出Word，后者则只关闭所有打开的Word文档而不关闭Word。

6. 打开文档

打开文档"练习1.doc"，可以采用如下几种方法：

（1）打开"我的电脑"窗口，并将当前文件夹定位到"D:\Word练习"，双击文档"练习1"的图标。

（2）单击"开始"→"文档"命令，在弹出的级联菜单中单击"练习1.doc"。

（3）启动Word，单击"文件"菜单，在菜单下方的文档列表中单击"练习1.doc"。

提示：方法（2）和（3）仅在该文档关闭后，打开其他Word文档数目不太多的情况下才可以使用，否则在菜单中不会找到该文档。

7. 选定文本

在文档"练习1.doc"中进行选定文本的操作（被选定的文本将反向显示）：

（1）选中文档中一个区间的文字

选定小标题"（1）教育方面"这一部分所有文本（从"（1）教育方面"到"安排学习进度"）：将鼠标定位到"（1）教育方面"的左边，按下鼠标左键并拖动鼠标直到"安排学习进度"为止，然后释放鼠标。

若要选定的文本较长，可单击鼠标将光标定位到预选区间的起点（或终点），按住Shift键的同时，在预选区间的终点（或起点）再单击鼠标，则选定整个区间的文本。

（2）选中文档中的一行

选定一行文本（如选定第1行）：将鼠标移动到第1行左侧（文本选定区），当鼠标指针变成一个指向右上边的箭头，然后单击鼠标即可。

（3）选中文档中的一段

选定一个段落（如选定第2段）：将鼠标移动到第2段的左侧，当鼠标指针变成一个指向右上边的箭头，然后双击鼠标即可（或者在该段落中的任何一处三击鼠标）。

（4）选中文档中的一个矩形区域

在按Alt键的同时按下鼠标左键，从预选区间的左上角或右下角向下或向上拖动来选中所需的矩形区域。

（5）选中整篇文档

将鼠标移动到文档正文的左侧，当鼠标指针变成一个指向右上边的箭头，然后三击鼠标即可（或单击"编辑"→"全选"命令，或按组合键Ctrl+A）。

提示：鼠标单击文档编辑区任一处则取消文本的选定。

8. 复制文本

（1）将文档的第2段复制到一个空白文档中，并命名为"复件1"。操作方法如下：

① 选中文本的第2段。

② 单击工具栏上的"复制"按钮 ▣，或按组合键Ctrl+C。

③ 单击"常用"工具栏上的"新建空白文档"按钮 □，新建一个空白文档。

④ 单击工具栏上的"粘贴"按钮 ▣，或按组合键Ctrl+V完成复制操作。

⑤ 单击"保存"按钮，将此文档保到"D:\Word练习"中，文件命名为"复件1"。

⑥ 关闭文档"复件1"。

（2）将"练习1"文档中的第4段复制到文档末尾变成最后一段。操作方法如下：

① 选中第4段文本。

② 单击工具栏上的"复制"按钮 ▣，或按组合键Ctrl+C。

③ 将插入点定位到文档末尾，按回车键在文档末尾插入一空行。

④ 单击工具栏上的"粘贴"按钮 ▣，或按组合键Ctrl+V完成复制操作。

9. 移动文档

将文档"练习1"中第4段移动到第5段后。操作方法如下：

（1）选中第4段。

（2）单击工具栏上的"剪切"按钮 ✂，或按组合键Ctrl+X。

（3）将插入点定位到第5段（原来的第6段）前，单击工具栏上的"粘贴"按钮 ▣，或按组合键Ctrl+V完成移动操作。

> 提示：利用剪切和粘贴命令相结合可在任意范围内移动文本：选定文本后，单击"剪切"按钮清除文本，将鼠标移到插入点（可以在不同的文档中），单击"粘贴"按钮完成移动。

10. 删除文本

将文档"练习1"中的最后一段删除。操作方法如下：

（1）选定最后一段。

（2）按删除键Delete，或按退格键（Backspace），或单击"剪切"按钮。

> 提示：按空格键（Space）可以清除选定的文本，但被删除的文本所在行仍然存在。按Delete键可以删除插入点右边的字符，按退格键可删除插入点左边的字符。

11. 操作的撤消和恢复

撤消刚才的删除操作，可使用如下两种方法：

方法一：单击"常用"工具栏上的撤消按钮 ↶。

方法二：单击"编辑"→"撤消清除"命令。

恢复刚才撤消的删除操作，可使用如下两种方法：

方法一：单击"常用"工具栏上的恢复按钮 ↺ ▾

方法二：单击"编辑"→"恢复清除"命令。

12. 查找与替换文本

（1）将"练习1"文档中的文本"计算机"全部替换为"电脑"。操作方法如下：

① 单击"编辑"→"替换"命令（或使用快捷键Ctrl+F），打开"查找与替换"对话框之"替换"选项卡。

② 在"查找内容"下拉列表框中输入"计算机"，在"替换为"下拉列表框中输入"电脑"，如图2.1.5所示。

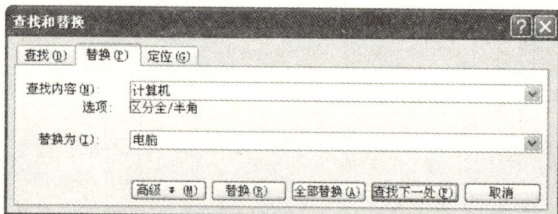

③ 要逐个查找，可单击"查找下一处"按钮，找到匹配文本后如要替换，可单击"替换"按钮，如不替换，单击"查找下一处"按钮，要全部替换，则单击"全部替换"按钮，系统会给出查找替换的结果。

图2.1.5 "查找和替换"对话框

（2）将"练习1"文档中第4段中的文本"计算机"全部替换为"电脑"。操作方法如下：

① 选中文档的第4段。

② 单击"编辑"→"替换"命令，打开"查找与替换"对话框之"替换"选项卡。

③ 在"查找内容"框中输入"计算机"，在"替换为"框中输入"电脑"。

④ 单击"全部替换"按钮，弹出如"已完成对文档的搜索并完成9处替换"的对话框，单击"确定"按钮完成替换，保存并关闭此文档。

（二）Word 2003排版

1. 设置中西文文字的字体、字形、字号

打开文档D：\Word练习\练习1.doc，对文档内容按下面要求进行设置：

① 第1段：黑体、四号、加粗、双线型下划线、红色。字符间距缩放为150%，间距加宽3磅。

② 第2段和第3段：楷体、小四号。

③ 其余文字：中文字体为隶书。西文字体为MingLiU。所有文字小四号、蓝色。

操作方法如下：

① 选定"练习1"文档中的第1段文本。

② 单击"格式"→"字体"命令，在打开的"字体"对话框中，单击"字体"选项卡，从字体、字形、字号、下划线区域中，分别选择字体为"黑体"，字号为"四号"、字形为"加粗"、颜色为"红色"，下划线为"双线型"，如图2.1.6所示。

③ 单击"字符间距"选项卡，在"缩放"下拉列表框中选择"150%"，在"间距"下拉列表框中选择"加宽"，在其右边的"磅值"框中利用微调器选择磅值为"3磅"或直接输入"3磅"，如图2.1.7所示。

④ 用同样的方法设置其余文字的格式。

最后保存对此文档所做的修改。

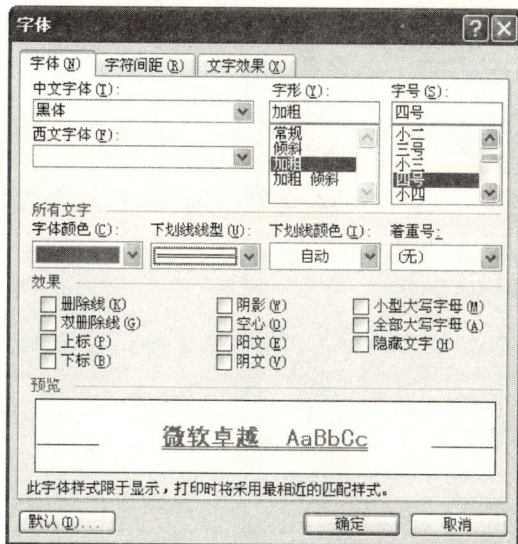

图2.1.6 "字体"选项卡

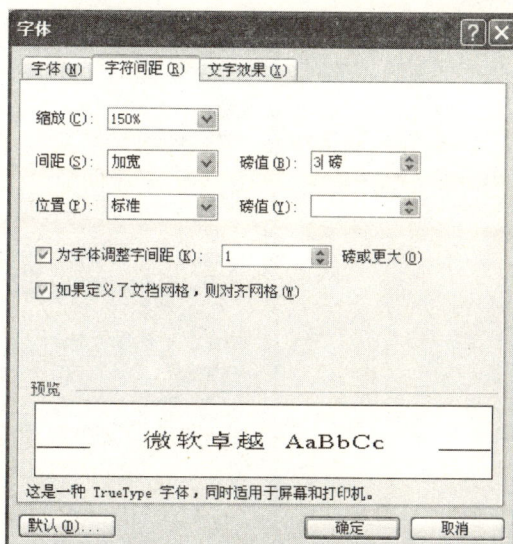

图2.1.7 "字符间距"选项卡

> 提示：还可以利用"格式"工具栏设置文字的格式，如文字的字体、字号、字形、字符缩放及颜色等。

2. 段落的格式化

（1）设置段落的缩进和行距

操作要求：将文档第1段居中，段前、段后间距均为0.5行，第2、3段左右各缩进2个字符，其余段落首行缩进2个字符，行距为固定值18磅。

操作方法如下：

① 将插入点定位到第1段任意位置，单击格式工具栏上的"水平居中"按钮 ▤。

② 单击"格式"→"段落"命令，打开"段落"对话框，单击对话框中的"缩进和间距"选项卡，在"间距"栏中设置"段前"和"段后"为0.5行，如图2.1.8所示。

③ 单击"确定"按钮，第1段段落格式设置完成。

④ 选中第2、3段，单击"格式"→"段落"命令，打开"段落"对话框，在"缩进"区域中分别为左、右缩进输入"2字符"或利用微调器按钮 ▥ 选择数值为"2字符"。

⑤ 单击"确定"按钮，第2、3段格式设置完成。

⑥ 选中除第1、2、3段外的其余文字，单击"格式"→"段落"命令，打开"段落"对话框，单击"特殊格式"下拉列表框，选择"首行缩进"，右边的"度量值"微调框中显示默认的缩进值"2字符"（如果设置的缩进值和默认值不同，可利用微调按钮设置，或者直接在微调框中输入）。单击"行距"下拉列表框，选择"固定值"，并在右边的"设置值"中设置行距为"18磅"。

⑦ 单击"确定"按钮，所选中的段落格式设置完成。

单击"保存"按钮 ▨，保存设置。

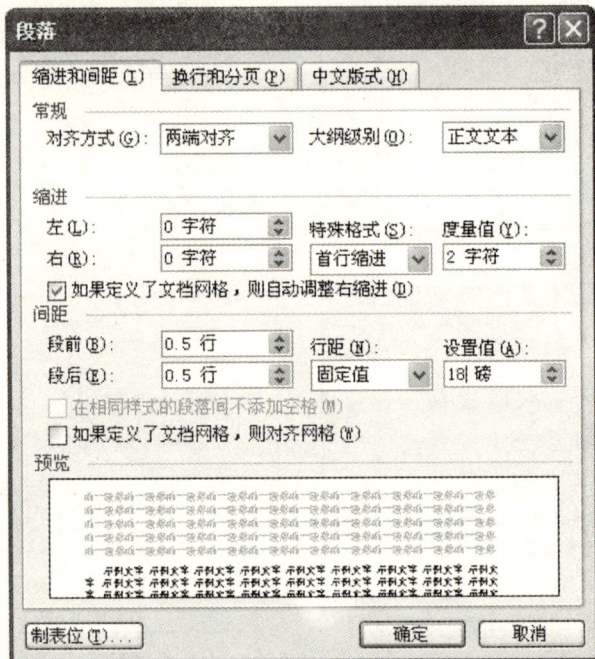

图2.1.8 "段落"格式设置对话框

提示：① 将插入点定位到某一段中，则所设置的格式仅应用于当前段落。如需要对多个连续段落设置格式，应先选中多个段落。如需对不连续的段落设置格式，可先设置一个段落的格式，然后双击"常用"工具栏上的"格式刷"按钮 ✍，在要设置格式的段落文本上拖动即可。② 选中需要编辑的文档，单击鼠标右键，在出现的快捷菜单中也可以选择"段落"进行设置。

（2）设置段落的边框和底纹

为第1段文本填充"灰色-15%"底纹，第2、3段文本加上1.5磅粗红色实线边框。

操作方法如下：

① 选定"练习1"文档第1段文本。

② 单击"格式"→"边框和底纹"命令，打开"边框和底纹"对话框。

③ 单击"底纹"选项卡，在"填充"区域的颜色列表中选择填充颜色，在这里选择"灰色-15%"，如图2.1.9所示，单击"确定"按钮。

④ 选定第2、3段，单击"格式"→"边框和底纹"命令，在打开的"边框和底纹"对话框中单击"边框"选项卡，在左边的"设置"栏中选择一种方式，如"方框"，在右边的"线型"列表中选择一种线型，如"单实线"，在"颜色"下拉列表中选择"红色"，在"宽度"下拉列表中选择"1.5磅"，如图2.1.10所示。

⑤ 单击"确定"按钮，设置完成。

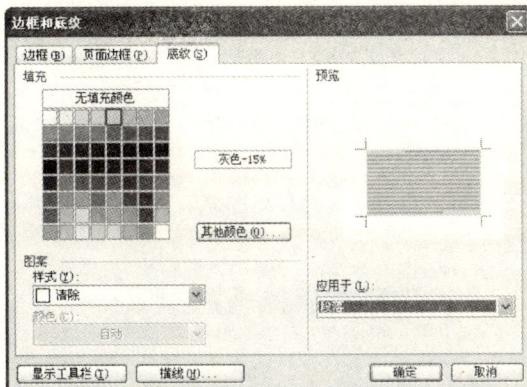

图2.1.9 "边框与底纹"之"底纹"选项卡　　　图2.1.10 "边框与底纹"之"边框"选项卡

（3）添加项目符号和段落编号

操作要求：为文档第4至7段加上项目符号"◆"。

①选定"练习1"文档中的第4~7段。

②单击"格式"→"项目符号和编号"命令，打开"项目符号和编号"对话框。

③单击"项目符号"选项卡，双击对话框的第1行第4列，如图2.1.11所示。

单击"保存"按钮 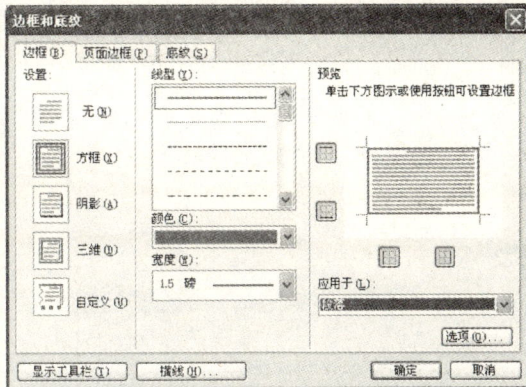，保存设置。

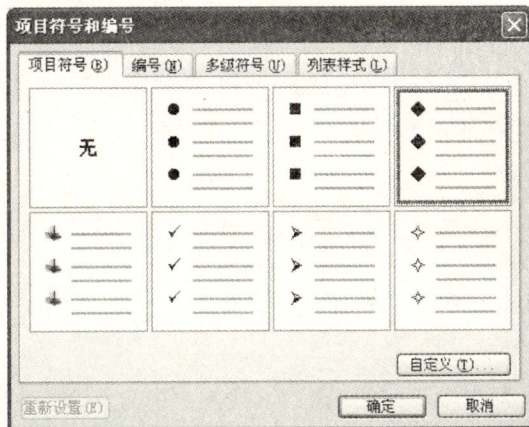

图2.1.11 "项目符号与编号"对话框

提示：可以使用工具栏上的"项目符号"或"编号"按钮来快速的添加项目符号或段落编号，但只能使用最近一次使用过的"项目符号"或"编号"。

3. 页面设计

（1）页面设置

操作要求：对文档"练习1"设置页面格式："纸型"为16开，"页边距"上、下、左、右均为3厘米，"页眉"、"页脚"距边界均分别为1.5厘米和1.75厘米。

操作方法如下：

①单击"文件"→"页面设置"命令，打开"页面设置"对话框，单击"纸型"

选项卡，单击"纸型"下拉列表，在纸型列表中选择"16开（18.4×26厘米）"，如图2.1.12左。

　　② 在"页面设置"对话框中单击"页边距"选项卡，设置"上"、"下"、"左"、"右"为3厘米，如图2.1.12所示。

　　③ 在"版式"选项卡中设置"页眉"为1.5厘米，"页脚"为1.75厘米，单击"确定"按钮。

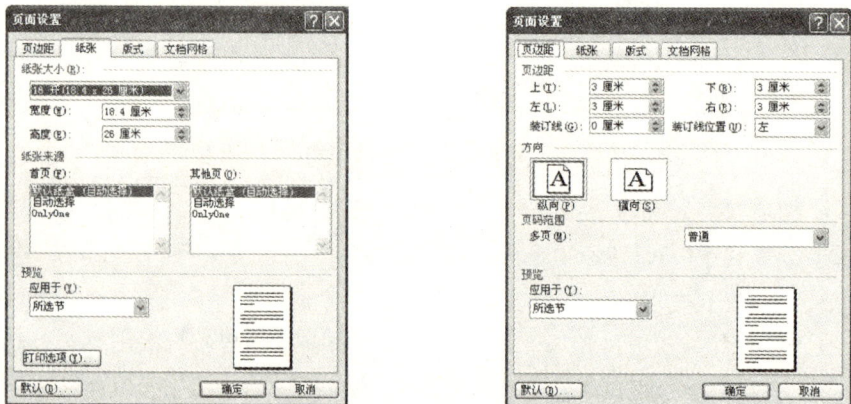

图2.1.12 "页面设置"对话框中"纸型"和"页边距"选项卡

（2）设置页眉和页脚

　　操作要求：在"练习1"文档中，设置页眉为"家用计算机"，黑体、小五、右对齐，在页脚处插入当前日期，居中。

　　操作方法如下：

　　① 单击"视图"→"页眉和页脚"命令，打开"页眉和页脚"工具栏，如图2.1.13所示。插入点定位于页眉处。

　　② 输入文字"家用计算机"，选中输入的文本，设置其字符格式为黑体、小五，对齐方式为右对齐。

　　③ 单击"页眉和页脚切换"按钮 ，切换到页脚处，单击插入页码按钮 ，当前日期插入到页脚处，单击"格式"工具栏上的"居中"按钮 。

　　④ 单击"页眉和页脚"工具栏上的"关闭"按钮，关闭"页眉和页脚"工具栏。

　　单击"保存"按钮 ，保存设置。

图2.1.13 编辑页眉和页脚

　　提示：创建页眉和页脚后，只要双击页眉和页脚区域，就可以打开"页眉和页脚"工具栏重新编辑页眉和页脚。要删除页眉和页脚，只需要清除其内容即可。在"页面设置"的"版式"选项卡中选中"奇偶页不同"和"首页不同"复选框，还可以对文档首页及奇、偶页分别设置不同的页眉和页脚。

（3）文档分栏

操作要求：对文档"练习1"进行分栏：将文档的第4段分为等宽的两栏，栏间距为0字符，栏间加分隔线。

操作方法如下：

①选中文档的第4段。

②单击"格式"→"分栏"命令，打开"分栏"对话框。

③选中"预设"栏中的"两栏"样式，选中"分隔线"复选框，在"宽度和间距"栏中设置"间距"为0字符，如图2.1.14所示。

④单击"确定"按钮，完成分栏设置。单击"保存"按钮 ，保存设置。

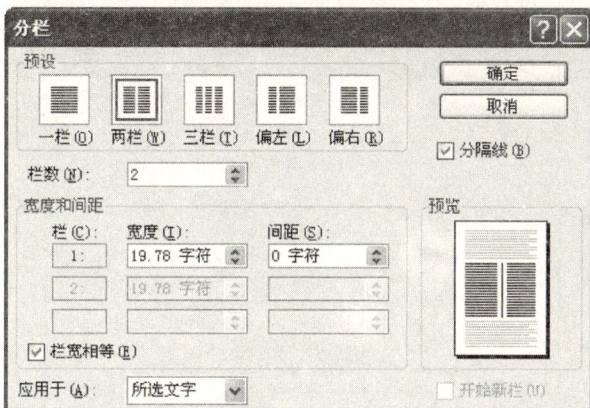

图2.1.14　"分栏"对话框

（4）插入页码

为文档插入页码，"位置"为"纵向内侧"，"对齐方式"为"右侧"，起始页码为"10"。

操作方法如下：

①单击"插入"→"页码"命令，打开"页码"对话框。

②在"位置"下拉列表中选择"纵向内侧"，"对齐方式"下拉列表中选择"右侧"，如图2.1.15所示。

③单击"格式"按钮，打开"页码格式"对话框，在"页码编排"区域选中"起始页码"单选按钮，并在右边微调框输入"10"，如图2.1.16所示。

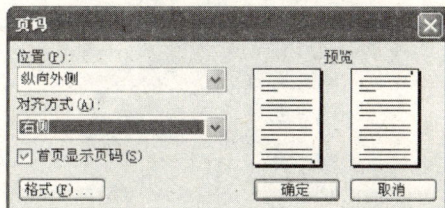

图2.1.15　"页码"对话框

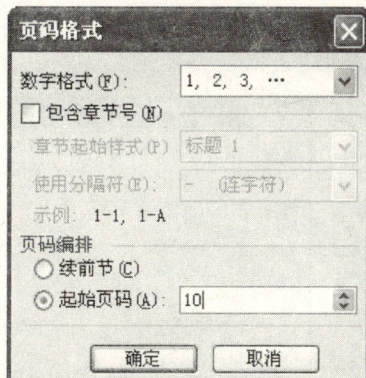

图2.1.16　"页码格式"对话框

④ 单击"确定"按钮两次，完成页码的插入。单击"保存"按钮 📁，保存设置。

> 提示：在设置页眉和页脚时单击"页眉和页脚"工具栏上的"插入页码"按钮也可以在文档中插入页码。

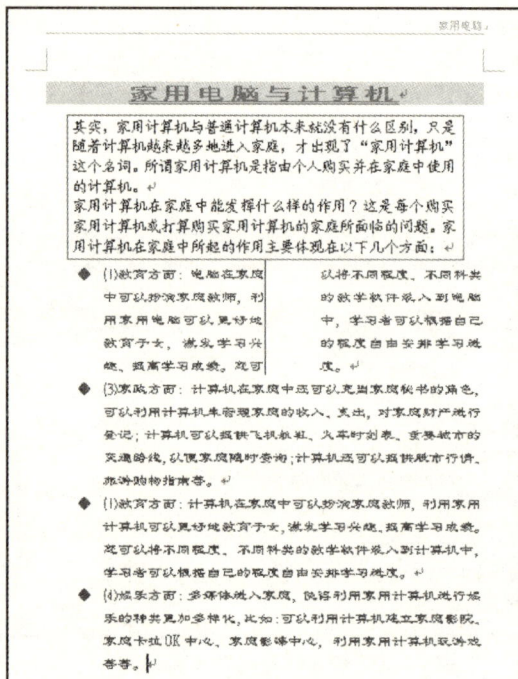

图2.1.17 排版后的文档

（三）用Word制作表格和修饰

1. 插入表格

操作要求：新建一个空白文档，插入一个5行6列的表格，并将文档以"表格.doc"保存到"D:\Word练习"中。

操作方法如下：

① 启动Word 2003，新建一个空白文档。

② 单击"表格"→"插入表格"命令，打开"插入表格"对话框。在"列数"和"行数"框中选择列数为"6"、行数为"5"，单击"确定"按钮，于是在插入点插入了一个5行6列的表格。

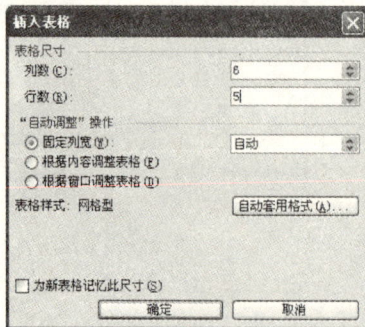

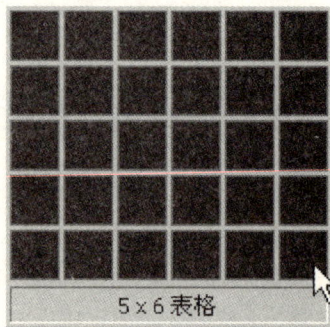

5×6 表格

或者单击常用工具栏中"插入表格"按钮 ，用鼠标左键直接拖动选中区域（深蓝色），待到达需要的行列数（蓝色区域为5行6列）时，放开鼠标，即插入一个5行6列的表格。

③ 单击"文件"→"保存"命令，打开"另存为"对话框，将文档保存到"D:\Word练习"中，并命名为"表格"。

2. 设置表格的行高与列宽

操作要求：将创建的表格的行高和列宽做如下设置：第1行行高为最小值1厘米，第四行行高为固定值0.2厘米，其余行行高为固定值0.8厘米，第1列列宽为3厘米，其余列列宽为2厘米。

操作方法如下：

（1）将插入点定位到表格第1行，单击"表格"→"表格属性"命令，打开"表格属性"对话框，单击"行"选项卡。

（2）设置第一行行高：选中"指定高度"复选框，并在右边微调框中设置为1厘米，在下方的"行高值是"下拉列表框中选择"最小值"。

（3）单击"下一行"按钮，设置第二行行高为固定值0.8厘米。

（4）用同样的方法设置其他行的行高。

（5）单击"确定"按钮。

（6）再次将插入点定位到第1列，单击"表格"→"表格属性"命令，在"表格属性"对话框中单击"列"选项卡。

（7）设置第1列列宽：选中"指定宽度"复选框，在右边输入3厘米。

（8）单击"下一列"按钮，设置第2列列宽为2厘米。

（9）用同样的方法设置其余列的列宽。

> 提示：如果将连续的行或者列设置为相同的高度或宽度，还可以先选中要设置的行或列，单击"表格"→"表格属性"命令，在"表格属性"对话框中的"行"或者"列"选项卡中一次设置所选行或列的宽度和高度。

3. 编辑表格

（1）插入与删除行或列

操作要求：在第5行位置处插入1行，在最后一列处插入一列，然后删除最后一列。

操作方法如下：

① 将插入点定位到第5行，单击"表格"→"插入"→"行（在上方）"命令或者单击"表格"→"插入"→"行（在下方）"命令，插入一行，此行行高值与第5行行高值相同。

② 将光标定位到最后一列，单击"表格"→"插入"→"列（在左侧）"命令或者单击"表格"→"插入"→"列（在右方）"命令，插入一列，此行行高值与最后一列列宽相同。

③ 将插入点定位到最后一列的任意单元格中，单击"表格"→"选定"→"列"命

令，选定最后一列。

④ 单击"表格"→"删除"→"列"命令，或者按组合键Shift+Delete，最后一列被删除。

> 提示：如果要删除一行，将插入点定位到要删除的行中，单击"表格"→"选定"→"行"命令选中该行，然后单击"表格"→"删除"→"行"命令，或者按组合键Shift+Delete。

（2）在表格中绘制斜线

操作要求：在表格第1单元格中绘制一条斜线。

操作方法如下：

① 单击"表格"→"绘制表格"命令，鼠标指针变成铅笔形状 ✎。

② 用鼠标指针从第1单元格的左上角开始拖动到右下角，直至出现一虚线的对角线。

③ 释放鼠标，单元格中的斜线绘制完成。

（3）合并及拆分单元格

操作要求：按图2.1.18所示合并及拆分单元格。

操作方法如下：

① 选中表格的第1列的第2—6个单元格。

② 单击"表格"→"拆分单元格"命令或者单击"表格和边框"工具栏上的"拆分单元格"按钮 ▦，打开如图2.1.19所示的"拆分单元格"对话框。

③ 在对话框中将"列数"设置为2，"行数"设置为5。

④ 选中第四行，单击"表格"→"合并单元格"命令或者单击"表格和边框"工具栏上的"合并单元格"按钮 ▦，第4行的7个单元格合并为1个单元格。

⑤ 用同样的方法合并其他单元格。单击"保存"按钮 💾，保存对文档的修改。

图2.1.18 合并及拆分单元格后的表格

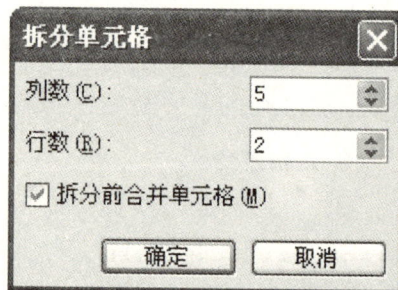

图2.1.19 "拆分单元格"对话框

4. 输入文字并设置对齐方式

操作要求：在表格中输入文字，并设置文字在单元格中的对齐方式：第1单元格中第一行文字水平右对齐，第二行水平两端对齐，且将此单元格上下左右边距均设置为0。其余单元格中的文字均设置为水平垂直居中，如图2.1.20所示。

操作方法如下：

① 将插入点定位在第1单元格内，输入文字"星期"，单击"格式"工具栏上的"右对齐"按钮 ≡。

② 按回车键到下一行，输入文字"节次"，单击"格式"工具栏上的"两端对齐"按钮 ≡。

星期 节次		星期一	星期二	星期三	星期四	星期五
上午	第一节					
	第二节					
下午	第三节					
	第四节					

图2.1.20 输入文字后的表格

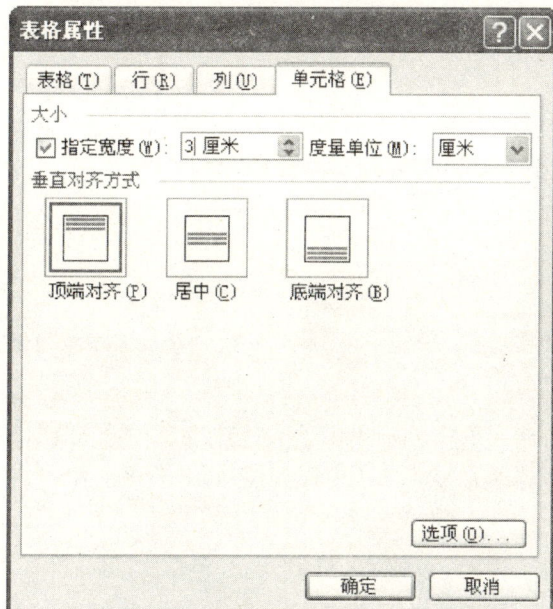

③ 单击"表格"→"表格属性"命令，打开"表格属性"对话框，单击"单元格"选项卡，如图2.1.21所示。

④ 单击"选项"按钮，打开"单元格选项"对话框，如图2.1.22所示。

⑤ 单击"与整张表格相同"复选框，取消其选中状态，并在"上"、"下"、"左"、"右"框分别输入0厘米。

⑥ 在其他单元格中输入所要求的文字。

⑦ 选中第1行中除第1单元格以外的其他单元格，单击"表格和边框"工具栏上的按钮 ▤· 右侧的下拉箭头，并在弹出的"单元格对齐方式"列表中选择"中部居中"按钮 ▣，如图2.1.23所示。

⑧ 用同样的方法设置其余单元格的对齐方式。

单击"保存"按钮 █，保存对文档的设置。

图2.1.21 "表格属性"之"单元格"选项卡

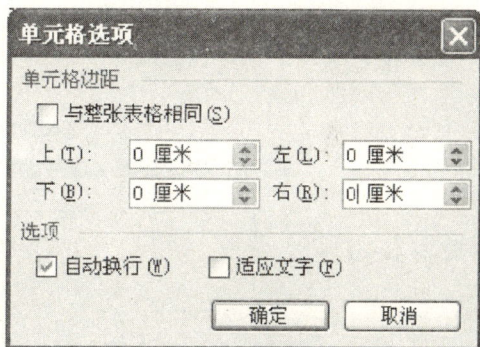

图2.1.22 "单元格选项"对话框

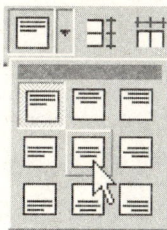

图2.1.23 设置单元格对齐方式

5. 设置表格边框和底纹

操作要求：将表格外框设置为1.5磅红色粗实线。第二行表格线设置为1.5磅粉红色粗实线。第一行填充底纹：灰色-25%。第四行填充底纹：黄色。

操作方法一：利用"边框和底纹"对话框设置。

① 将插入点定位到表格内，单击鼠标右键，在弹出的快捷菜单中单击"边框和底纹"命令或者单击"格式"→"边框和底纹"命令，打开"边框和底纹"对话框，参见图2.1.9和图2.1.10（注意：此时对话框右下角的"应用于"已经变成"表格"）。

② 单击"边框"选项卡，在对话框的"设置"区域中单击"自定义"。在"线型"列表中选择第一种线型。在"颜色"下拉列表中选择"红色"。在"宽度"下拉列表中选择"1.5磅"。

③ 在对话框右边的"预览"区域中设置边框的应用范围：单击图示中的上、下、左、右边框，或者分别单击图示左边和下边的按钮 ▦、▦、▦、▦，可以看到图示中的表格边框变为指定的颜色和粗细。

④ 单击"确定"按钮。

⑤ 选定表格的第一行，再次打开"边框和底纹"对话框，单击"边框"选项卡。

⑥ 按照步骤②的方法在"设置"区域中选择"自定义"，并设置线型为第一种、颜色为"粉红色"、粗细为"1.5磅"。

⑦ 在"预览"区域中单击图示的下方的边框，或者单击图示左边的按钮 ▦。

⑧ 单击"底纹"选项卡，在左边的"填充"颜色列表中选择"灰色-25%"，单击"确定"按钮。

⑨ 选中表格第四行，用同样的方法设置其底纹为"黄色"。

操作方法二：利用"表格和边框"工具栏设置。

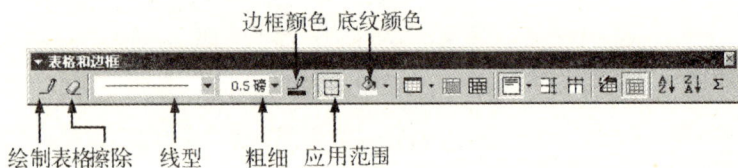

边框颜色 底纹颜色

绘制表格擦除 线型 粗细 应用范围

① 单击"线型"下拉列表，单击第一种线型。单击"粗细"下拉列表，单击"1.5磅"。单击"边框颜色"列表，单击"红色"。

② 单击"应用范围"按钮右边的箭头，在列表中分别单击 ▦、▦、▦、▦ 按钮。或者单击"绘制表格"按钮 ✎，当鼠标变成铅笔形状后，分别在表格的上、下、左、右边框上分别拖动鼠标"描边"。

③ 使用同样的方法将表格的第一行下方的表格线设置为1.5磅、粉红色单实线。

④ 选中表格第一行，单击"底纹颜色"按钮右边的下拉箭头，在弹出的颜色列表中选择"灰色-25%"。

⑤ 用同样的方法将表格的第四行的底纹设置为"黄色"。

设置了边框和底纹的表格如图2.1.24所示。

节次 ＼ 星期		星期一	星期二	星期三	星期四	星期五
上午	第一节					
	第二节					
下午	第三节					
	第四节					

图2.1.24 设置边框和底纹后的表格

6. 打印文档

在Word软件中，有两种打印方法，一种是直接单击"常用"工具栏中的 🖨 按钮进行打印，这种打印方法是将全部的文档打印一份。另一种方法是通过菜单栏中的"打印"命令来完成。

（1）执行菜单栏中的"文件"→"打印"命令，弹出"打印"对话框，如图2.1.25。

如图2.1.25 "打印"对话框

（2）在"打印"对话框中，"打印机"选项，是用来选择打印文稿的打印机。

（3）在"页面范围"选项中，是用来设置打印文档的内容范围，比如"第1~10页"。

（4）在"副本"选项中，是设置要打印的份数，比例"2"份。

（5）在"打印内容"选项中，是用来指定要打印文档的某个部分。

（6）在"打印"选项中，包含了三个选项，它们是用来设定打印的奇偶数页。

（7）如文档有10页，设置"打印"选项为"奇数页"，则只打印1，3，……7，9页。奇数页打印完以后，把已经打印纸张的反面放到打印机里，再进行偶数页的打印。打印的文稿便是双页打印效果。

（8）在"缩放"选项中有"每页的版数"和"按纸张大小缩放"两种选项。它们的作用是将文档内容以缩放的形式打印在纸张中。

（9）设置完成，单击对话框中的按钮，即可进行文档的打印。

二、 Excel 2003

Excel 2003是微软公司的办公自动化套装软件Office 2003中的主要应用软件之一，是微软公司推出的一个功能强大的电子表格应用软件，具有强大的数据计算与分析功能，可以把数据用表格及各种图表的形式表现出来，使得制作出来的表格图文并茂，信息表达更清晰。Excel不但可以用于个人、办公等日常事务处理，还被广泛应用于金融、经济、财会、审计和统计等领域。

电子表格Excel 2003实验共包含4部分内容：创建工作簿和编辑工作表、数据管理、创建Excel图表和工作表的排版与打印。

（一）创建工作簿和编辑工作表

1. 创建工作簿

创建一个工作簿，并将工作簿命名为cunkuan.xls，保存到D盘根目录中。

操作方法如下：

① 单击"开始"→"程序"→"办公软件（Microsoft office）"→"Microsoft Excel"命令，启动Excel 2003，创建一个默认名为"Book1"的工作簿。

② 单击"常用"工具栏中的"保存"按钮 🔚，打开"另存为"对话框，默认的"保存位置"为"本地磁盘（D：）"，在"文件名"文本框中输入工作簿的名字"cunkuan"。

③ 单击"文件"→"退出"命令，退出Excel 2003。

另外，启动Excel 2003后，使用"常用"工具栏中的"新建"按钮 🗋 或单击"文件"→"新建"命令或者使用快捷键"Ctrl+N"也可以创建一个新工作簿。

2. 熟悉Excel 2003的窗口组成

打开D盘根目录，双击cunkuan.xls工作簿的图标。此时，启动Excel 2003的同时打开了cunkuan.xls工作簿。认识并熟悉Excel 2003的窗口组成：

① 一般的工作簿中包含有三个默认的工作表，工作表标签名称为Sheet1、Sheet2、Sheet3，当单击其中一个标签时，该标签会呈高亮显示，表明该工作表为当前工作表（或活动工作表），Sheet1为默认的当前工作表。依次单击其他工作表的标签，使之成为当前工作表。

② 依次单击菜单栏中的各个菜单项，了解菜单中的各种命令。

③ 编辑栏的使用。

将插入点定位在任一单元格，输入一些字符，然后单击编辑栏中的"取消"按钮 ✖，或按"Esc"键，单元格中的内容被清除。再将插入点定位在任一单元格，输入一些字符，然后单击编辑栏中的"输入"按钮，或按"Enter"键，单元格中保留了所输入的内容。

④ 关闭当前工作簿。

单击工作簿窗口中的"关闭"按钮 ✖，或单击"文件"→"关闭"命令，关闭当前工作簿。

3. 编辑工作表

根据图2.2.1所示的工作表示例，按照下面的要求编辑工作表。

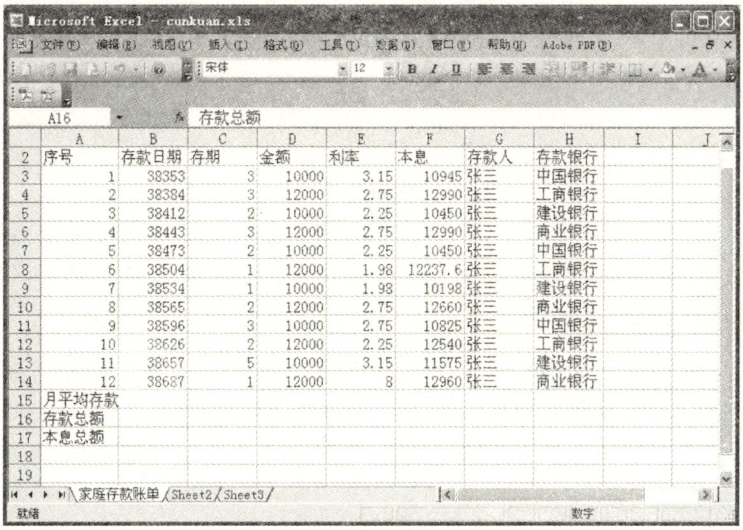

	A	B	C	D	E	F	G	H
2	序号	存款日期	存期	金额	利率	本息	存款人	存款银行
3	1	38353	3	10000	3.15	10945	张三	中国银行
4	2	38384	3	12000	2.75	12990	张三	工商银行
5	3	38412	2	10000	2.25	10450	张三	建设银行
6	4	38443	3	12000	2.75	12990	张三	商业银行
7	5	38473	2	10000	2.25	10450	张三	中国银行
8	6	38504	1	12000	1.98	12237.6	张三	工商银行
9	7	38534	1	10000	1.98	10198	张三	建设银行
10	8	38565	2	12000	2.75	12660	张三	商业银行
11	9	38596	3	10000	2.75	10825	张三	中国银行
12	10	38626	2	12000	2.25	12540	张三	工商银行
13	11	38657	5	10000	3.15	11575	张三	建设银行
14	12	38687	1	12000	8	12960	张三	商业银行
15	月平均存款							
16	存款总额							
17	本息总额							

图2.2.1 工作表示例

（1）打开工作簿，对工作表进行操作。

① 单击“文件”菜单，在下拉菜单的最近打开的文件列表中找到cunkuan文件名，并单击该文件名，打开cunkuan.xls工作簿。

② 重命名工作表：右键单击Sheet1标签，从弹出的快捷菜单中单击“重命名”命令（或双击Sheet1标签），将工作表的名称改为“家庭存款账单”。

③ 添加工作表标签颜色。

鼠标右键点击“家庭存款账单”，在快捷菜单中选择“工作表标签颜色”或者单击“格式”→“工作表”→“工作表标签颜色”，可以设置工作表的标签颜色。

④ 合并单元格。

选中要合并的单元格，单击“格式”→“单元格”→“对齐”，在“文本控制”的三个选项中打勾“合并单元格”。

⑤ 插入新的工作表：单击工作表标签“Sheet3”，使工作表Sheet3成为当前工作表，点击“插入”→“工作表”，插入新的工作表，名为“Sheet1”，或在标签Sheet3上点击鼠标右键，在出现的快捷菜单中选择“插入”，在出现的对话框中选择“工作表”，再点击“确定”，也可以插入新的工作表。

⑥ 复制与移动工作表：用户既可以在一个工作簿中移动或复制工作表，也可以在不同工作簿之间移动或复制工作表。

a）在一个工作簿中移动或复制工作表。

方法一：如果要在当前工作簿中移动工作表Sheet3，可以沿工作表标签栏拖动选定的工作表标签到目标位置。如果要在当前工作簿中复制工作表Sheet3，则需要在拖动工作表的同时按住Ctrl键到目标位置。

方法二：

● 单击工作表标签"Sheet3"，使工作表Sheet3成为当前工作表。

● 选择"编辑"→"移动或复制工作表"命令，出现"移动或复制工作表"对话框。

● 在该对话框的"下列选定工作表之前"列表框中，单击需要在其前面插入移动或复制工作表的工作表（如果要复制而非移动工作表，还需要选中"建立副本"复选框）。

● 单击"确定"按钮，关闭对话框。

b）在不同工作簿之间移动或复制工作表：

● 在D盘根目录下建立新的工作簿Book1，同时打开cunkuan.Xls和Book1.xls。

● 切换到包含需要移动或复制工作表的工作簿cunkuan.Xls中，新建名为"Test1"工作表，选定该工作表。

● 选择"编辑"→"移动或复制工作表"命令，出现"移动或复制工作表"对话框。

● 在对话框的"工作簿"下拉列表框中，选定用于接收工作表的工作簿Book1.xls。

● 在该对话框的"下列选定工作表之前"列表框中，单击需要在其前面插入移动或复制工作表的工作表。

● 如果要复制而非移动工作表，则需要选中"建立副本"复选框。

● 单击"确定"按钮，关闭对话框。

⑦ 隐藏工作簿和取消隐藏。

打开需要隐藏的工作簿，单击"窗口"→"隐藏"命令即可隐藏该工作簿。如果想再显示该工作簿，可在"窗口"菜单上，单击"取消隐藏"命令。

⑧ 隐藏工作表和取消隐藏

a）隐藏工作表的步骤。

● 选定需要隐藏的工作表，点击"格式"→"工作表"→"隐藏"，即可隐藏该工作表。

b）取消隐藏工作表的步骤。

● 取消隐藏的步骤：点击"格式"→"工作表"→"取消隐藏"，在对话框的"重新显示隐藏的工作表"列表框中，双击需要显示的被隐藏工作表的名称，即可重新显示该工作表。

⑨ 隐藏行与列和取消隐藏。

选中要隐藏的行（列），单击"格式"→"行（列）"→"隐藏"可隐藏所选的行或列。取消行或列的隐藏方法：选中整张工作表，单击"格式"→"行（列）"→"取消隐藏"可取消行或列的隐藏。

⑩ 隐藏工作表元素。

单击"工具"→"选项"→"视图"，可以选择工作表中元素的显示与隐藏。

⑪ 删除工作表：单击工作表标签"Sheet3（2）"，使工作表Sheet3（2）成为当前工作表，点击"编辑"→"删除工作表"命令。或者右击要删除的工作表Sheet3（2），选择快捷菜单的"删除"命令。删除一部分工作表，使cunkuan工作簿中包含"家庭存款账

单"、"Sheet2""Sheet3"三个工作表。

（2）填充数据。

① 单击工作表中的A1单元格，输入文字"家庭存款小账本"。

② 按图2.2.1所示，依次在工作表的A2~H2单元格中输入各字段的名称。

③ 填充"存期"、"利率"、"存款人"各字段所对应的数据。

④ 对输入数据的有效性进行设置。

例如，设置"存期"数据项的有效性条件：规定存期为1~5之间的整数。提示信息标题为"存期："，提示信息内容为"请输入1~5之间的整数"。操作方法如下：

a）选中"存期"所在的数据区域C3:C14，单击"数据"→"有效性"命令，打开"数据有效性"对话框，选中"设置"选项卡，按图2.2.2所示输入数据的有效性条件。

b）单击"输入信息"选项卡，在标题文本框中输入"存期："，"输入信息"文本框中输入"请输入1~5之间的整数"，如图2.2.3所示。

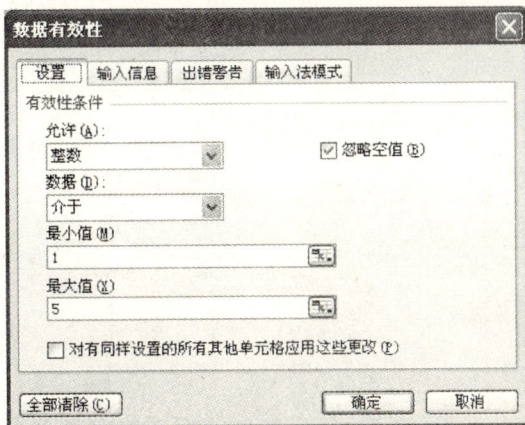

图2.2.2　"数据有效性"对话框

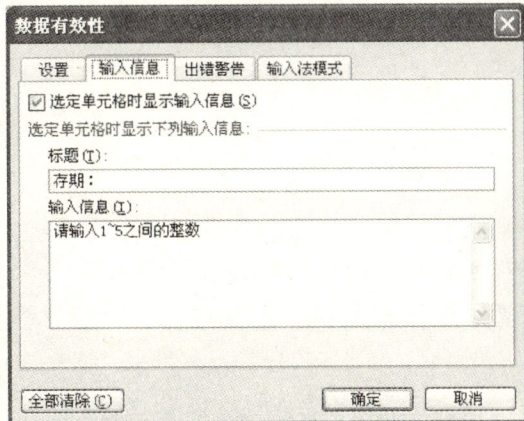

图2.2.3 设置数据"输入信息"提示

c）单击"确定"按钮，完成数据"有效性"的设置。

当选中设置了数据有效性的单元格时，即刻在其下方显示"输入信息"的提示内容，提醒用户输入合法的数据，如图2.2.4所示。当数据输入发生超出范围时，将会打开"输入值非法"提示信息框，如图2.2.5所示。

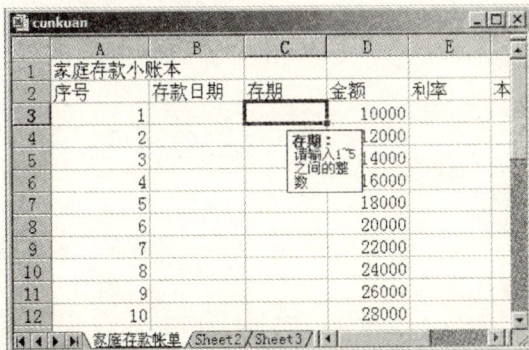

图2.2.4　"输入有效数据"提示信息的显示

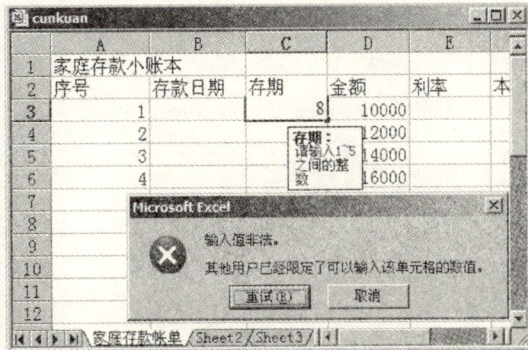

图2.2.5 "输入值非法"对话框

d）按图2.2.1所示填入存期。

⑤ 使用自动填充。

a）填充序号。

在A3单元格中输入1，按住Ctrl键的同时，向下拖动A3单元格右下角的填充柄■，直到第14行，键盘和释放鼠标，如图2.2.6（a）所示。此时，将在A4~A14单元格中按顺序填入2，3，…，12。

b）填充存款日期和金额。

在B3和B4单元格中分别输入"200511"、"200521"，选中B3和B4单元格，向下拖动B4单元格右下角的填充柄■，直到第14行，放开鼠标，如图2.2.6（b）所示，此时会在B5~B14单元格自动填充"200531"、"200541"，…，"2005121"。

在D3和D4单元格中分别输入10000、12000。选中D3和D4单元格，向下拖动D4单元格右下角的填充柄■，直到第14行，释放鼠标，将在D5~D14单元格中以等差数列的形式输入数据。

c）填充存款银行。

在H3~H6单元格中分别输入"中国银行"、"工商银行"、"建设银行"、"商业银行"。选中H3~H6单元格，拖动H6单元格右下角的填充柄■，向下填充直到第14行，放开鼠标，如图2.2.6（c）所示。此时会在H7~H14单元格中自动循环输入存款银行。

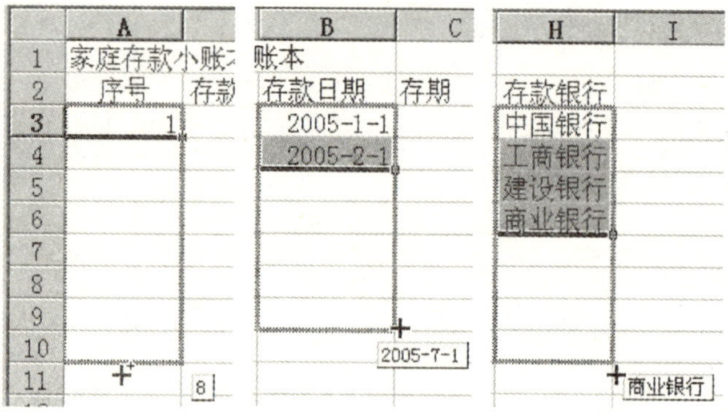

图2.2.6 使用自动填充实例

⑥ 使用公式填充。

使用公式进行填充"本息"，计算公式为：本息＝金额＋金额×利率÷100×存期。

a）选中F3单元格，单击编辑栏中的"编辑公式"■按钮，在编辑栏中输入"D3+D3*E3/100*C3"，单击"输入"按钮■或直接按回车键确认，如图2.2.7（a）所示。也可以在单元格F3中直接输入"=D3+D3*E3/100*C3"，然后按回车键。

b）拖动F3单元格右下角的填充柄■，向下复制H3单元格中的公式，直至第14行，释放鼠标，如图2.2.7（b）所示。

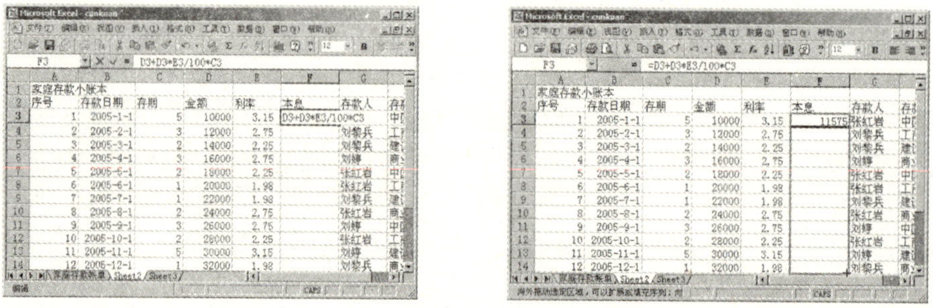

（a）   （b）

图2.2.7 公式填充示例

⑦ 使用函数计算。

在A15单元格中输入"月平均存款"，使用函数计算月平均存款，将计算结果存放在D15单元格。操作方法如下：

a）选中D15单元格，单击粘贴函数按钮 f_x，单元格和编辑栏中自动出现"="，并打开"粘贴函数"对话框。

b）在"函数名"列表框中选择求平均值函数"AVERAGE"，如图2.2.8所示，单击"确定"按钮。

c）在打开的AVERAGE函数面板中输入参与计算平均值的单元格区域，如D3:D14，如图2.2.9所示，单击"确定"按钮。也可以在编辑栏中直接输入函数公式"=AVERAGE（D3:D14）"，并按回车键确认。

图2.2.8 粘贴函数示例

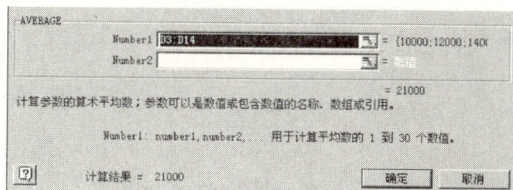

图2.2.9 "Average"函数面板

⑧ 自动求和。

图2.2.10 自动求和的工作表示例

在A16单元格中输入"存款总额"，将结果存放在D16单元格。在A17单元格中输入"本息总额"，将结果存放在F17单元格。

将插入点定位在D16单元格，单击"常用"工具栏中的"自动求和"按钮 Σ，系统将自动给出单元格区域D3:D15，并在D17单元格中显示计算公式，重新选定单元格区域D3:D14，单击编辑栏上的"输入"按钮 ✔，或按回车键确认，如图2.2.10所示。

请用相同方法计算"本息总额"。

4. 格式化工作表

将图2.2.1所示的工作表进行必要的格式化设置，其效果如图2.2.11所示。

图2.2.11 格式化设置的工作表示例

（1）设置工作表标题格式。

标题行设置：将A1:H1单元格区域合并居中。格式为"常规"。字体为"隶书"，字号为"24"磅，加粗。行高为"40"磅。颜色为"红色"。

① 选中A1:H1单元格区域，单击"格式"→"单元格"命令，打开"单元格格式"对话框，单击"字体"选项卡，设置字体为"隶书"，字形为"加粗"，字号为"24"磅，颜色为"红色"。

② 单击"对齐"选项卡，在"文本对齐"区域的"水平对齐"下拉列表框中选择"居中"项，在"垂直对齐"下拉列表框中选择"居中"项，在"文本控制"区域中选中"合并单元格"复选框。

更简捷的方法：选中A1:H1单元格区域，单击常用工具栏中的"合并及居中"按钮 ▦。

③ 单击"数字"选项卡，单击"分类"列表框中"常规"类型，单击"确定"按钮。

④ 鼠标右键单击第1行的行号，单击快捷菜单中的"行高"命令，打开"行高"对话框，在对话框中设置行高为"40"磅，如图2.2.12所示，单击"确定"按钮。

（2）设置工作表字段名格式。

设置字段名格式为："字体"为"宋体"，字号为"14"磅，加粗。对齐方式为"水平居中"。行高"20"磅。列宽为"最适合的列宽"。图案为"灰色-25%"。

操作方法如下：

① 选中A2:H2单元格区域，设置字体为"宋体"，字号为"14"磅，加粗。单击

图2.2.12 设置"行高"

"格式工具栏"中的"居中"按钮 ▤，将字段名水平居中。单击"绘图"工具栏中"填充颜色"按钮 ▨· 右侧的下拉箭头，从弹出的颜色选择板中选择"灰色-25%"。

② 设置行高为"20"磅。

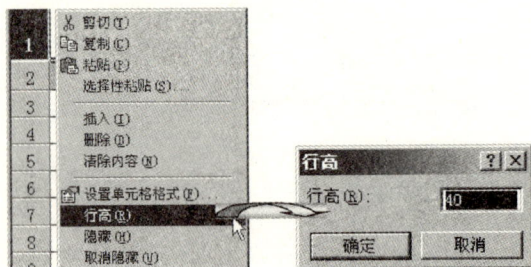

③ 选中A~H列，单击"格式"→"列"→"最适合的列宽"命令，为各列设置最适合的列宽。

（3）设置数据格式。

将单元格区域A3:H14中的数据格式设置为：水平居中、垂直居中、楷体、14号、行高14磅。

先选中A3:H14单元格区域，其他的设置方法按照（2）中步骤进行操作即可。

（4）设置边框线。

设置A2:H14单元格区域的边框线：四周为"粗线"，内部为"细线"。

操作方法如下：

① 选中A2:H14单元格区域，单击"格式"→"单元格"命令，打开"单元格格式"对话框，单击"边框"选项卡，在"线条"区域的"样式"列表框中选择"粗线"型，在"预置"区域中单击"外边框"按钮，如图2.2.13（a）所示。

② 在"线条"区域的"样式"列表框中选择"细线"型，在"预置"区域中单击"内部"按钮，如图2.2.13（b）所示，单击"确定"按钮，完成边框线的设置。

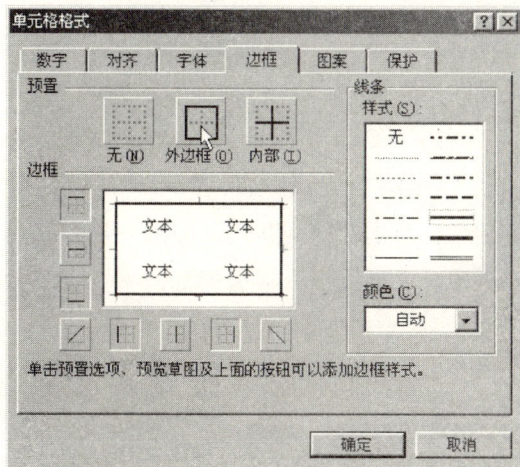
（a）

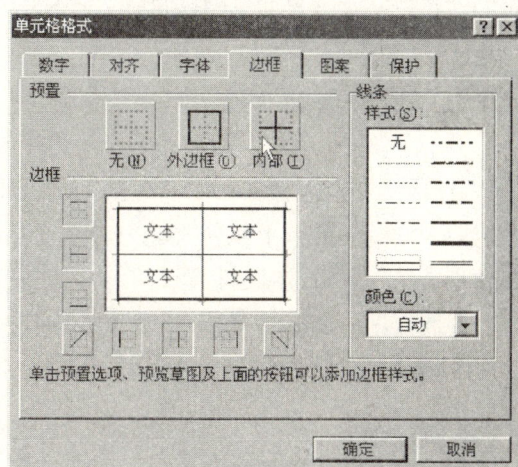
（b）

图2.2.13 设置边框线示例

（5）保存工作簿并退出Excel 2003。

（二）用Excel 2003进行数据管理

1. 制作工作表副本

打开cunkuan.xls工作簿，插入三个工作表Sheet1、Sheet4、Sheet5，将"家庭存款账单"工作表中的全部数据复制到工作表Sheet1、Sheet2、Sheet3、Sheet4、Sheet5中。将各工作表中的数据设为最适合列宽，并保存工作簿。操作方法如下：

① 打开cunkuan.xls工作簿，鼠标右键单击Sheet2工作表标签，打开快捷菜单，如图2.2.14所

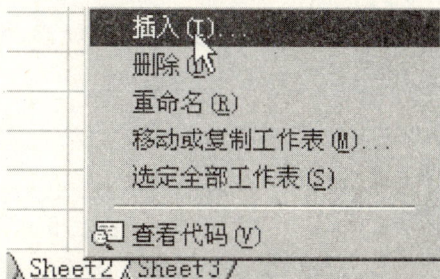

图2.2.14 插入工作表

示，单击"插入"命令，打开"插入"对话框，双击工作表图标，或单击Sheet2工作表标签，再单击"插入"→"工作表"命令，都可在Sheet2之前插入一个名为Sheet1的工作表。

② 用同样的方法，在Sheet3之前插入工作表：Sheet4和Sheet5。

③ 单击"家庭存款账单"工作表标签，使之成为当前工作表，选中整个工作表（单击工作表全选标记——行与列交叉的左上角区域），单击常用工具栏中的"复制"按钮，然后在Sheet1中的A1单元格进行粘贴。在Sheet3、Sheet4、Sheet5中重复粘贴操作。

④ 设置各工作表中的数据为最适合列宽，并保存修改后的工作簿。

> 提示：由于实验2.2中对工作簿cunkuan.xls做过工作表的插入，再插入工作表时，工作表的标签会有所不同。请根据实际情况进行以下操作。

2. 数据排序操作

将Sheet1工作表重命名为"排序"，并在该工作表中按"存期"升序排列，"存期"相同时再按"存款日期"降序排列。操作方法如下：

① 双击Sheet1标签，输入"排序"，然后单击工作表中的任意单元格，或按回车键，完成对工作表的重命名。

② 选中A2:H14单元格区域，单击"数据"→"排序"命令，打开"排序"对话框。

③ 从"主要关键字"区域下拉列表框中选择"存期"，单击"递增"单选按钮。从"次要关键字"区域下拉列表框中选择"存款日期"，单击"递减"单选按钮。单击"当前数据清单"区域的"有标题行"单选按钮（如选择"无标题行"单选按钮，系统会把字段名混同数据一起排序），如图2.2.15所示。

④ 单击"确定"按钮，进行排序，排序结果如图2.2.16所示。

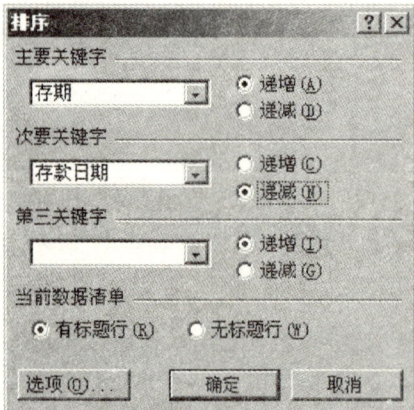

图2.2.15 "排序"对话框

2.2.16 排序结果示例

> 提示：当对选中数据区域中的任意单元格进行排序时，系统默认选中所有数据作为排序对象。若只对部分数据排序，应先选择待排序的数据区域，然后再执行排序命令。

3. 自动筛选

将Sheet2工作表重命名为"自动筛选"，然后自动筛选出"金额"大于20000且"存款银行"为"工商银行"和"中国银行"的记录。操作方法如下：

（1）将Sheet2工作表重命名为"自动筛选"。

（2）选中A2:H14单元格区域，单击"数据"→"筛选"→"自动筛选"命令，工作表中每个字段名后将出现一个下拉箭头按钮，如图2.2.17所示。

图2.2.17 自动筛选操作

（3）单击"金额"右侧的下拉箭头按钮 ▼，在下拉列表框中选择"自定义"项，打开"自定义自动筛选方式"对话框，按图2.2.18所示进行设置，单击"确定"按钮，此时，将在工作表中只显示出"金额"大于20000的记录。

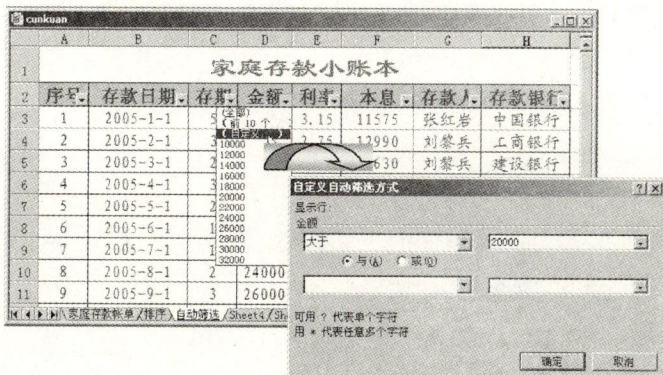

图2.2.18 设置"金额"自动筛选条件

（4）单击"存款银行"右侧的下拉箭头按钮 ▼，在下拉列表框中选择"自定义"项，打开"自定义自动筛选方式"对话框，按图2.2.19所示进行设置，单击"确定"按钮。此时，在工作表中显示的是"金额"大于20000且存款银行为"中国银行"或"工商银行"的记录，筛选结果如图2.2.20所示。

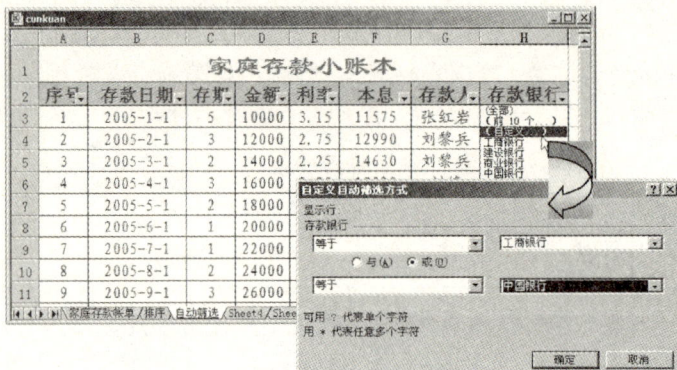

图2.2.19 设置"存款银行"自动筛选条件

图2.2.20 自动筛选结果示例

筛选结束后,"金额"和"存款银行"字段名后的下拉箭头按钮 ■ 变为蓝色,这两条记录的行号也变为蓝色,说明这些字段及记录是经过自动筛选的。

思考:在设置"存款银行"为"工商银行"和"中国银行"这两个条件时,为什么选择的是"或"关系,而不是"和"关系?

4. 分类汇总操作

将工作表Sheet5重命名为"分类汇总",并按不同的"存期"对"金额"和"本息"进行汇总。操作方法如下:

① 将Sheet5工作表重命名为"分类汇总"。

② 将插入点定位在"存期"列中的任一单元格,单击"常用"工具栏中的"排序"按钮 （升序,也可单击"降序"按钮 ）。

③ 单击"数据"→"分类汇总"命令,打开"分类汇总"对话框。

④ 在"分类汇总"对话框中对以下参数进行设置。

a)"分类字段":从下拉列表框中选择"存期"(排序字段)。

b)"汇总方式":从下拉列表框中选择"求和"。

c)"选定汇总项":从下拉列表框中选中"金额"和"本息"复选框。

其他参数可取系统默认的设置,如图2.2.21所示。

⑤ 单击"确定"按钮,完成分类汇总操作,其结果如图2.2.22所示。

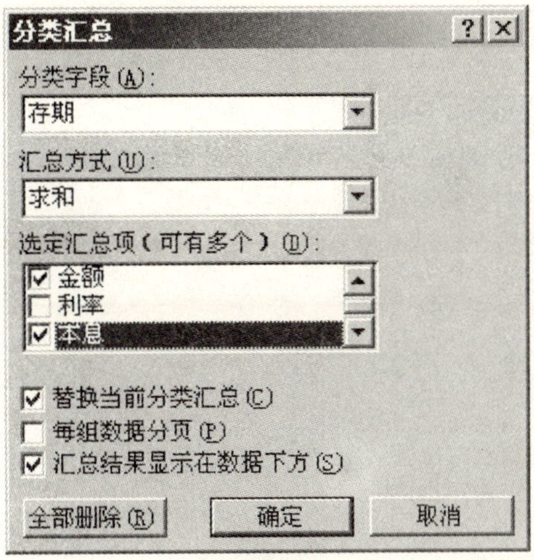

图2.2.21 “分类汇总”对话框

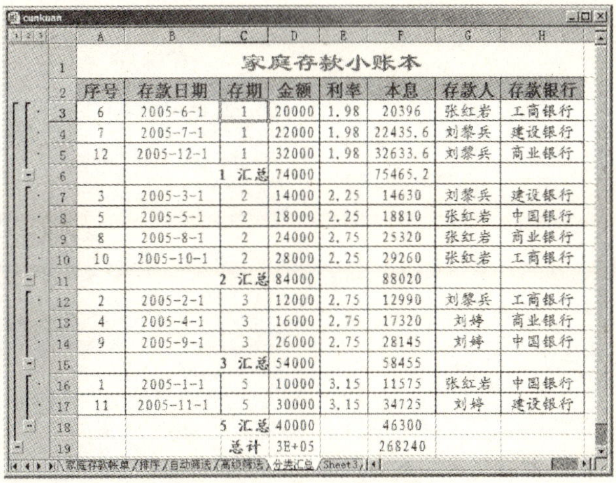

	A	B	C	D	E	F	G	H
1	家庭存款小账本							
2	序号	存款日期	存期	金额	利率	本息	存款人	存款银行
3	6	2005-6-1	1	20000	1.98	20396	张红岩	工商银行
4	7	2005-7-1	1	22000	1.98	22435.6	刘黎兵	建设银行
5	12	2005-12-1	1	32000	1.98	32633.6	刘黎兵	商业银行
6			1 汇总	74000		75465.2		
7	3	2005-3-1	2	14000	2.25	14630	刘黎兵	建设银行
8	5	2005-5-1	2	18000	2.25	18810	张红岩	中国银行
9	8	2005-8-1	2	24000	2.75	25320	张红岩	商业银行
10	10	2005-10-1	2	28000	2.25	29260	张红岩	工商银行
11			2 汇总	84000		88020		
12	2	2005-2-1	3	12000	2.75	12990	刘黎兵	工商银行
13	4	2005-4-1	3	16000	2.75	17320	刘婷	商业银行
14	9	2005-9-1	3	26000	2.75	28145	刘婷	中国银行
15			3 汇总	54000		58455		
16	1	2005-1-1	5	10000	3.15	11575	张红岩	中国银行
17	11	2005-11-1	5	30000	3.15	34725	刘婷	建设银行
18			5 汇总	40000		46300		
19			总计	3E+05		268240		

图2.2.22 “分类汇总”结果示例

（三）创建Excel图表

1. 创建簇状柱形图工作表

打开工作簿“cunkuan.xls”，利用“家庭存款账单”工作表中的数据建立一个“簇状柱形图”图表工作表。建立的要求如下：

① 分类轴：“存款日期”。数值轴：“金额”和“本息”。

② 图表标题：金额、本息对照图。

③ 分类轴标题：存款日期。

④ 数值轴标题：（元）。

⑤ 图例位置：靠上。

⑥ 将图表工作表命名为“金额、本息对照图”。

⑦ 将图表工作表保存到工作薄中。

操作方法如下：

① 打开工作簿“cunkuan.xls”，单击“家庭存款账单”工作表标签，使之成为当前工作表。

② 用鼠标拖动的方法，先选定“存款日期”一列数据，然后按住Ctrl键再分别选定“金额”和“本息”一列的数据，如图2.2.23所示。

> 提示：在选定数据区域时（不论是连续的，还是不连续的），都要一次性准确选择有效的数据区域，否则将会造成图表数据源引用错误，无法正确建立图表。

	A	B	C	D	E	F	G	H
1	家庭存款小账本							
2	序号	存款日期	存期	金额	利率	本息	存款人	存款银行
3	1	2005-1-1	5	10000	3.15	11575	张红岩	中国银行
4	2	2005-2-1	3	12000	2.75	12990	刘黎兵	工商银行
5	3	2005-3-1	2	14000	2.25	14630	刘黎兵	建设银行
6	4	2005-4-1	3	16000	2.75	17320	刘婷	商业银行
7	5	2005-5-1	2	18000	2.25	18810	张红岩	中国银行
8	6	2005-6-1	1	20000	1.98	20396	张红岩	工商银行
9	7	2005-7-1	1	22000	1.98	22435.6	刘黎兵	建设银行
10	8	2005-8-1	2	24000	2.75	25320	张红岩	商业银行
11	9	2005-9-1	3	26000	2.75	28145	刘婷	中国银行
12	10	2005-10-1	2	28000	2.25	29260	张红岩	工商银行
13	11	2005-11-1	5	30000	3.15	34725	刘婷	建设银行
14	12	2005-12-1	1	32000	1.98	32633.6	刘黎兵	商业银行

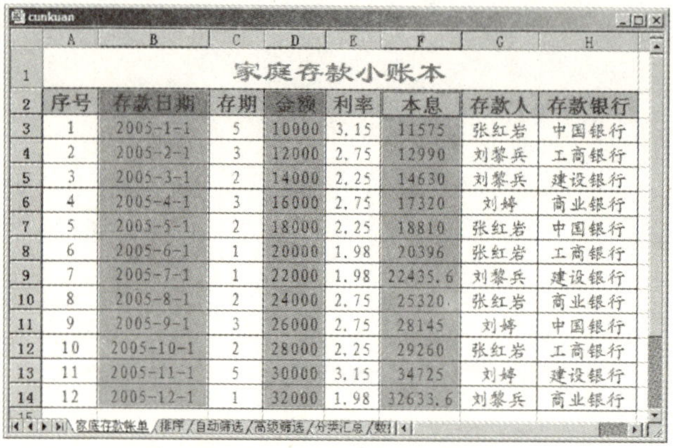

图2.2.23 选定数据区域示例

③ 单击“插入”→“图表”命令，或单击“常用”工具栏中的“图表向导”按钮，打开“图表向导4-步骤之1-图表类型”对话框，单击“标准类型”选项卡（默认），在“图表类型”列表框中选择“柱形图”类型，在“子图表类型”区域中选择“簇状柱形图”子图类型，如图2.2.24所示。

④ 单击“下一步”按钮，打开“图表向导-4步骤之2-图表源数据”对话框，单击“数据区域”选项卡，在“数据区域”框中选择正确的数据区域（默认，因在②步中已选定），如图2.2.25所示。如果在插入图表之前没有选定数据或选定的数据不准确，单击折叠按钮可重新选定数据区域（按照②步中的操作）。

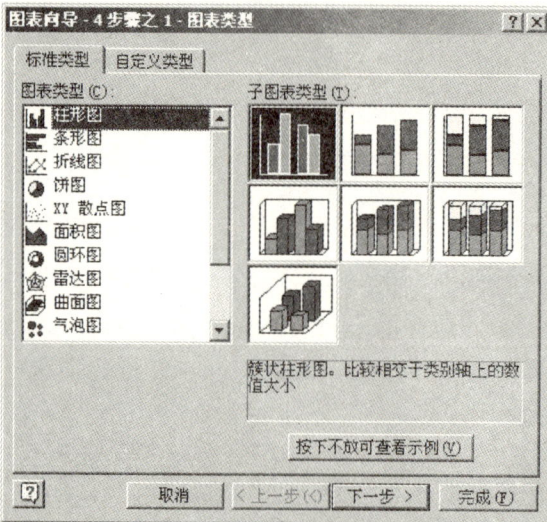

图2.2.24 “图表向导4步骤之1图表类型”对话框

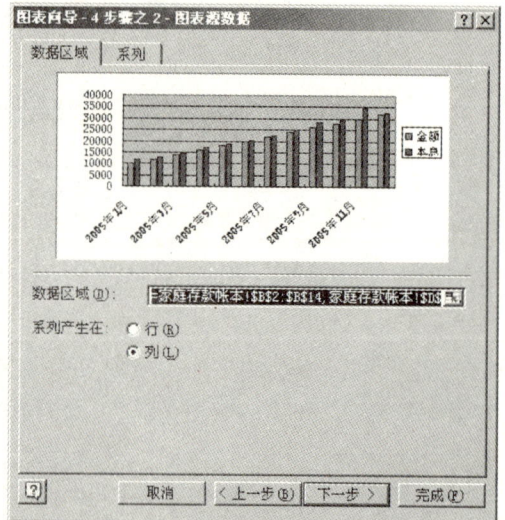

图2.2.25 “图表源数据”对话框

⑤ 在“系列产生在”区域中单击“列”单选钮，读者也可以根据图2.2.26所示的图表预览图样，来决定系列产生在“行”还是“列”。

⑥ 单击“下一步”按钮，打开“图表向导-4步骤之3-图表选项”对话框。

a）单击“标题”选项卡，在“图表标题”文本框中输入“金额、本息对照图”。

在"分类（X）轴"文本框中输入"存款日期"。在"数值（Y）轴"文本框中输入"（元）"，如图2.2.26（a）。

b）单击"图例"选项卡，设置图例"位置"为"靠上"，如图2.2.26（b）所示。如果不需要图例，单击"显示图例"复选框，取消选中状态即可。

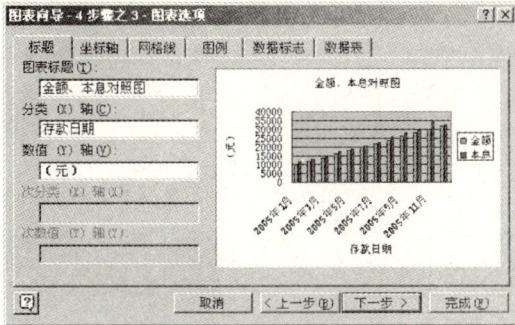 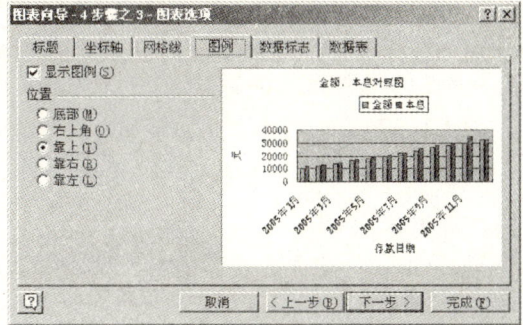

（a） （b）

图2.2.26 "图表向导4步骤之3图表选项"对话框

⑦ 单击"下一步"按钮，打开"图表向导-4步骤之4-图表位置"对话框，单击"作为新工作表插入"单选按钮，并在对应的文本框中输入"金额、本息对照图"，如图2.2.27所示。

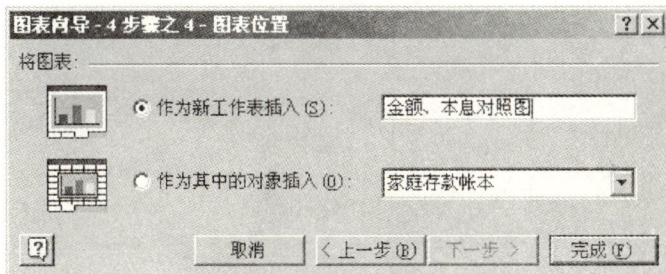

图2.2.27 "图表向导4步骤之4图表位置"对话框

⑧ 单击"完成"按钮，完成图表工作表的创建，结果如图2.2.28所示。

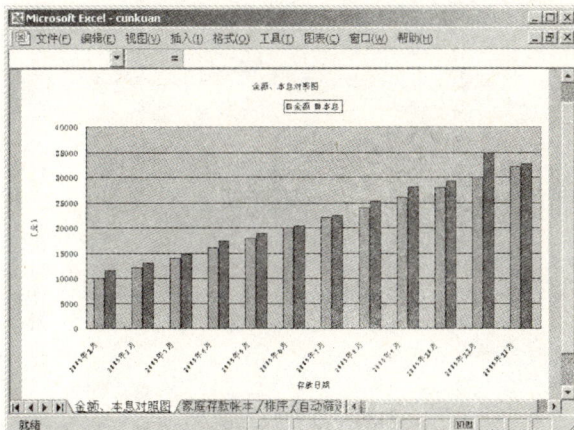

图2.2.28 簇状柱形图工作表示例

单击"常用"工具栏中的"保存"按钮 ![]，将图表工作表保存在当前工作薄中。

2. 创建数据点折线图工作表

打开工作簿"cunkuan.xls"，将"家庭存款账单"工作表中的数据按"存款人"分类汇总"金额"和"本息"字段，汇总方式为"求和"。然后以"金额"和"本息"汇总项创建数据点折线图工作表。操作要求：

（1）图表数据源："金额"和"本息"汇总项。

（2）分类轴："存款人"。数值轴："金额"和"本息"。

（3）图表标题："2005年个人存款统计"。数值轴标题："（元）"。

（4）分类轴、数值轴："主要网格线"和"次要网格线"。图例：靠上。数据标志：显示值。

（5）将图表工作表命名为"2005年个人存款统计"。

操作方法如下：

（1）打开工作簿"cunkuan.xls"，单击"家庭存款账单"工作表标签，先将表中数据按"存款人"排序，然后按"存款人"分类汇总"金额"和"本息"字段，汇总方式为"求和"。单击"2级显示"按钮 ![2]，将分类汇总结果折叠，如图2.2.29所示。

图2.2.29 按"存款人"分类汇总结果示例

（2）单击"常用"工具栏中的"图表向导"按钮 ![]，打开"图表向导–4步骤之1–图表类型"对话框，在"图表类型"列表框中选择"折线图"类型，在"子图表类型"区域中选择"数据点折线图"子图类型，如图2.2.30所示。

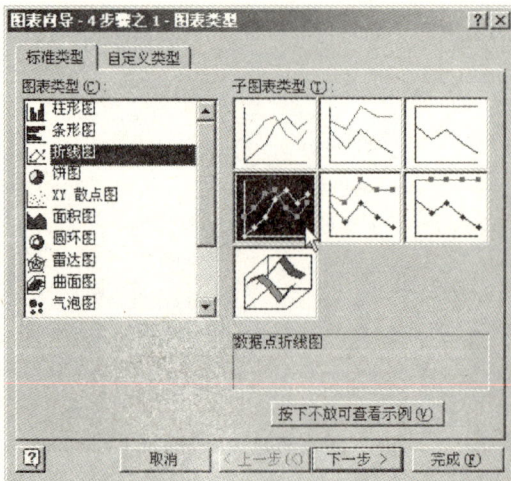

图2.2.30 选择"折线图"子图类型对话框

（3）单击"下一步"按钮，打开"图表向导-4步骤之2-图表源数据"对话框，单击"系列"选项卡，如图2.2.31所示。

a）单击"系列"区域中的"添加"按钮 ，打开"源数据"对话框。

b）设置"系列"：单击"名称"文本框右侧的折叠按钮，再单击字段名称"金额"。单击"值"文本框右侧的折叠按钮 ，选中"金额"所在列的数据区域D7:D17。"金额"系列设置完毕。按照同样的方法设置"本息"系列。如图2.2.32所示。

c）设置"分类轴标志"：单击"分类（X）轴标志"框右侧的"折叠"按钮 ，选中"存款人"所在列的数据区域（注意：不包括字段名），如图2.2.32所示。

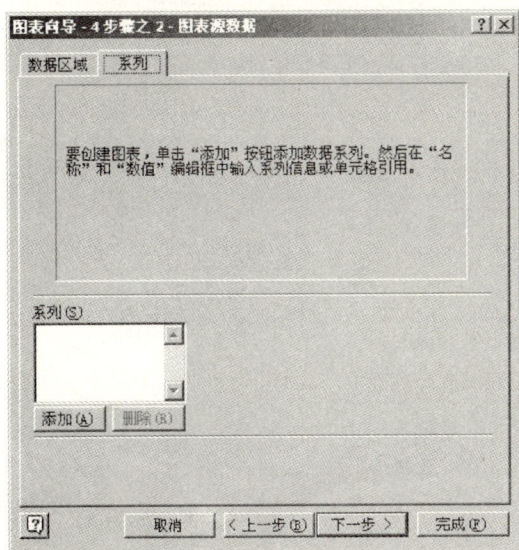

图2.2.31 "图表向导4步骤2系列"选项卡

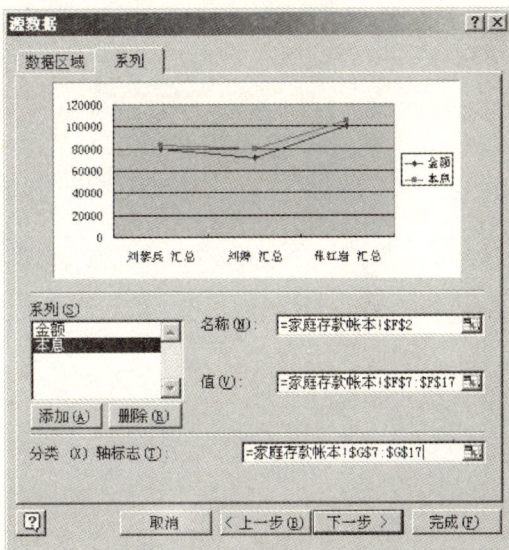

图2.2.32 "数据源"对话框

（4）单击"下一步"按钮，打开"图表向导-4步骤之3-图表选项"对话框。

a）单击"标题"选项卡，在"标题"框中输入：2005年个人存款统计。在"数值轴（Y）"框中输入：（元）。

b）单击"网格线"选项卡，选中"分类（X）轴"区域中"主要网格线"和"次要网格线"复选框。选中"数值（Y）轴"区域中"主要网格线"和"次要网格线"复选框，如图2.2.33所示。

c）单击"图例"选项卡，设置图例"位置"：靠上。

d）单击"数据标志"选项卡，设置"数据标志"：显示值。如图2.2.34所示。

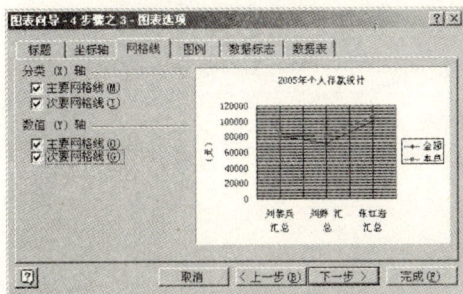

图2.2.33 "图例"选项卡

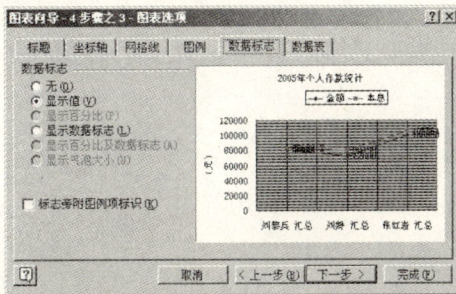

图2.2.34 "数据标志"选项卡

（5）单击"下一步"按钮，打开"图表向导4-步骤之4-图表位置"对话框，单击"作为新工作表插入"单选按钮，在其后的文本框中输入"2005年个人存款统计"作为数据点折线图图表工作表名称。

（6）单击"完成"按钮，完成数据点折线图工作表，结果如图2.2.35所示。

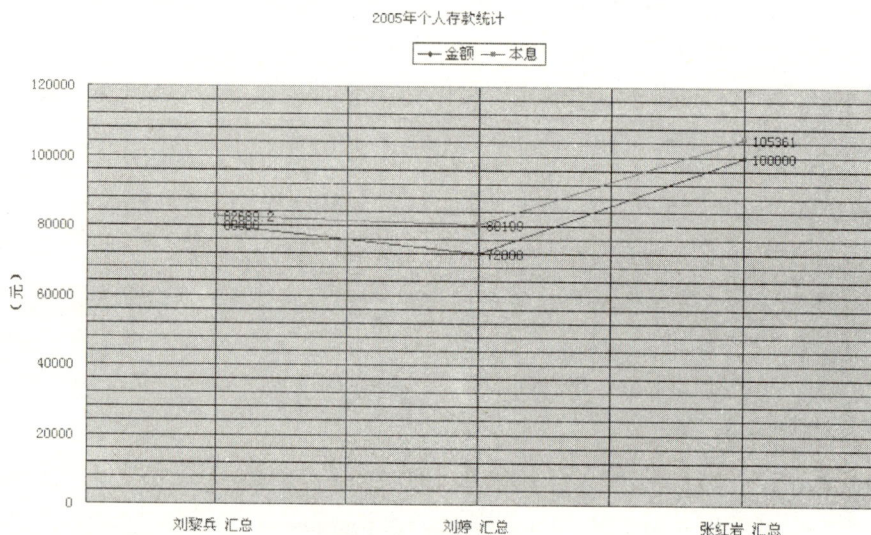

图2.2.35 数据点折线图表示例

三、Power Point 2003

Power Point 2003是微软公司的office 办公软件系列重要组件之一（还有Excel，Word等）。用于制作视频、音频、PPT、网页、图片等结合的三分屏课件。同时PowerPoint是一款功能强大的办公软件，它在学生进行答辩、企业进行工作总结等方面有着重要作用，而且Microsoft Office PowerPoint 2003在PowerPoint系列中已经相当成熟了，支持多项用户自定义选项。

PowerPoint 2003提供一些新增工具，可以帮助创建、演示和协作开发更有感染力的演示文稿。

（一）Power Point 2003基本操作

1. 认识PowerPoint 2003界面窗口

启动PowerPoint：点开始→程序→Microsoft Office→Microsoft Office PowerPoint 2003，就可以打开一个窗口。

窗口分成三栏，中间宽大的是工作区，左边是幻灯片的序号，右边是任务属性窗格，幻灯片制作主要在中间的工作区中进行。

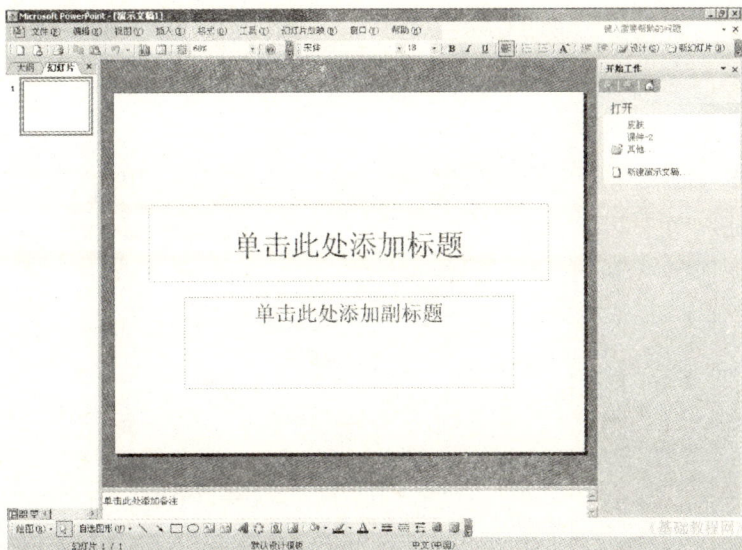

2. 新建文件夹

（1）在桌面上双击"我的文档"图标，进入文件夹。

（2）在空白处单击鼠标右键，在出来的菜单中选择"新建"命令。

（3）在出来的下一级菜单中，选择上边的"文件夹"命令。

（4）这时在工作区出来一个新的文件夹，名称那儿是蓝色的，按退格键 ⬅ 删除里头的"新建文件夹"。

输入自己姓名的拼音，输好后再用鼠标点一下图标，这样一个自己名字的文件夹就建好了。

117

（5）在图标上双击，进入文件夹看一下，由于是新建的文件夹，里头还是空的，后面我们会逐渐保存上自己的文件。

3. 空白幻灯片

（1）在工作区中间有两个虚线框，里面写着"单击此处..."，这个就是文本框，文本框是用来输入文字的。

（2）把鼠标移到第一个文本框的虚线上，这时鼠标指针变成一个花的形状，点一下左键选中文本框。

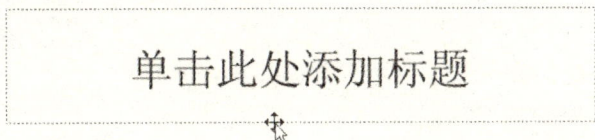

选中以后，文本框的边框加粗，变成粗虚线，然后按一下键盘上的删除键Delete，这样就删除了这个文本框。

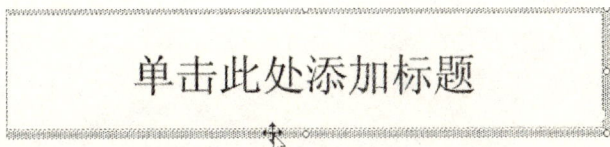

（3）同样再选中下边的第二个文本框，按删除键删除它，这样就得到一张空白的幻灯片。

4. 插入文本框

（1）点菜单"插入→文本框→水平"命令，鼠标的指针变成一个竖线I。

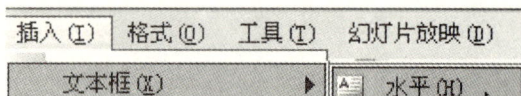

插入(I)	格式(O)	工具(T)	幻灯片放映(D)
文本框(X)		▶	A 水平(H)

（2）在工作区中拖动鼠标，画一个方框，松开鼠标，这时出现一个文本框，光标插入点在里头一闪一闪。

（3）选一个汉字输入法，输入"美丽的校园"。

美丽的校园

（4）拖动文本框的边框到中间位置，然后在空白处点一下鼠标左键，取消文本框的选择，边框消失。

5. 放映幻灯片

（1）在左边窗格的下边，有一排按钮，点右边的小酒杯按钮，就可以播放这一张幻灯片，可以看到在白色的幻灯片当中，有一行文字"美丽的校园"，后面我们会逐渐往里面添加其他对象。

（2）在空白处点一下鼠标左键，出来一个黑色屏幕，上面写着"放映结束，单击退出"，再点一下左键退出放映，回到工作区中。

点菜单"文件保存"命令，以"美丽"为文件名，保存文件到自己的文件夹。

6. 插入新幻灯片

演示文稿是由许多张幻灯片组成的，下面我们通过一个练习来学习如何插入一张新的幻灯片。

（1）输入文字。

1）启动PowerPoint，自动打开一个空白文档，删除里面的两个空白文本框。

2）点菜单"插入文本框水平"命令，插入一个水平文本框，输入一段文字"这是第一张幻灯片"。

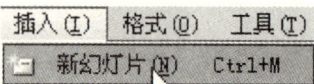

插入(I)	格式(O)	工具(T)
新幻灯片(N)	Ctrl+M	

内容版式

点击选中文本框边框，把文本框拖到幻灯片的中间摆好。

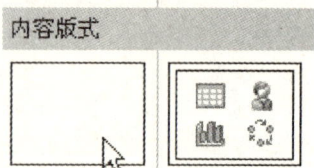

3）点菜单"文件保存"命令，以"插入新幻灯片"为文件名保存文件到自己的文件夹。

（2）插入新幻灯片。

1）点菜单"插入→新幻灯片"命令，添加一张新幻灯片，里面自动有两个文本框。

2）在右边的窗格中，找到中间的内容版式，选择第一个"空白"，去掉里面自动产生的文本框。

3）点菜单"插入→文本框→水平"命令，插入一个水平文本框，输入文字"这是第二张幻灯片"。

点击选中文本框边框，把文本框拖到幻灯片的中间摆好，保存一下文件。

4）这时左边的窗格中出现两张幻灯片，其中第二张就是我们新插入的幻灯片。

5）点菜单"幻灯片放映观看放映"，整个放映一下演示文稿，点一下鼠标左键就可以到第二张幻灯片。

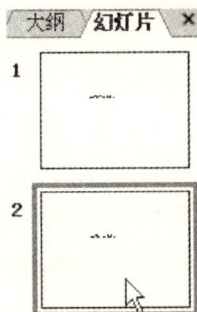

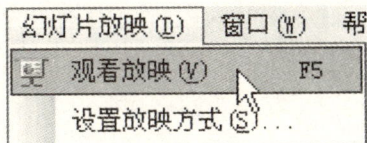

（二）幻灯片的文本格式

为了更好地修饰内容，我们还可以设置文字的格式，包括字体、字号、颜色等等。

1. 字体和字号

（1）启动PowerPoint，自动打开一个空白文档，先删除里面的两个空白文本框。

（2）点菜单"插入→文本框→水平"命令，插入一个水平文本框，输入文字"第二课 文本格式"。

（3）把文本框拖到上方正中间，然后拖黑选中里面的文字。

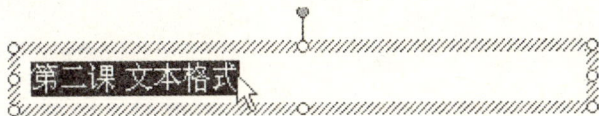

（4）在上边的工具栏中点击"字体"旁边的下拉按钮，在出来的下拉列表中选择"黑体"，再点击"字号"旁边的下拉按钮，选择"36"。

2. 文字颜色

（1）颜色在下边的工具栏里头，图标是一个大写字母A，旁边有个下拉按钮。

（2）点击A旁边的下拉按钮，在出来的面板中点击"其他颜色…"。

（3）在出来的颜色面板中选择一个蓝色，点"确定"。

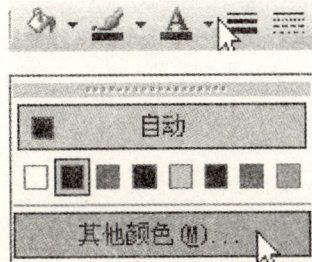

119

在空白处点一下，这时文字的颜色就设成了蓝色，一般投影上文字多用深色，背景用浅色。

（4）再插入一个文本框，输入两行内容"1、字体和字号↙2、文字颜色"（↙表示按一下回车键）。

把字体设为"楷体_GB2312"，字号为24，颜色设为深绿色，拖动文本框对齐摆好，仔细移动可以按键盘上的方向键。

点菜单"幻灯片放映观看放映"，放映幻灯片，然后关闭退出，以"文本格式"为文件名，保存文件到自己的文件夹。

（三）自定义动画

动画可以让幻灯片达到动态的效果，同时也可以完成一些填空练习等要求，下面我们通过一个练习来学习操作。

1. 输入文字

（1）启动PowerPoint，自动打开一个空白文档，先删除里面的两个空白文本框。

（2）点菜单"插入→文本框→水平"命令，插入一个水平文本框，输入文字"第三课 自定义动画"，设置文字格式，黑体、32号、蓝色。

第三课 自定义动画

（3）再添加三个文本框，里头分别输入"百叶窗"、"飞入"、"音效"，文字格式为楷体、24号、绿色，排好位置。

第三课 自定义动画

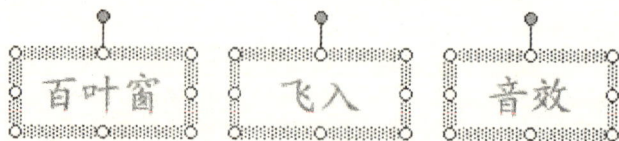

（4）以"自定义动画"为文件名，保存文件到自己的文件夹。

2. 设置动画

（1）选中第一个文本框，瞄准边框敲右键，在出来的菜单里头选"自定义动画"命令。

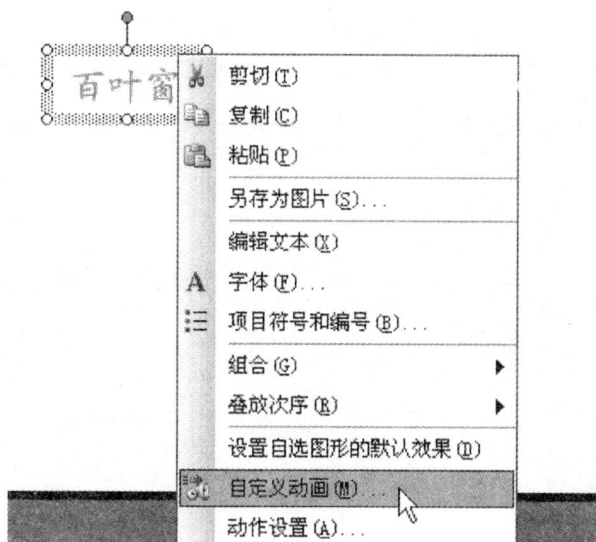

（2）然后右边的窗格上边，出来一个"添加效果"按钮，点击后出来下拉列表，如下左图。

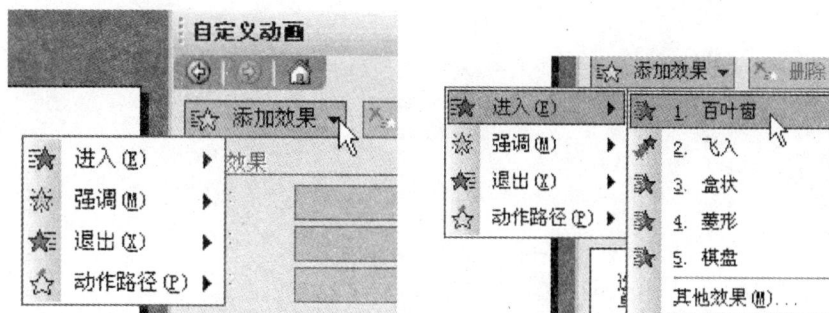

（3）把鼠标指针移到第一行"进入1.百叶窗"，点击选中，如上右图。

（4）然后工作区中的文本框闪一下，左边出来一个小方块1，表示是第一个动画。

（5）保存一下文件，然后点左下角的小酒杯 ，放映一下幻灯片，可以发现百叶窗没有出来，那个位置是空白。

点击一下鼠标左键，然后文字就按照百叶窗的样式出来了，点击鼠标退出放映，回到工作区。

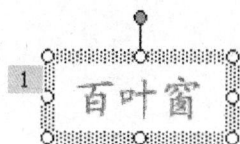

（6）再选中第二个文本框，在右边设置自定义动画："添加效果→进入→2.飞入"，再选中第三个文本框，也设置为："添加效果→进入→2.飞入"。

保存之后放映，看看动画的效果。

3. 设置效果

（1）看一下右边的窗格，有三个动画效果，现在选中的是第3个（外边有个框），效果后面都有一排下拉按钮，点击后可以换别的效果。

（2）点"3形状4:音效"旁边的下拉按钮，也就是上图最下边的按钮，如下左图。

在出来的下拉菜单中，选择中间的"效果选项"，最下面的"删除"可以删除这个效果。见下右图。

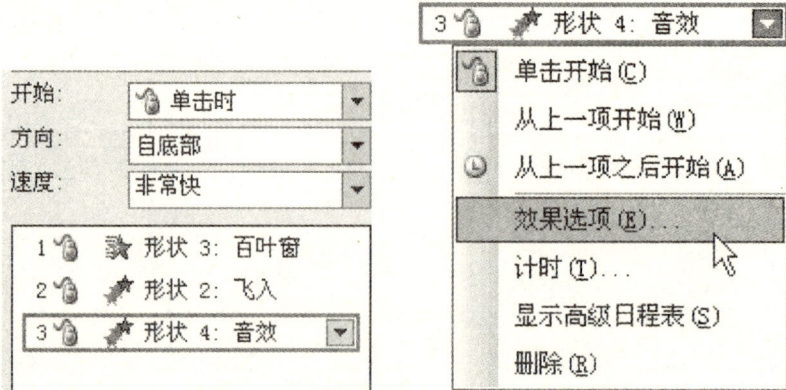

122

（3）在出来的效果面板中，把中间的声音选择"风铃"，点"确定"然后就可以听到清脆的声音。

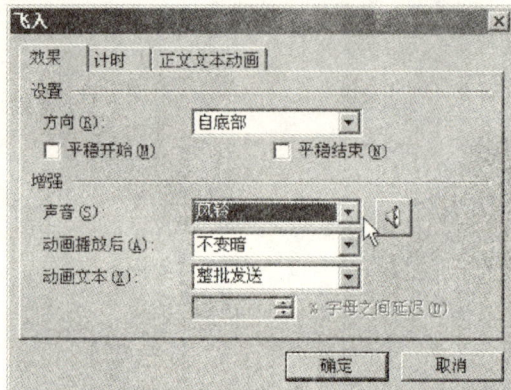

保存一下文件，点左下角的小酒杯，放映幻灯片，点击鼠标看动画效果。

（四）插入图片

演示文稿中的文本内容，往往还要插入一些图片，从而使幻灯片丰富多彩，下面我们通过一个练习来学习操作。

1.背景色

（1）启动PowerPoint，自动打开一个空白文档，先删除里面的两个空白文本框。

（2）点菜单"插入→文本框→水平"命令，插入一个水平文本框，输入文字"第五课 插入图片"。

（3）在幻灯片空白处点右键选择"背景"命令，出来一个背景对话框，在下边的白色条上点一下，出来一个颜色列表，点下面的"其他颜色"。

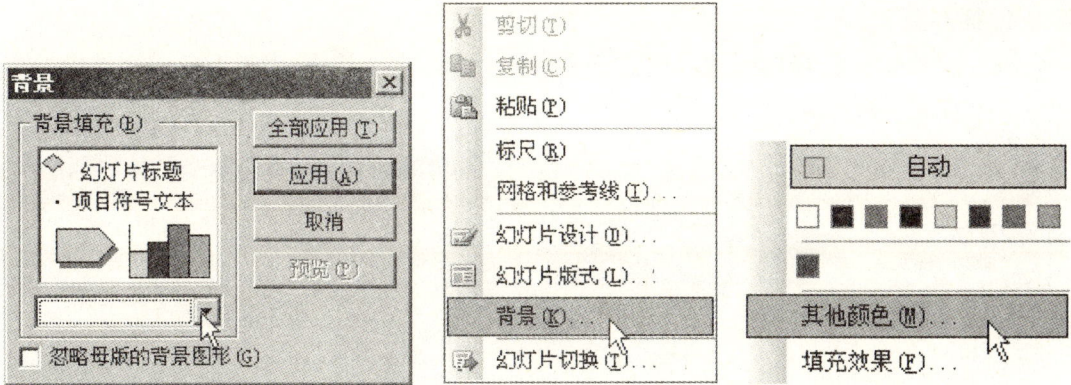

（4）选择一个淡黄色，点"确定"返回到对话框中，再点"应用"回到幻灯片中，这样我们就给幻灯片加上了背景色。

2. 插入图片

（1）插入一张新幻灯片，在版式中选择"空白"。

（2）点菜单"插入→图片→来自文件"命令，见左下图。

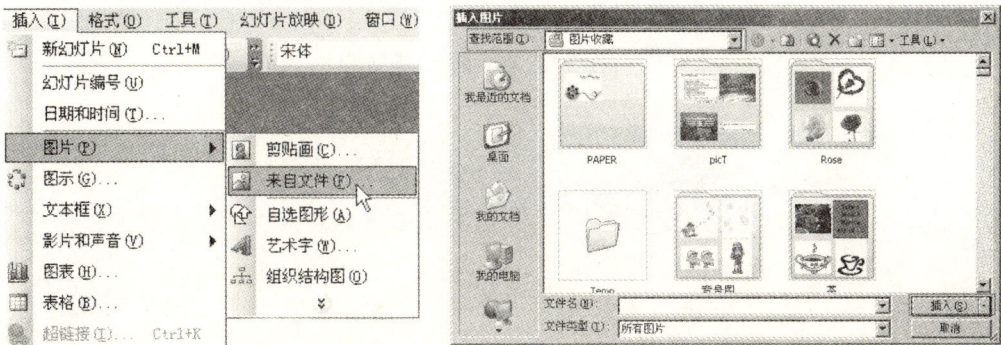

（3）出来一个"插入图片"的对话框，点上边的"查找范围"找到自己的图片文件夹，然后在中间选择一个图片，点"插入"即可，见上右图。

（4）图片插入到幻灯片中以后，可以拖动四周的圆点控制手柄使图片充满整个幻灯片，还可以在图片工具栏上进行调节。

拖动控制点，使图片作为背景图，充满幻灯片。

以"插入图片"为文件名，保存文件到自己的文件夹，放映一下看看幻灯片的效果如何。

（五）插入音乐和视频

动听的音乐往往能带来美的感受，我们也可以在幻灯片中插入一首音乐，从而为自己的演示文稿增添色彩，下面我们通过一个练习来学习操作。

1. 输入文字

（1）启动PowerPoint，自动打开一个空白文档，先删除里面的两个空白文本框。

（2）点菜单"插入→文本框→水平"命令，插入一个水平文本框，输入文字"插入音乐"。

（3）设置文本格式和背景色，以"插入音乐"为文件名保存文件到自己的文件夹。

2. 插入音乐

（1）复制一首音乐到自己的文件夹，点菜单"插入→影片和声音→文件中的声音…"，出来一个对话框，见左下图。

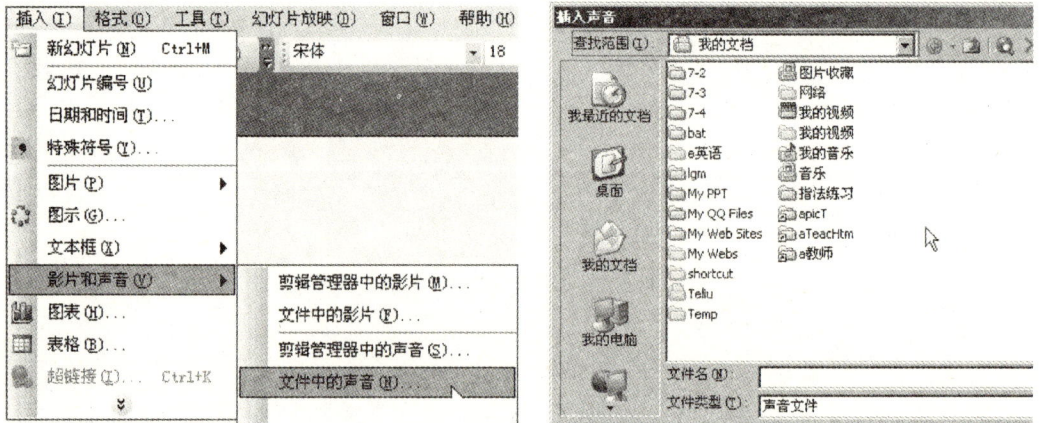

（2）在上面的"查找范围"中找到自己的文件夹，音乐提前要放到自己的文件夹中，跟幻灯片文件放一起，这有一首音乐，下载到自己文件夹，见上右图。

（3）点"确定"，出来一个提示对话框，询问是否自动播放。

（4）点右边的"在单击时"，选择单击时播放，一般背景音乐可以设为自动播放。

（5）这时在幻灯片中央出现一个小喇叭图标，这就是插入的音乐文件的标志。

把小喇叭拖动到合适的位置，保存一下文件。

3. 背景音乐

（1）点插入菜单，插入一张新幻灯片，输入文字"背景音乐"，设好格式。

（2）点"插入→影片和声音→文件中的声音"，照着刚才的方法插入一首音乐。

（3）在出现提示对话框的时候，选第一个"自动"，出来一个小喇叭在中间。

（4）由于是背景音乐，小喇叭图标可以隐藏起来，把它拖到左边的灰色区域中，这样播放的时候就看不到了。

保存一下文件，点菜单"幻灯片放映→观看放映"，看一下音乐的播放效果。

124

4. 插入视频

（1）插入视频的方法跟插入音乐的方法相同，先复制一个视频到自己的文件夹，然后点菜单"插入→影片和声音→文件中的影片"。

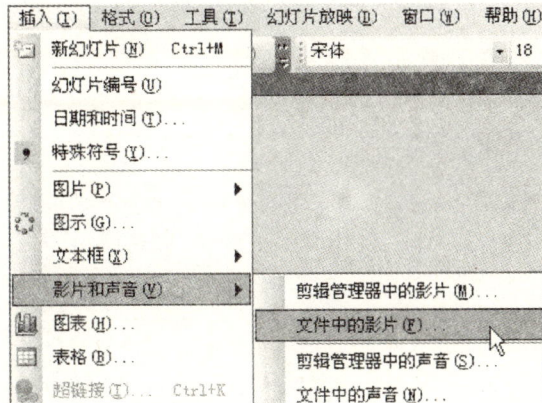

（2）视频当中既有图像也有声音，效果比较好，缺点是占空间较多，另外视频文件也需要提前复制过来，跟幻灯片文件放在一起。

（3）插入视频后拖动白色小圆圈控制点，改变图像大小。

（六）自动切换和循环音乐

有时候我们想让幻灯片一张一张自动播放，同时播放一首背景音乐，从而产生出电影的效果。

1. 插入音乐

（1）启动PowerPoint，自动打开一个空白文档。

（2）点菜单"文件打开"命令，打开上一课的幻灯片"动作设置"。

（3）选中第一张幻灯片，点"插入→影片和声音→文件中的声音"，在出来的提示框中选择"自动播放"。

这样就会在幻灯片中央出来一个小喇叭图标，这是我们插入的音乐对象。

点菜单"文件另存为"，以"循环切换"为文件名，保存文件到自己的文件夹。

2. 设置音乐

（1）在出来的小喇叭上敲右键，选择"编辑声音对象"，出来一个对话框。

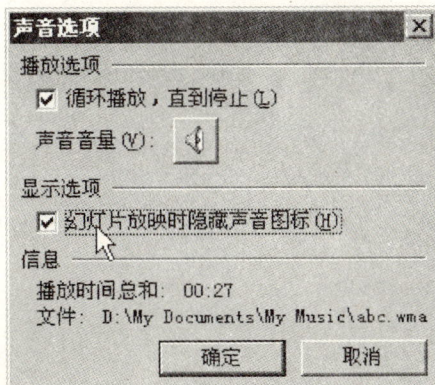

把两个勾都打上，这样音乐就可以一直播放，直到停止，点"确定"返回，如上图。

（2）设置停止，在小喇叭上点右键，选择"自定义动画"，右边的窗格出来动画选项。

（3）在音乐右边的下拉按钮上点一下，在出来的菜单中选"效果选项"，出来一个面板。

（4）在"效果选项"面板中，单击中间的"停止"，选择"在6张幻灯片后"，因为演示文稿总共有6张，如下右图。

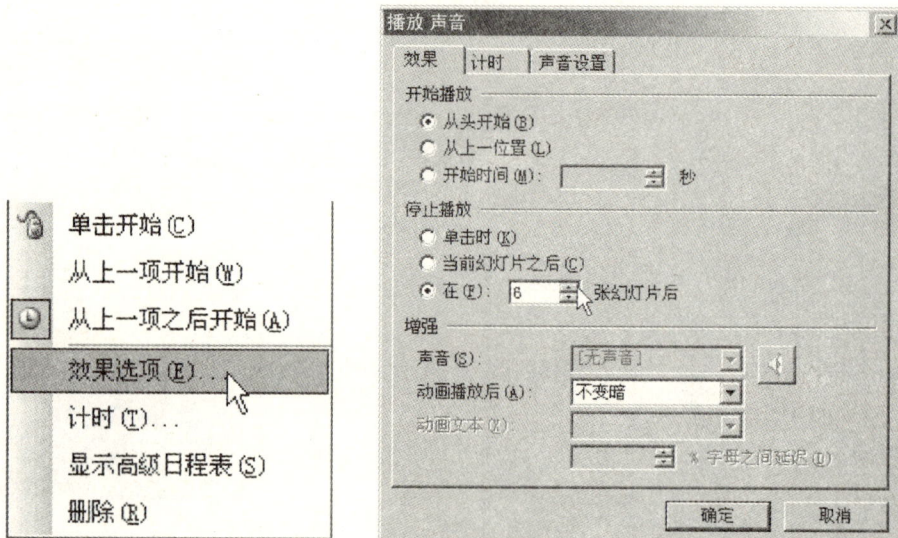

点"确定"返回，保存一下文件，放映一下看看效果。

3. 幻灯片切换

1）选中第一张幻灯片，点菜单"幻灯片放映→幻灯片切换"，如右图。

2）右边的窗格中出现许多切换效果，可以选择一种。

3）在下边的换片方式中，去掉"单击.."的勾，勾选下面的"每隔"，在旁边的时间中输入5秒。

4）点一下下边的"应用于所有幻灯片"按钮，这样所有的幻灯片都是每隔5秒切换。

当然也可以一张一张设置那些需要自动切换的幻灯片。

5）保存一下文件，放映一下看看效果，是否是每隔5秒就自动到下一张幻灯片，同时一直播放音乐。

（七）幻灯片设计

幻灯片的设计包括模版和版式，从而使幻灯片形成独特的风格，包括颜色、字体、字号等等。

1. 打开文件

1）启动PowerPoint，自动打开一个空白文档。

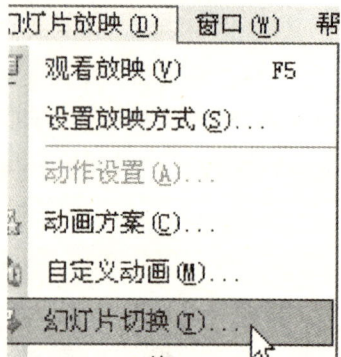

2）点菜单“文件打开”命令，打开上一课的幻灯片“循环切换”。

3）选中第一张幻灯片，在空白处敲右键，选择“幻灯片设计”命令，这时候右边窗格中出现许多样式模版。

2. 选择模版

1）在右边窗格中找到“Blends”模版，点击选中，可以发现左边窗格中所有的幻灯片上都添加了这种效果。

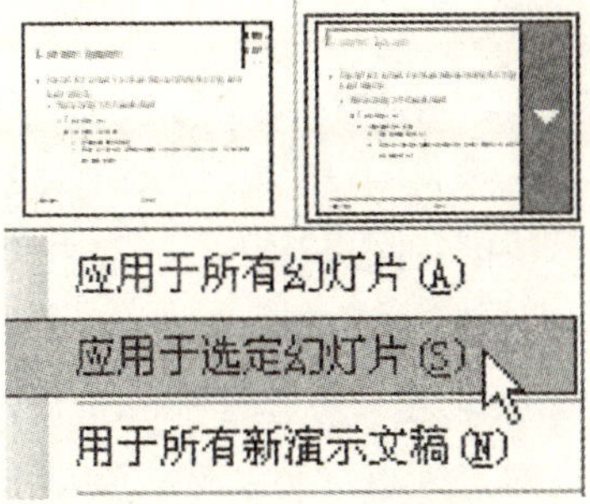

2）保存一下，放映一下文件，看一下各个幻灯片的效果，可以发现在每张幻灯片上都添加上了效果。

这种方法可以让我们快速给所有幻灯片都添加上统一的样式。

4）如果要单独给一张幻灯片添加一个样式，请先选择这张幻灯片，将鼠标移到右边所选定的模板样式。

5）在图标右边出来一个竖条下拉按钮，点一下，在出来的菜单中选择“应用于选定幻灯片”即可。

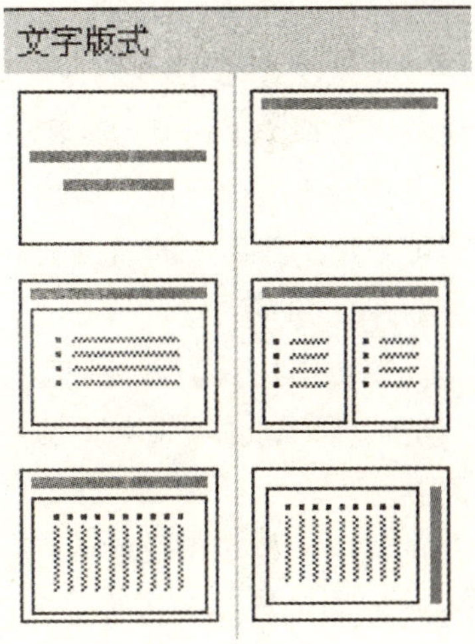

3. 幻灯片版式

1）版式主要指幻灯片中内容的布局，一般有横排、纵排两种。

2）选定第一张幻灯片，在空白处按右键，选择“幻灯片版式”命令，右边出现各种版式。

3）选择第三个“标题和文本”版式，幻灯片中自动出现了两个文本框，一个是标题一个是文本。

4）把文字“目录”拖到上边的文本框中，把下面的链接文字拖到下面的大文本框中。

版式会自动跟模版结合起来，保存一下文件，放映一下，看一下幻灯片的效果有什么变化。

我们还可以给幻灯片插入动画，由于篇幅所限，不作详细介绍了，同学们可以自己尝试一下。

第三节 计算机网络应用

一、网络交流平台应用

现代的计算机不仅已广泛用于科学运算、宇航飞行、自动化领域，还可让人们利用计算机因特网进行交流，常用的网络交流平台有QQ、微博、MSN、BBS等。

（一）QQ

QQ是一款基于Internet的即时通信（IM）软件。腾讯QQ支持在线聊天、视频电话、点对点断点续传文件、共享文件、网络硬盘、自定义面板、QQ邮箱等多种功能，并可与移动通讯终端等多种通讯方式相连。1999年2月，腾讯正式推出第一个即时通信软件——"腾讯QQ"，QQ在线用户已经由1999年的2人（2人指马化腾和张志东）发展到现在的上亿用户了，在线人数超过一亿，是目前使用最广泛的聊天软件之一。

腾讯QQ支持在线聊天、即时传送视频、语音和文件等多种多样的功能。同时，QQ还可以与移动通讯终端、IP电话网、无线寻呼等多种通讯方式相连，使QQ不仅仅是单纯意义的网络虚拟呼机，而是一种方便、实用、超高效的即时通信工具。QQ可能是现在中国被使用次数最多的通讯工具。QQ状态分为不在线、离线、忙碌、请勿打扰、离开、隐身、在线、Q我吧。

2012年12月4日，腾讯QQ正式开放了人数上限1000人的QQ群，在500人QQ群不能满足一些人讨论交流的时候，腾讯在2012年12月20日将腾讯QQ群1000人群升级为2000人群。

QQ号码为腾讯QQ的帐号，全部由数字组成，用户在QQ2013登陆界面注册时，系统会随机选择QQ号码。1999年免费注册的QQ帐号为5位数，目前已用到的QQ号码长度已经达到11位数。QQ第一号是马化腾所持的号码:10001。

会员号码（QQ靓号）在会员过期后一个月没有续费将被收回。

Q龄计算规则与周岁计算规则相同，即用户从注册当天开始，到第二年的当天，累加一年。新版QQ2012个人资料中可以清楚地看到Q龄。

QQ等级：2004年，腾讯公司推出了QQ等级制度。QQ等级最早是以小时作为计量单位的，那段时间，绝大部分QQ用户都在挂QQ以增加等级，之后就有不少媒体指责其浪费能源（如电力能源等），在有关部门的介入下，腾讯公司将QQ等级变为以天为计量单位。

qq2013登陆界面

（二）微博

即微博客（MicroBlog）的简称，是一个基于用户关系的信息分享、传播以及获取平台，用户可以通过WEB、WAP以及各种客户端组建个人社区，以140字左右的文字更新信息，并实现即时分享。最早也是最著名的微博是美国的twitter，根据相关公开数据，截至2010年1月份，该产品在全球已经拥有7500万注册用户。2009年8月份中国最大的门户网站新浪网推出"新浪微博"内测版，成为门户网站中第一家提供微博服务的网站，微博正式进入中文上网主流人群视野。2012年10月，有报告显示，至2011年12月，中国微博用户总数达到2.498亿，成为世界第一微博大国。

微博提供了这样一个平台：你既可以作为观众，在微博上浏览你感兴趣的信息；也可以作为发布者，在微博上发布内容供别人浏览。发布的内容一般较短，例如140字的限制，微博由此得名。当然也可以发布图片、分享视频等。微博最大的特点就是：发布信息快速，信息传播速度快。例如你有200万听众，你发布的信息会在瞬间传播给200万人。

微博客草根性更强，且广泛分布在桌面、浏览器和移动终端等多个平台上，有多种商业模式并存，或形成多个垂直细分领域的可能，但无论哪种商业模式，都离不开用户体验的特性和基本功能：1. 信息获取具有很强的自主性、选择性，用户可以根据自己的兴趣偏好，依据对方发布内容的类别与质量，来选择是否"关注"某用户，并可以对所有"关注"的用户群进行分类。2. 微博宣传的影响力具有很大弹性，与内容质量高度相关。其影响力基于用户现有的被"关注"的数量。用户发布信息的吸引力、新闻性越强，对该用户感兴趣、关注该用户的人数也越多，影响力越大。此外，微博平台本身的认证及推荐也助于增加被"关注"的数量。3. 内容短小精悍。微博的内容限定为140字左右，内容简短，不需长篇大论，门槛较低。4. 信息共享便捷迅速。可以通过各种连接网络的平台，在任何时间、任何地点即时发布信息，其信息发布速度超过传统纸媒及网络媒体。

新浪微博

（三）BBS

电子公告牌系统（Bulletin Board System，英文缩写BBS）通过在计算机上运行服务软件，允许用户使用终端程序通过电话调制解调器拨号或者Internet来进行连接，执行下载数据或程序、上传数据、阅读新闻、与其他用户交换消息等功能。许多BBS由站长（通常被称为SYSOP）业余维护，而另一些则提供收费服务。目前，有的时候BBS也泛指网络论坛或网络社群。

在因特网与宽带尚未出现、调制解调器仍在发展的年代，拨接式的BBS开始流行，大大小小的站台如雨后春笋般出现。在这个时期，此类BBS的主要服务多为：档案/共享软件下载、各类讨论区转信。在当时，较为常见的伺服端程序有SuperBBS（SBBS）、ProBoard、Remote Access（RA）、MAXIMUS等，同时也有一些知名的站际转信网络，国外的有FidoNet，台湾地区则有90网。而客户端所使用的拨接程序，则有Telix、Kermit、ProComm。

后来随着因特网的普及与基于HTTP协议而发展出来的多媒体网页盛行，传统纯文字式的拨号BBS和BBS网络已经日渐凋零，所剩无几。由于代之而起的是更多彩多姿的Web式讨论环境，因此在大多数国家或地区，BBS一词所指称的讨论环境多半已非传统的纯文字式接口，字义已相同或近似于"论坛（Forum）"。

（四）贴吧

贴吧是百度旗下独立品牌，全球最大中文社区。贴吧自2003年12月3日上线，其创意来自于百度首席执行官李彦宏：结合搜索引擎建立一个在线的交流平台，让那些对同一个话题感兴趣的人们聚集在一起，方便地展开交流和互相帮助。贴吧是一种基于关键词的主题交流社区，它与搜索紧密结合，准确把握用户需求，通过用户输入的关

贴吧首页

键词，自动生成讨论区，使用户能立即参与交流，发布自己所拥有的其所感兴趣话题的信息和想法。2009年12月，百度针对"贴吧"的商标所有权正式获得国家工商行政管理总局商标局核准，同时，tieba.com独立域名也正式启用。

贴吧的使命是让志同道合的人相聚在贴吧。贴吧是以兴趣主题聚合志同道合者的互动平台，贴吧的组建依靠搜索引擎关键词，不论是大众话题还是小众话题，都能精准地聚集大批同好网友，展示自我风采，结交知音。贴吧目录涵盖社会、生活、明星、娱乐、体育等方方面面，是全球最大的中文交流平台，它为人们提供一个表达和交流思想的自由网络空间，并以此汇集志同道合的网友。

二、网络交流平台的实际操作和应用

（一）如何使用QQ？

1. 进入QQ下载页面。
2. 选择你需要的版本，点击进入下载画面。点击"立即下载"。
3. 点击"保存"，选择硬盘位置保存软件（如图1）。

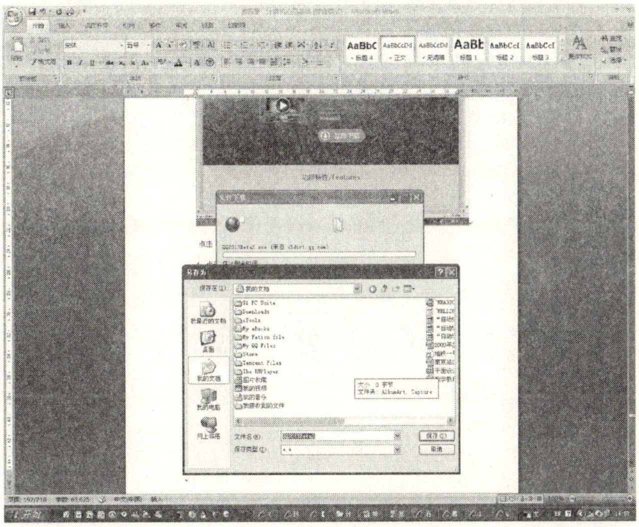

图1

4. 在弹出的窗体中点击右下角的保存按钮，因网络速度的不同需要相应的时间进行下载（如图2）。

图2

QQ软件的安装可以查阅QQ网站上的使用和帮助。

安装完成软件后，程序将自动启动QQ。如果你已有QQ号码，直接输入QQ号码和密码进行登录。如果还没有QQ号码的话，点击QQ登录窗口中的"注册帐号"打开注册页面，确认服务条款，填写"必填基本信息"，选填或留空"高级信息"，点击"下一步"，即可获得免费的QQ号码。

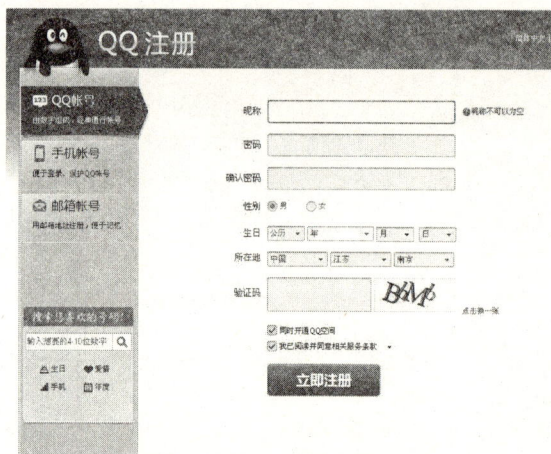

图3　申请QQ号码界面

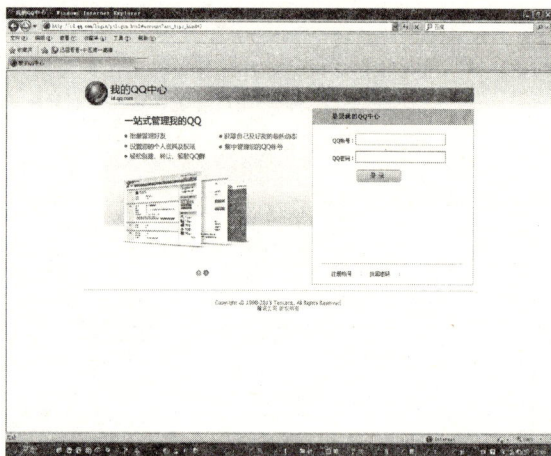

图4　登陆QQ界面

您安装了腾讯QQ以后，每次启动Windows后腾讯QQ都会自动启动，并且自动弹出对话框提示您输入您的QQ的口令。输入QQ号码和密码即可登录QQ。您也可以选择手机号码，电子邮箱等多种方式登录QQ。

如果您不想被别人打扰，但又确实想和其他网友交流，可以选择"隐身登录"，这样您的QQ好友看到您的头像仍然是灰色的，以为您不在线，就不会给你发消息了，但是您可以正常使用QQ的所有功能，不受影响。

（二）怎样快速使用微博?

准备一台能上网的计算机，或一台能上网的手机。

1. 拥有账号。登陆http://t.sina.com.cn/，注册微博账号。输入电子邮箱，密码，验证码，点击注册。登陆你的注册邮箱，点击邮件里的确认链接，完成注册。

2. 发布内容。在微博的输入框内，你可以发不超过140个字的文字，说说你在干什么，在想什么，对某些事情的看法。然后点击发布，你的第一个微博就发表成功了。

提示：你发布的内容还可以是表情、图片、视频、音乐、话题和投票。

3. 关注朋友。微博是一个用来交流的工具，你可以通过关注你感兴趣的人或组织，以便随时查看他们的更新。如果别人对你感兴趣，也会关注你，那就是你的粉丝啦。

> 提示：目前一个用户最多只可以关注2000人，超过的话系统会提示超标。

4. 提高关注。怎么样让更多的人关注你呢？你除了多更新，多探讨热门话题，多关注别人，还可以进行身份证的认证，尽量详细填写个人资料。例如你的所在地、你的博客、你的简介等等。

> 提示：如果你不喜欢某些人关注你，你可以主动解除粉丝关注，移除粉丝，甚至加黑。

5. @提及。@这个符号用英文读的话就是at，在微博里的意思是"向某某人说"，只要在微博用户昵称前加上一个@，并在昵称后加空格或标点，他（或者她）就能看到。比如：@微博小秘书，你好啊。

6. 评论转发。你可以对别人发的微博进行评论，也可以转发别人的微博。当你和好友之间的对话不想让第三方知道，可以通过私信聊。

7. 手机微博。如果你的手机可以上网，你也可以用手机登陆微博。手机输入t.sina.cn，即可使用网络帐号登录新浪微博。你还可以在网页上下载手机客户端，使你的手机微博更加丰富多彩。

（三）怎样在百度贴吧发贴子？

准备一台计算机和百度账号。

1. 在百度主页上点击"贴吧"，输入你要进入的贴吧名称（这里以尚品休闲馆为例），然后点击"进入贴吧"。

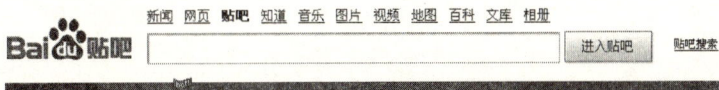

2. 然后在贴吧的右上角选择"登入"，输入账号跟密码后登入。如果没有百度账号的话，那就要先注册，注册流程比较简单，这里略过。

3. 输入账号后，如果你不是这个贴吧的会员的话，需要点击贴吧名字下面的"我喜欢"，点击后，你就是这个贴吧的会员了，将会显示你在这个贴吧的经验等级跟排名。

4. 找到正上方包含"尚品休闲馆""精品""投票"等按钮的横栏，点击"发表新贴"按钮跳转到发表帖子的地方。

5. 新帖子需要输入"标题"，也就是你要发表贴子的标题。写完标题后，看标题下面内容一栏中的"图片""视频""音乐""表情""涂鸦"等按钮，这些都是在发表贴子的时候可以插入的内容。

6. 插入的图片有两种：本地图片和网络图片。本地图片就是存在本地计算机里的图片。点击"本地图片"一栏的"添加电脑图片"按钮，在计算机里选择你要插入的图片，然后"打开"。

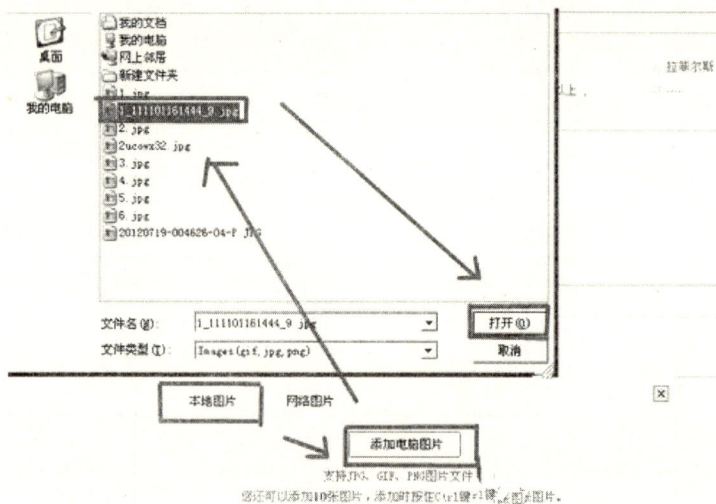

打开后，图片就会出现在你添加图片的列表里，然后选择"插入图片"，就可以发表了。

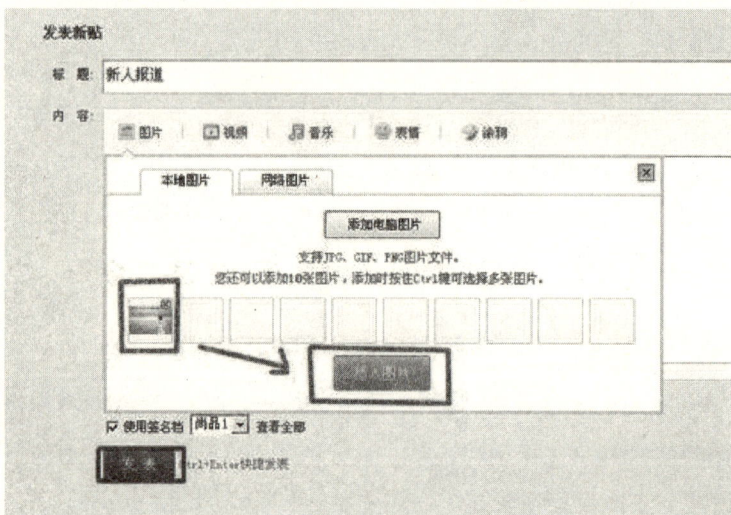

网络图片就是在网络上的图片。插入网络图片需要有网络图片的地址链接。那这个图片地址链接怎么找呢？在网络上找一张自己喜欢的图片，然后在图片上右击选择"属性"，在"属性"里就会看到一个地址链接，再将其复制下来，这就是网络图片的地址链接了。

在"网络图片"一栏的"输入图片地址"处粘贴刚才复制的地址，点击"添加"，图片就出现在添加图片的列表里，然后点击"插入图片"，就可以发表了。

第五章　日常应用文写作

第一节　条 据

一、情境

（一）小王因患重感冒，无法正常上班，需要向车间李主任请假。

（二）小李是车间团支部宣传委员，因车间举办文艺晚会，需要向厂团委借用一套音响设备。厂团委要求小李出具借条。

（三）2010年10月4日，刘某向魏某借款10000元，并出具借条一份。2011年11月20日，刘某归还4000元。两人商定，撕毁原来的借条，由刘某重新出具欠条一份。

二、解析

以上情境中出现的请假条、借条、欠条，都属于条据，是起告知说明或凭证作用的条文式专用文书，具有篇幅短小、使用便捷的特点，在日常生活和工作中应用十分广泛，又可分为以下两类。

第一类：告知性条据，用于通过书面形式告知对方某一简单事项，如留言条、请假条、意见条等。手机短信也可视为现代通信技术条件下的告知性条据。

第二类：凭证性条据，是单位或个人在收到、借到、领到东西或物品时出具的单据，包括借条、收条、领条、欠条等。

三、例文

请假条

李主任：

　　因患重感冒，需要到医院接受治疗，无法上班，特向您请假一天。敬请批准。

王××
2012年4月5日

借 条

　　因筹办文艺晚会，今借用厂团委音响设备一套，借期一周，届时归还。如因使用或保管不当造成设备损坏或遗失，由我车间承担责任。

六车间团支部

经手人：李×

2012年3月4日

欠 条

　　本人于2010年10月4日借到魏军同志人民币壹万元整，今还肆仟元整，尚欠款陆千元整，2012年6月1日前还清。

立据人：刘迪

2011年11月20日

四、要点

（一）条据通常由标题、称呼、正文、签署三部分组成。

1. 标题。在条据的上方中间写上"收条"、"借条"等字样作为标题，醒目地说明是什么性质的条据。

2. 称呼。请假条和留言条等，需要在标题之下、正文之上顶格写上收信人的称呼，并加冒号。借条、领条、收条、欠条等，一般不写称呼。

3. 正文。紧靠标题的下方空两格书写正文。条据开头有较为固定的惯用语，一般为"今借到"、"今领到"、"今收到"等。正文要用简略而又不会引起歧义的语言，将所要表达的意思或者需要对方办的事情表达清楚。

4. 署名。条据的右下方为署名部分，写上制件人姓名，如是单位，除写明单位名称外，还应写明经办人姓名，然后再下移一行写明时间。

（二）条据在写作过程中应当注意的事项。

1. 涉及到大笔资金、物资或其他重大利益关系时，一般需要立下单据，避免日后纠纷。

2. 钱和物的数目字要大写，要与前面的字相连，不能有空格，总数目如果在拾和贰拾之间，要写为壹拾元（个、件）、壹拾叁万元（个、件）等；"元"、"角"之后，应写"整"或"正"字，以防涂改，但在"分"后面切记不写"整"或"正"字；借款约定支付利息及偿还日期、偿还方式的，一定要写明；重要物品要写明质量、规格等。

3. 对于对方出具的条据，一定要认真审核，不能草率认可。

4. 写条据应该用毛笔或钢笔，不能使用铅笔、红墨水或其他易褪色的墨水，字迹要端正清楚。

5. 条据最好不要涂改，如果确实需要改动，必须在改正后的地方加盖当事人双方的印章或手印。

五、练习

（一）高波因创业需要，于2011年3月4日向李清借款人民币五万元。两人约定年利率为4.5%，借期两年，到期连本带息偿还。请你代写一份借条。

（二）钟星是红联电器厂设备部保管员，于2011年6月1日收到本厂三车间李峰归还的电焊机一台。请你代钟星写一张收条。

第二节　启　事

一、情境

（一）小李是新风电子厂五车间员工，不慎在职工餐厅遗失黑色钱包一个。他非常着急，想在厂区张贴寻物启事。

（二）王吉是公司人事部工作人员，公司需要向社会招聘行政管理、广告等方面的新员工，人事部李总要求王吉写一个招工启事。

（三）刘飞从部队退役后，自己开了一家小饭店，他想在饭店周围张贴开业启事，吸引客源。

二、解析

以上情境中出现的寻物、招工、开业等，都需要用到启事。所谓启事，就是单位或个人公开向大众告知某一项事情，并希望得到大家的支持或者回应。启事篇幅短小、用途广泛，主要有以下类型：

第一类：寻找类启事。用于寻物、寻人、招领失物等。

第二类：征召类启事。用于招工、招生、招考、征婚、征文、征订等。

第三类：周知类启事。用于开业、庆典、促销、迁址等。

第四类：声明类启事。用于遗失（身份证及其他重要证件）、更正等。

三、例文

寻物启事

　　本人不慎于4月19日中午在厂部职工餐厅遗失七匹狼品牌的黑色男式钱包一个，内有本人身份证、二寸照片及现金若干。有拾到者请与本人联系，必有酬谢。

　　联系电话：189××××××××

新风电子厂五车间李×

2012年4月19日

招聘启事

　　飞腾机械制造有限公司成立于1998年，位于A市工业园区，是省内知名的食品加工机械制造企业，共有员工370余名。因生产需要，现向社会公开招聘数控车工4名。

　　1. 招聘条件。数控车床大专以上学历；两年以上相关工作经验；吃苦耐劳，热爱学习；有良好的团队精神。

　　2. 薪酬待遇。试用期三个月，每月工资为2000元。试用期结束签订正式合同后，每月工资和奖金不低于3500元，缴纳五险一金。公司为每位员工提供良好的在职培训学习条件。

　　3. 招聘程序。有意者请于2012年9月10日前将简历通过邮寄或电子邮件的形式递交到我公司。我公司将于9月中旬安排符合条件者面试及操作考试，9月底前确定拟聘用人员。简历邮寄地址：A市工业园区创新路48号飞腾机械制造有限公司人事部，邮编：23××××；电子邮件地址：××××××@163.com；咨询电话：××××××××。

飞腾机械制造有限公司

2012年8月10日

"鲜味阁"开业启事

　　"鲜味阁"是一家专营淮扬菜系的工薪阶层小饭馆，将于12月8日开业迎客，开业一周内，菜价8折，酒水9折，欢迎贵宾光临。"鲜味阁"地址：本市中华路37号一楼C32门面；送餐电话：××××××××。

鲜味阁

2012年11月20日

四、要点

（一）启事通常由标题、正文、落款三个部分组成。

1. 标题。启事的标题较为灵活，可以文种作标题，如"启事"；可以"事由+文种"作标题，如"寻物启事"、"招领启事"；可以"单位+事由+文种"作标题，如"立新有限责任公司招聘启事"等。

2. 正文。一般包括启事的目的、原因、具体事项、要求等，如果事项较多，可以分项撰写，逐一交待清楚。正文用语要求简洁，通俗、明了。正文可用"特此启事"等词语结尾，也可不用。

3. 落款。写明启事单位或个人名称及日期，单位的启事一般需要加盖公章。

（二）常用的几种启事在写作过程中应注意的事项。

1. 寻物启事必须详细描述丢失物品的时间、地点及失物特征，一般还需表示酬谢，并写明失主姓名、联系方式、归还途径等。寻人启事的要求与寻物启事类似。招领启事需写明拾到物品的时间、地点、种类及认领途径，但不宜将招领物品描述过于详细，避免冒领。

2. 招聘启事一般需包含以下内容：招聘企业概况、招聘对象、招聘条件、招聘程序、薪酬待遇等。企业概况既要实事求是，又要突出本单位的优势，这样才能吸引到更多的优秀人才。

3. 征婚启事需客观真实地描述本人基本情况，清楚明了地写明希望对方所具备的条件。

4. 开业启事需清晰描述公司（店铺）经营范围、服务人群、地址等，语言要活泼生动，达到宣传的目的。

五、练习

（一）郁波于6月8日下午在公司行政大楼2楼楼梯间拾到褐色女士手提袋一个，内有钱包、围巾等物，立即交给公司保卫科。保卫科负责人要求科里的小徐立即写一个招领启事在公司内部张贴。请你帮小徐代写。

（二）冯明在部队就热爱文学创作，退役后在公司团委负责宣传工作。公司团委决定举办"庆祝党的十八大胜利召开"有奖征文活动，要求冯明写一则征文启事。请你帮冯明代写。

第三节　申请书

一、情境

（一）李强在部队就是一名积极向上的士兵，一直朝着党员的标准努力。退役进入公司后，他觉得经过服役期间的学习和锻炼，已经具备党员的基本条件，于是向公司党支部表达了入党的想法。公司党支部相关负责同志建议李强及时递交入党申请书。

（二）吴应自从进入公司以来，一直在公司驻A市办事处工作，离家400余公里，与妻子两地分居。今年6月，吴应有了一个可爱的儿子，但吴应的父母及岳父母都尚未退休，无法帮助照顾家庭。吴应想向领导申请调回公司本部，以便照顾家庭。

（三）李维进入公司工作后，一直租房住，因房价上涨，压力越来越大。近期公司的职工公寓正好落成，公司要求希望入住的员工递交申请书。

二、解析

入党、调动工作、希望单位帮助解决困难等，都需要用到申请书。所谓申请书，就是个人向有关部门或组织表达愿望、提出请求时所用的文书，只能用于个人对组织或者下级对上级。与前文列出的三种情境对应，申请书一般用于三种情况。

第一种情况：希望加入某个组织，如入党、入团等。

第二种情况：希望组织或者领导帮助解决工作和学习上的问题。如调动工作、申请进修等。

第三种情况：希望组织或者领导帮助解决生活上的困难。如申请特困补助、申请安排宿舍等。

三、例文

入党申请书

敬爱的党组织：

在举国上下全面学习贯彻党的十八大精神之际，我郑重地向党组织提出我的请求：加入中国共产党，为共产主义事业奋斗终身。

我是一名退伍军人，高中毕业后即入伍，在部队大熔炉里锻炼成长。多年的学校教育、部队锻炼及自己的亲身经历，使我深深地认识到：中国共产党是中国工人阶级的先锋队，同时是中国人民和中华民族的先锋队，是中国特色社会主义事业的领导核心，代表中国先进生产力的发展要求，代表中国先进文化的前进方向，代表中国最广大人民的根本利益。中国共产党以马克思列宁主义、毛泽东思想、邓小平理论、"三

个代表"重要思想和科学发展观作为自己的行动指南,是用先进理论武装起来的党,是全心全意为人民服务的党,是有能力领导全国人民实现伟大复兴的党。

自1921年建党至今,中国共产党已经走过了90多年的光辉道路。她带领全国人民经过长期的反帝、反封建、反官僚资本主义的革命斗争,建立了中华人民共和国,确立了社会主义制度;她带领全国人民在改革开放的道路上披荆斩棘,开辟了有中国特色的社会主义道路,使我们的祖国走向繁荣富强。党的十八大进一步强调,必须坚定不移走中国特色社会主义道路,这让全国人民对国家的未来、对幸福的生活更加充满希望。

没有追求与理想,人便会碌碌无为;没有信念,就缺少了人生航标,人便会迷失方向甚至迷失自我,难以到达理想的彼岸。要成为有理想、有抱负的优秀年轻人,就要向中国共产党组织靠拢。只有在党组织的领导下,我才能在思想上进一步升华,在信念上更加坚定,在学习上更加进步,在工作上更加优秀,才能真正实现为国家富强、为人民幸福而奋斗终身的理想。

从一名学生,到光荣入伍,到退役回到地方,无论在人生的哪个阶段,在哪个岗位,我都在朝着党员的标准和要求努力。在学校,我认真学习党的历史、党的建设相关理论,对党有了初步的认识,萌发了加入中国共产党的最初思考。入伍后,我在思想上接受了新的洗礼,尤其是所在部队搞深入学习实践科学发展观活动,让我受到了全方面的教育,使我对党的性质、党的宗旨、党的使命等有了更加深刻的认识。身边的党员干部、党员士兵,训练和工作都是冲在前头,作出了榜样,使我深刻地体会到了党员的优秀、党员的先进。通过部队的教育,我加入中国共产党的愿望无比坚定,并为之付出努力。在部队的3年里,我用自己的忠诚、勤奋赢得了领导和同志们的肯定,先后被评为"训练标兵"、"优秀士兵"。退伍回到地方工作后,单位党组织的领导和同志们非常关心我,让我从心底感受到了党组织的温暖,我唯有以出色的工作回报组织的关心,到单位第一年就被评选为先进个人。党的十八大胜利召开,向全世界发出了夺取中国特色社会主义新胜利的宣言。我心情无比激动,难以平静,郑重向党组织提出加入中国共产党的请求。我认为,经过组织多年的培养,我已经基本具备作为一名党员的各方面条件,请组织考察我。

我深知,中国共产党党员,在群众心目中就是优秀,就是先进。如果党组织经过考察,接纳我为一名党员,我一定以更高的标准要求自己,在不断改造客观世界的同时,进一步改造自己的主观世界,进一步树立科学的世界观、人生观和价值观,树立共产主义远大理想;一定永葆一名革命军人的政治本色,多主动汇报思想,始终跟党走;一定更加努力地工作,以出色业绩为全面建成小康社会添砖加瓦。

今天,我虽然向党组织提出了入党申请,但我深知,在我身上还有许多缺点和不足,因此,希望党组织从严要求我,以使我更快进步。今后,我将自觉地接受党员和群众的帮助与监督,努力克服自己的缺点和不足,争取早日加入中国共产党。

此致!

敬礼!

申请人:李强

2012年12月8日

工作调动申请书

人事部:

　　自2008年8月进入公司以来,我一直在公司驻A市办事处工作。四年多来,在公司领导和老同志的关心和帮助下,我的工作能力得到了很大的提高,也从内心喜欢上了这份工作。在此,我向各位领导表示衷心的感谢!

　　我于2010年4月结婚,并在公司总部所在的B市定居。今年6月,我的儿子出生了,我成为了一名父亲。目前,我妻子仍在休产假期间。我父母及岳父母虽然也在B市,但都未退休,也没有时间照顾我的妻子和幼子。作为父亲和丈夫的我,因远离家庭,对家庭照顾甚少,非常内疚。为了照顾妻儿,我迫切希望调回公司本部工作。恳请公司考虑到我的实际困难,批准我的工作调动,我和我的家人不胜感激!

　　此致!

敬礼!

申请人:吴应
2008年6月28日

安排宿舍申请书

总务处:

　　从部队退役进入公司以来,公司各级领导对我非常照顾,帮助我解决了许多生活和工作上的难题,使我迅速融入了这个大家庭。在此,我向各位领导表示衷心的感谢!

　　我刚参加工作一年多,积蓄很少,还没有能力购房,一直与两位朋友合租住房。因房价上涨,租房价格居高不下,所付房租已经超过我月收入的三分之一,生活压力较大。公司急员工之所急,新建了一栋员工宿舍,我们十分感谢。为了减轻生活负担,更好地工作,我非常希望能够入住公司员工宿舍。恳请公司领导考虑到我的实际困难,予以批准。

　　此致!

敬礼!

申请人:李维
2012年9月8日

四、要点

(一)申请书属于书信体,一般包括标题、称谓、正文、祝颂语和落款五个部分。

1. 标题。一般由"事由+申请书"组成,如"入党申请书"、"工作调动申请书"、

"安排宿舍申请书"等，也可仅以文种作标题，如"申请书"。

2. 称谓。就是接受申请的组织或领导。在标题下一行顶格写，可以加上敬语，如"尊敬的……"，称谓后要加冒号。

3. 正文。这是申请书的主体部分，需写明以下内容：申请事项，也就是希望组织和领导帮助自己解决什么问题，如例文中的入党、调动工作、安排宿舍等；申请理由，也就是为什么要向组织和领导提出这样的请求；本人的态度，也就是向组织和领导明确表态，进一步表明自己的愿望和请求。

4. 祝颂语。正文之后、落款之前一般要写上表示敬意的话语，使用最为广泛的是"此致"、"敬礼"。

5. 落款。申请人必须署上姓名，注明申请日期。

（二）为得到组织和领导的批准，在写作申请书时应注意几点。

1. 申请事项要单一，也就是一份申请书一般只写一件申请事项，且申请事项应具有可行性。

2. 申请理由必须实事求是、充分有力。

3. 语言要朴实准确，态度要诚恳。对于组织和领导曾经给予的帮助要适当表示感谢。

4. 入党申请书的写作态度要非常严肃，正文部分一般应包括以下内容：结合自身学习工作实际谈对党的认识、入党动机和对待入党的态度；个人在政治、思想、学习、工作等方面的主要表现情况；今后努力方向以及如何以实际行动争取入党。

5. 申请书一般都要存档，故应使用蓝色或黑色墨水的钢笔书写，不宜使用圆珠笔，更不能使用红色墨水书写。如单位无特殊规定，关于工作、学习、生活方面的申请书也可用打印稿，但必须有申请人亲笔签名。

五、练习

（一）小张退役后回到家乡创业，打算开办一家汽车修理厂，但资金紧缺。他了解到，自己所在的县成立了退役士兵创业基金会，可以为退役士兵创业提供小额资金帮助，但需要提交申请书及项目可行性方案。请你为他代拟一份申请书。

（二）小蒋家境比较困难，父母都是农民，年过70且身体不好，妻子失业，全家基本都靠小蒋一个人的工资维持。临近春节，公司工会决定发放困难补助，帮助困难职工家庭过上幸福的节日，小蒋希望获得补助。请你为他代拟一份申请书。

第四节　建议书

一、情境

徐宁从部队退役后，回到家乡从事螃蟹养殖。他发现，村里的螃蟹专业养殖户很多，但都是单兵作战，效益不高。他想向村委会建议，通过成立专业合作社、统一品牌形象、加大宣传等方式，扩大家乡螃蟹的知名度，形成规模效益。

二、解析

以上情境，需要用到建议书。建议书是个人或者单位向有关部门或领导陈述看法，并提出意见或建议的专用书信。建议书的使用范围很广泛，只要有好的想法，都可以写建议书。建议书具有以下几个特点：

（一）针对性。建议书所提的建议和意见，必须针对现实生活中某个实际问题或某件具体事情，针对性很强。

（二）商讨性。建议书提出的工作意见和建议，属于个人或下级见解的陈述，都是恭请或期望领导和有关部门参考或采纳的，不具有强制性。

三、例文

关于提高螃蟹养殖效益的建议

村委会：

目前，我村的螃蟹养殖已经形成较大规模，专业养殖户达到31户，养殖水面已经超过500亩。但是，由于各养殖户都是单兵作战，我村的螃蟹在市场上没有形成品牌，效益不高。建议从以下几个方面努力，提高我村螃蟹养殖的效益。

第一，成立螃蟹养殖专业合作社。村委会可以引导我村螃蟹养殖大户牵头，联合愿意参加的养殖户，成立合作社。合作社负责聘请专家进行养殖技术的培训，开拓市场等方面的工作，这样可以将养殖户组织起来，形成规模效益。

第二，设立品牌。由专业合作社收集各养殖户意见，设立我村螃蟹品牌，并申请商标保护，这样可以形成品牌效益。

第三，加大宣传。酒香还怕巷子深。建议设立我村螃蟹品牌后，通过适当的形式加大宣传，如组织螃蟹文化节，在市、区电视台投放广告等，让更多的人知道并购买我村的螃蟹。

第四，开拓市场。通过与超市对接、与酒店对接等方式，实现订单式养殖，让我村的螃蟹都能顺利卖出去。

以上仅为个人建议，请村委会考虑。如果有可行的建议，请组织实施。

村民：徐宁

2012年8月4日

四、要点

（一）建议书是一种书信体应用文，必须按照书信格式行文，一般包括标题、称谓、正文、署名等几个部分。

1. 标题。在文章第一行正中间写上建议书标题，一般为"关于+事项+建议书"的形式，如"关于开展节水行动的建议书"；也可以简略为"建议书"三个字。

2. 称谓。向哪个单位或领导提建议，就写这个单位或领导的名称。要写在第二行顶格，后面加冒号。

3. 正文。就是准备提出的建议。先写提出建议的理由，再写建议的具体内容。如果所提建议内容比较多，一般采用分条陈述的方式。正文结尾，一般标明自己的期望，如"诚恳希望认真考虑以上建议"等。

4. 祝颂语。一般可用"此致敬礼"之类的语言作为祝颂语。祝颂语也可省略不写。

5. 署名和日期。和其他书信体应用文一样，需在右下角写上提出建议的组织或个人名称及行文日期。

（二）在写作建议书的过程中，要注意以下几个方面。

1. 要在充分调研和深入思考的基础上提建议。写建议书，目的是为了提出解决问题、改进工作的方法和意见。为了使所提的建议符合实际、具有较强的操作性，在正式写作前，必须全面了解事情的整个过程及所具备的基本条件，在此基础上提出建设性的意见。

2. 要出于善意，诚恳地提建议。提建议是为了促进工作，而不是为了发牢骚。所以，必须怀着善意的态度写作建议书，语气要诚恳、平和，切忌指责组织或领导。建议提出后，组织和领导也不一定会采纳，甚至没有任何回应，自己也应正确对待。

3. 要清楚明白地提出建议。建议书最为核心的内容，就是要写清楚建议的内容、措施和方法，不要笼统和抽象，不要写空话，这样才容易被采纳。

五、练习

王东在公司仓库从事管理工作，他发现公司在仓库管理方面有许多值得改进的地方，决定向公司提出以下三点建议：完善仓库管理制度，员工从仓库领取物品，需要车间负责生产的副主任签字同意；建立仓库管理系统，所有物品在系统中登记，领取物品也在系统中记录，做到所有物品的去向一目了然；调整作息时间，仓库提早半个小时上班，方便其他部门的员工领取工具。请你代他写一份建议书。

第五节　投诉信

一、情境

李青2012年6月1日与某公司签订劳动合同，之后一直按照公司要求履行岗位职责。但是从2012年9月份以来，公司以经营困难为由，一直拖欠李青工资，也没有按照法律要求及合同规定为李青缴纳社会保险。李青决定向市人力资源社会保障部门投诉，以维护自己的正当权益。

二、解析

现代社会，投诉的形式多种多样，如电话投诉、网络投诉、信件投诉等，但不管哪种方式，都要用到投诉信。投诉信，就是当个人权益受到侵害时，向有关主管部门反映问题，并希望相关部门帮助自己依法维权的书信体应用文。

三、例文

> ### 投诉信
>
> ××市人力资源和社会保障局：
>
> 　　我叫李青，是本市××公司的一名普通员工，此次来信，主要投诉公司拖欠工资及不按规定缴纳社会保险的问题。
>
> 　　我于2012年6月1日与××公司签订劳动合同，成为公司的一名专职保安。合同约定，我的月基本工资不低于1500元，并按公司制度规定享有全勤奖等奖金，公司为我缴纳五险。从6月到8月，公司一直按时给我发放工资和奖金，并缴纳社会保险。但从9月份开始，公司以经营状况不佳、资金困难为由，一直拖欠我的工资和奖金，也没有为我缴纳社会保险。我曾先后三次找公司交涉，希望公司按合同办事，但公司一直以没钱为借口，至今未补发我的工资和奖金，也未补缴社会保险。
>
> 　　我向你们投诉××公司这种公然违反《劳动法》的行为，希望你们以法律为准绳，以事实为依据，替我维护正当权益。我的诉求是，××公司立即停止侵害我的正当权益的行为，按照有关法律规定和合同约定，补发所有拖欠的工资和奖金，为我补缴社会保险，并承诺以后不再发生此种侵权行为。
>
> 　　投诉人通信地址：××市××路××号××公司保安部，邮编××××××；投诉人联系电话：189×××××××。
>
> 投诉人：李青
2012年12月10日

四、要点

投诉书是我们依法维护权益的重要工具，主要包括几个部分：

1. 标题。一般写"投诉信"就可以了，也可以写成"事由+投诉信"的形式。

2. 称谓。也就是向哪个主管部门反映问题。如工资福利等问题，应向人力资源社会保障部门反映；消费欺诈等问题，应向消费者协会反映。称谓后要加冒号。

3. 正文。可以采取"三段式"写作。第一段，简要交待投诉事由，让受理投诉信的部门快速地知道所反映的问题；第二段，详细、具体地叙述权益遭到侵害的事实，包括时间、地点、人物、事件、数字等事实，如果有相关证据，建议列明；第三段，提出对投诉事项的处理要求，如补发工资、退货、赔偿等。

4. 署名和日期。个人权益受到侵害时，应当实名投诉，并在投诉信上签署名称及日期。为方便受理部门反馈意见，最好注明通信地址、联系方式。如是多人投诉，例如同一单位的同事共同投诉欠发工资的问题，最好每人都签名。

公民应当强化依法维权意识，日常生活中要注意保留好相关凭证，如劳动合同、购物发票等，这样当权益受到侵害时，才能做到投诉有依据。写投诉信要做到事实清楚、理由充分、要求合法，这样才有利于维护自己的正当权益。

五、练习

刘进从商场购买了一件某品牌的皮大衣，但经质检部门检验，并不是皮衣，而为PU材质。他和商场沟通，商场不予解决。他决定向消费者协会投诉，请你帮他草拟投诉信。

第六节　求职信

一、情境

周强2007年入伍，2011年退出现役，在部队曾从事装备管理和维护工作。退役后接受免费职业技能培训，选学数控机床专业，获得大专学历。毕业后，为找到一份满意的工作，他设计了精美的简历，并附上了一份求职信。

二、解析

求职信也叫自荐信或自荐书，它是求职者以自我推荐的方式向用人单位表达求职意愿，提出求职请求，并要求用人单位考虑答复的专用书信。根据具体情况又可分为两种类型。

第一种，应聘信。求职者清楚用人单位招聘的岗位及相关要求，这时写的求职信应该有针对性地谋求一个明确的目标岗位，这样的求职信其实就是应聘信。

第二种，自荐信。求职者没有确定的求职单位，求职信是写给所有同类性质的单位。自荐信一般根据自己的专长与技能，凭借用人单位通常的用人标准来进行写作。

三、例文

求 职 信

尊敬的领导：

您好！

首先，感谢您在百忙之中审阅我的求职信！真切地希望能得到您的认同与赏识。

我叫周强，男，今年21岁，××省××市××县人，中共党员，大专学历，2007年入伍，原服役于××部队，2011年退出现役，曾任班长职务，获"优秀士兵"表彰2次。2008年参加汶川地震救援工作，荣立三等功一次。

五年的军旅生涯，帮助我树立了正确的世界观、人生观和价值观，也使我的工作能力得到了全面提升。在部队，我从事装备管理和维护工作，发扬热爱学习的精神，在干中学，在学中干，基本掌握了机械装备的一般原理，熟练掌握了汽车及其他装备的保养和维修技巧，逐步成长为装备管理和维护方面的能手。由于从小就学习绘画和书法，我写得一手好字，还经常被抽调到部队机关帮助开展宣传工作，熟悉了部队机关的办文、办事等各方面的流程，增长了见识。

从部队退役后，我参加了退役士兵免费职业技能培训，进入××职业技术学院数控机床专业学习，获得了大专学历。得益于"以用为本"的教育思路，我在培训期间，不仅系统地掌握了数控机床的理论知识，而且得到了充足的实践操作锻炼，能够熟练地独立操控多种型号的数控机床。在努力学习数控机床专业知识的同时，我还接受了法律、政治学、经济学、英语、数学、应用文写作等多种课程教育，具备了较宽的知识面。我还积极参加学生社团，担任了××社团的外联干事，多次组织社团成员参加大型活动，锻炼了组织和管理方面的能力。

我深知，退出现役回到地方必将面临全新的环境和挑战。我相信，我已经做好迎接挑战的准备，我会用加倍的努力不断提高自己的能力素质。请给我一次机会，我将以至诚的爱岗、敬业、奋斗、奉献精神投身于工作中去，尽心尽力地做好本职工作，为公司的发展竭尽所能。

此致！

敬礼！

自荐人：周强

2012年3月6日

148

四、要点

（一）求职信的写作遵守书信体的格式，主要有标题、称谓、正文、结语、落款几部分构成。

1. 标题。一般直接写"求职信"或"应聘信"即可。

2. 称谓。求职信一般的读信人为用人单位的负责人，可以用"尊敬的××局局长"、"尊敬的××厂厂长"、"尊敬的××公司经理"等称呼。

3. 正文。正文一般应该包括三个部分的内容。第一部分，说明求职的缘由。比如"近日在《××报》上看到贵公司招聘广告，获悉贵公司正在招聘新人，我有意应聘角逐销售业务员一职……"，"久闻贵公司实力雄厚，故冒昧写信自荐，希望加盟贵公司……"等。第二部分，介绍个人背景，包括与应聘职位有关的学历、经历、成绩等，关键在于打动对方，引起对方的兴趣。第三部分，展示自己能胜任竞聘职位的各种能力。这是求职信的核心内容，阐述自己具有与工作要求相关的专业知识、特长、兴趣、性格与能力。主要是让对方感到你能胜任这个工作。

4. 结语。以诚恳的态度提出自己的愿望与要求，如希望对方能给自己一个面试的机会，盼望答复，静候回音等。然后写上表示敬意、祝福之类的词语，如"祝贵公司事业发达"等。

5. 落款。署上自己的姓名和成文日期。

（二）一般求职信还需要附件，附上有关材料，包括简历和其他能够证明身份和能力的材料，如身份证、学历证书、职业资格证书、各种获奖证书等。

（三）在写作求职信时，应注意以下几点。

1. 目的要明确。求职人要根据用人单位的选拔条件，抓住重点，有的放矢，突出能胜任工作的专长，不要泛泛而谈。

2. 内容要真实。写求职信必须实事求是，不能夸大其词，更不可虚构材料，编造历史。

3. 语言表述要谦和、诚恳。求职者充满自信地推销自己是必要的，但要注意态度谦和、言词恳切，切不可给阅读求职书的领导留下狂妄自大的印象。

4. 文面整洁，杜绝错别字。如果求职信字迹潦草难以辨认、语言错误百出，会严重影响求职效果。如果写得一手好字，手写的求职信一般效果会更好些。

五、练习

请根据以下材料写一封求职信：杨立出生于1990年，江苏丰县人，2008年高中毕业后进入部队服役，2010年退出现役，进入××学院接受大专学历教育，所学专业为通信技术，成绩优等，曾在××通信器材公司实习三个月，希望进入通信领域的单位从事基础技术工作。

第七节　贺　信

一、情境

1. 小丁退役后在某软件公司工作。近日，同城另一家软件公司开业，小丁的老板要求小丁写一份贺信。

2. 小潘的哥哥喜得贵子，小潘因在外地工作，不能到场祝贺，于是写了一封贺信给哥哥嫂嫂。

二、解析

小丁和小潘需要用到的都是贺信。贺信是指组织或个人向其他组织或个人取得的成就、获得某种职位、组织的成立、纪念日期表示祝贺的一种专用书信。随着现代信息技术的发展，贺信也经常以贺电的形式表现。日常生活中经常用到贺信的情况有：

1. 亲朋邻里遇到喜事，表示祝贺。如亲人和好友过生日、结婚、生小孩、考上大学、升职等。

2. 有业务往来的单位遇到喜事，表示祝贺。如兄弟单位新店开张、上马新的项目、启动某项活动、举行庆典、获得某种荣誉等。

3. 自己曾经生活、工作或发生过其他关系的单位遇到喜事，表示祝贺。如母校校庆、曾经工作过的公司十周年庆等。

4. 国家与国家之间也经常使用贺信，如一国给另一国新当选的国家元首发贺电，其他国家给我国发贺电祝贺春节等。这类贺电具有很强的政治意义，一般群众很少碰到需要写作这种贺信的情况。

三、例文

贺　信

××软件公司：

贵公司落成开业，是业界的一件大喜事。在此谨向贵公司致以热烈的祝贺！

贵公司虽然刚刚进入软件行业，但实力非常雄厚，拥有经验丰富的管理团队、技术过硬的开发团队、能征善战的营销团队，必定在软件开发及销售方面取得不俗的业绩，也将为软件行业的发展发挥重要作用。

祝贵公司开业大吉，鸿图大展！希望和贵公司建立良好的合作关系，实现共赢！

××公司全体员工贺
×年×月×日

贺　信

哥、嫂：

　　今天上午接到喜讯，知道嫂子已平安生产，小侄子非常健康，真的感到很高兴！

　　本应立即来看望嫂子和小侄子，因公司这几天业务繁忙，不便请假，只能在远方给哥、嫂全家送去衷心的祝福。下个月，我一定抽时间到哥哥家当面道贺。

　　今随信寄上两件宝宝衣服，聊表我的贺意！

　　希望嫂子产后多多注意休息和营养，早日复元！衷心祝愿小侄子健康成长！

弟：×××
×年×月×日

四、要点

贺信一般由标题、称谓、正文、结尾和落款五部分构成。

1. 标题。贺信的标题通常由文种名构成，也就是在第一行正中写上"贺信"二字。

2. 称谓。顶格写明被祝贺单位或个人的名称或姓名，称呼之后要用冒号。

3. 正文。这一部分是贺信的中心内容，主要是写清楚祝贺的事项，评述对方取得的成绩，由衷地表达祝福。如果是上级给下级的贺信，还可以提出希望。

4. 落款。写明发文的单位或个人的名称，并署上成文的时间。

写作贺信，必须有感而发，这样才能让对方真正感受到你内心的祝愿。在现代社会，亲人和朋友之间经常使用电话或短信表示祝贺，在格式上更为灵活，但表达的主要意思和上文提及的贺信正文内容基本相同。

五、练习

假设你在一家房地产公司总经理办公室上班，与公司有合作关系的另一家房地产公司成功上市，按领导要求，请你草拟一份贺信。

第八节　通　知

一、情境

1. 小胡在厂长办公室上班，领导要他写一个通知，告诉全厂干部职工，从7月1日到9月30日，实行夏季作息制度，上午上班时间为8：00—12：00，下午上班时间为2：30—6：00。

2. 小林在公司人力资源部工作，经理要他写一个通知发到公司各部门，要求各部门组织新进员工参加人力资源部开展的培训，培训时间为2012年3月4日，培训内容为公司文化、公司管理制度。

二、解析

通知，是使用范围最广泛的文种，既可以作为党政机关的公文，也可以作为企业等其他组织使用的事务性应用文，一般用于上级对下级或者组织对个人。使用通知最常见的情境有：

1. 在一定范围内告知大家某一事项，希望大家周知，但不具有强制性。如公司请文工团来演出，欢迎全体员工自愿观看。

2. 上级部门对下级部门，或者组织对个人提出某方面的要求，需要遵照执行。如上文情境中提到的作息时间调整，厂里干部职工都必须遵守。又如会议通知，相关人员必须按通知参加会议。

3. 上级部门将下级部门制定的文件批转到本系统、本公司其他部门；或者某部门转发上级部门或不相隶属部门的文件。如总公司觉得分公司制定的某项制度比较好，于是批转到其他分公司参照实行。

三、例文

关于实行夏季作息制度的通知

全厂干部职工：

为适应季节变换带来的各方面影响，经研究决定，从7月1日至9月30日，实行夏季作息制度，上午上班时间为8：00—12：00，下午上班时间为2：30—6：00。请全厂干部职工遵照执行。厂人事科从7月1日起，按照夏季作息制度考勤。

×× 厂

2012年6月20日

四、要点

通知一般包括标题、主送对象、正文、落款四个部分。

1. 标题。党政机关的通知一般由"发文机关+关于+事由+文种"组成，如《××市政府关于厉行节约的通知》。企业等其他单位制发的通知，标题更为灵活，可以简化为"关于+事由+文种"，如例文1，也可以直接简化成"通知"两字。标题写在第一行正中间。

2. 主送对象。要在通知第二行顶格写明通知发给谁，如"公司各部门"、"全厂干部职工"、"全体村民"等。

3. 正文。另起一行，空两格写正文，主要是通知的具体事项和相关要求。开会通知，要写清楚会议时间、地点、参加人员及其他要求。布置工作的通知，要写清楚这件工作的意义、具体任务、达到的目标等。批转或转发性通知，一般在正文开头写上"现将……文件批转（转发）给你们，请参照执行"之类的话语，并将批转（转发）的文件附上。

4. 落款。包括发文单位和发文时间两方面内容。

五、练习

陶钧所在的公司定于2012年12月20日上午在公司1号会议室召开年度总结大会，主要是对照目标任务盘点各项工作的完成情况，要求各部门主要负责人参加。请你为他代拟一份通知。

第九节　请　示

一、情境

姚建在某公司驻北京办事处工作，因办事处现在的办公场所租期已到，且比较陈旧，交通不便，影响了公司形象。办事处希望在交通便利的地段租用一处设施较为先进的场所作为办公用房，办事处领导要求姚建就此事草拟一份请示呈送给公司。

二、解析

请示是下级向上级请求指示、批准的公文。必须同时符合以下几个条件，才可以使用请示。

1. 行文关系必须是下级对上级。

2. 请示的事项必须是本级无权决定或无力解决而又必须解决的事项。本级有权决定、能够自行解决的事项，无须向上级请示。

3. 请示必须在办理事项前行文，如事项已经办理完毕，请示已无意义。

上级收到下级的请示，无论是否同意，都必须给予明确批复。

三、例文

关于更换办公场所的请示

××公司：

　　从2009年开始，公司驻北京办事处一直租用××路××号××大厦第12层约900平方米的面积用作办公用房，租房合同即将于今年12月28日到期。

　　现租用的××大厦所处地段较为偏僻，交通不便，到机场的车程需要90分钟，到火车站的车程也大约需要一个小时，客户往来办事不方便，很多客户提出了意见。且××大厦建成已有20余年，基础设施较为落后，影响了公司形象。由于以上原因，我办事处特向公司请示，借租房合同到期之机，在北京市交通较为便利、租金适中的地段重新租用新的办公场所。根据公司业务发展需要，约需要租用1000—1200平方米，年租金约为250—300万元。如公司同意我办事处更换办公场所，我们将立即着手寻找合适的地点，与出租方进行沟通和磋商，及时将有关情况向公司汇报。

　　妥否，请批示。

××公司驻北京办事处

2012年7月4日

154

四、要点

（一）请示由标题、主送部门、正文、落款四部分组成。

1. 标题。一般由"请示单位+关于+事由+文种"组成，也可以简化为"关于+事由+文种"。

2. 主送部门。为直属上级部门，即一般只报一个主管的领导部门。

3. 正文。一般由三个部分组成。请示缘由，提出请示的原因和理由；请示事项，提出有关问题要求上级指示或批准，有的要求提出解决问题的建议和意见，供上级机关参考。提出的请示，要符合有关方针、政策，切实可行。请示要求：应明确提出要求解决问题的方法或途径。在正文结尾，一般用"是否妥当，请批示"、"妥否，请批示"、"如无不妥，请批转有关单位执行"等语句。

4. 落款。请示的单位和请示日期。

（二）写作请示，应注意以下事项。

1. 一事一请。也就是一份请示，只能有一个请示事项。不同的请示事项，需要分别行文。请示与报告不能混用，没有"请示报告"这个文种。

2. 单头请示。一般只主送一个直接的上级部门，不多处主送，如果需要，可以抄送有关机关。这就可以避免出现推诿、扯皮的现象。除个别领导直接交办的事项外，请示一般不直接送领导个人，只送组织。

3. 不越级请示。只有情况特别紧急时，才可以越级请示，并要同时抄送越过的直接上级部门。

4. 不抄送下级部门。请示是上行文，行文时不得同时抄送下级以免造成工作混乱，更不能要求下级执行上级未批准的事项。

五、练习

丰源老年用品有限公司是本市老年用品的龙头企业。为扩大本市老年用品的影响力，丰源公司计划组织本市老年用品企业举办老年用品展销会，初定时间为4月下旬，地点为市会展中心。相关会务由丰源公司牵头、各企业参加的会务组负责，经费由各参展企业共同承担。请你以丰源公司名义，向市工商局写一份请示。

第十节　批　复

一、情境

公司收到了驻北京办事处呈送的关于更换办公场所的请示，经研究，同意驻北京办事处更换办公场所，并要求面积不得少于1200平方米，年租金不得高于300万元，租期不得低于三年。仲华在公司办公室工作，领导要他草拟一份批复。

二、解析

批复是答复下级机关的请示事项时使用的文种，是下行文。具有以下特点：

1. 被动性。批复的写作以下级的请示为前提，有请示才有批复。

2. 针对性。批复事项必须针对请示内容来答复，而不能批复与请示事项无关的内容。

3. 明确性。批复必须明确表明是否同意或是否可行的态度，不能模棱两可。

4. 权威性。批复表示的是上级机关的结论性意见，下级机关必须认真贯彻执行，不得违背。

三、例文

关于公司驻北京办事处更换办公场所的批复

公司驻北京办事处：

你办事处《关于更换办公场所的请示》（×发〔2012〕×号）收悉。经公司行政会议研究，现批复如下：

1. 同意你办事处更换办公场所。

2. 新的办公场所，由你办事处本着交通便利、设施先进、面积够用、价格合理的原则进行选择。新办公场所面积不得少于1200平方米，年租金不得高于人民币300万元，合同租期不得少于3年。新的办公场所初步选定后，报公司研究确定。

3. 办公场所搬迁前后，要向客户及有关单位做好告知工作，不要因办公场所变更影响业务的开展。

此复。

××公司

2012年3月8日

四、要点

批复一般由标题、主送机关、正文、落款构成。

1. 标题。标题的写法最常见的是完全式的标题，即由发文机关、事由和文种构成。如：《××公司关于驻北京办事处更换办公场所的批复》，有时也可以在标题中直接表明态度，如《××公司关于同意驻北京办事处更换办公场所的批复》。

2. 主送机关。为报送请示的下级机关。

3. 正文。正文包括批复引语、批复意见和批复要求三部分。批复引语要点出批复对象，一般称收到某文，或某文收悉。要写明是对于何时、关于何事的请示的答复，还需引用文号，如"你厂关于修建办公楼的请示（×发〔2008〕3号）已收悉，经研究批复如下"。批复意见是针对请示中提出的问题所作的答复和指示，意思要明确，语气要适当，什么同意、什么不同意、为什么某些条款不同意、注意事项等都要写清楚。批复要求是从上级机关的角度提出的一些补充性意见，或是表明希望、提出号召。如果同意，可写要求；不同意，也可提供其他解决办法。正文结尾写上"特此批复"、"此复"等。

4. 落款。批复发文机关和成文日期。

批复是指示性、政策性较强的公文，具有较强的导向性。撰写批复要及时、慎重，批复的内容要符合现行政策法令及办事准则，态度必须明确，意思表达必须清楚无歧义。

五、练习

假设你在某公司总部工作。近日，总部收到分公司一份请示，请示内容是举办职工文化节。经总部研究，同意分公司举办职工文化节，并要求活动主题和内容要符合公司文化，活动经费由分公司负担。请你草拟一份批复。

第十一节　请帖

一、情境

1. 小张和小李定于2013年1月1日举办婚宴，需要向双方的亲朋好友送上请帖，邀请参加婚宴。

2. 小范在一家外贸公司工作，临近年底，公司准备召开客户答谢会，领导让小范给重要客户送上请柬。

二、解析

请帖和请柬，都是为邀请宾客参加某一活动时所使用的一种事务性应用文，其产生的实际效果和通知基本相同，也是告知对方活动的时间、地点等要素。但与通知不同的是，发请帖是为了表示对客人的尊敬，也表明邀请者的郑重态度，一般用于以下两种场合。

第一，公务活动需要邀请上级领导或其他贵宾参加。如一国元首邀请另一国元首参加国庆庆典，邀请有关领导出席大桥通车庆典，邀请上级领导光临地区或部门会议并作指导，邀请重要客户出席答谢会等。

第二，个人或家庭邀请亲友、领导、同事参加喜事庆典、宴会，如结婚、过寿、乔迁、生育、考学，都可能需要发送请帖请好友一同来庆祝。

传统的请帖，都是书面形式，随着现代信息技术的发展，电子请帖越来越流行。如果是邀请自己非常熟悉的家人或好友参加宴会，也可以通过电话、短信的方式邀请。

三、例文

请　柬
×××（职务）： 　　兹订于2012年×月×日中午11时30分在××大酒家举行客户答谢会，敬备酒宴恭候。恭请光临。 　　　　　　　　　　　　　　　　　　　　　　　××电器有限公司敬约 　　　　　　　　　　　　　　　　　　　　　　　2012年×月×日

四、要点

在书店、超市等场所，一般都能买到印刷好的请帖，只需在相应的地方填写好被邀请者的姓名、活动项目、时间、地点、邀请方等。年轻人在举办婚宴等重要宴会时，也可以自行设计、订制请帖，如在婚贴上印上婚纱照等。设计请帖时，应注重美观、大方、精致，使被邀请者感受到主人的热情与诚意。请帖一般包括以下内容：

1. 封面。一般用艺术字体印刷"请柬（请帖）"两字。

2. 被邀请者（个人的姓名或单位）名称写在开头。

3. 依序写清楚活动内容、时间、地点。

4. 结尾。一般写"敬请光临"、"致以敬礼"、"顺致崇高的敬意"等。

5. 署明邀请者（个人、单位）的名称和发出请柬的时间。

如果是邀请贵宾观看演出等其他需要入场券的活动，一般还需一并送上入场券。

请帖的篇幅有限，行文应达、雅兼备。达，即准确；雅就是讲究文字美。在遣词造句方面，有的使用文言语句，显得古朴典雅；有的选用较平易通俗的语句，则显得亲切热情。不管使用哪种风格的语言，都要庄重、简洁，使人一看就懂。

婚帖是最常见的请帖。邀请长辈，一般以新郎新娘父母的名义写请帖；邀请新人自己的好友，一般以新人名义写请帖。被邀请的贵宾和邀请方的名称都要写全称。如果想使用电子请帖，可通过网络在线制作，也可以自己制作。

五、练习

你所在的分公司举办迎新春文娱晚会，邀请总公司王总经理出席，请你写一份请帖。

第十二节　计划

一、情境

杜明在某公司人力资源部工作。2013年即将来临，人力资源部经理要求杜明制定一份2013年人力资源培训计划。

二、解析

计划是个人或组织对未来一定时期的工作、事项、活动等作出预先打算和安排，确定目标、任务、措施所形成的一种事务性文书。计划是一个统称，纲要、规划、设想、打算都属于计划的范畴。规划、纲要是长远计划；设想、打算是非正式的计划。计划具有预见性、可行性、时限性。

计划可以从不同角度分类：

按内容分：生产计划、工作计划、学习计划、科研计划等各种专项计划。

按性质分：综合计划、专项计划。

按时间跨度分：年度计划、季度计划、月计划、周计划等。

三、例文

2013年培训工作计划

2013年，人力资源部将按照公司总体发展战略要求，大力加强员工素质培训，为公司的可持续发展提供充足的人力资源。

一、大力开展专业技术人员的教育与培训

1. 依托公司培训中心，开办计算机应用提高、三维制图、变频技术、英语等培训班。

2. 适应新产品开发的要求，聘请专家开展技术专题讲座，促进新技术、新工艺的传播。

3. 有计划地选拔20名优秀的专业技术人员到国内相关企业、高等院校学习，提高专业技术水平。

二、切实加强管理人员的教育与培训

1. 有计划地选拔高层管理人员到世界500强企业学习，进一步提高高层管理人员的生产经营与管理能力。

2. 对新近提拔或拟提拔的中层管理人员进行以MBA教育为主的任职资格培训。

3. 举办二期6个月以上的基层管理人员脱产轮训班，主要进行基层管理理论与实务教育。

三、进一步完善培训制度

1. 优化培训管理流程，修改完善《员工培训管理办法》等有关培训管理制度，规范管理，提高培训效率。

2. 加强计划管理，严格按经济责任制考核工作要求，定期对培训中心完成培训计划及培训效果的情况进行检查考核；同时加强对培训员工的考核，保证培训效果。

3. 完善培训奖励措施，对培训效果显著的优秀教师、优秀学员，给予一定物质奖励。

××公司人力资源部

2012年12月5日

159

四、要点

计划的写作方式有两种类型，一种是条文式，一种是表格式的格式。

（一）条文式计划的结构与写法

条文式计划是计划主要的写作方式，分标题、正文和落款三个组成部分。

1.标题

由单位名称、时限、事由、文种组成，如《××市××局2009年工作计划》。也可省略其中的一项或者两项，如《××厂职工教育计划》等。但无论怎样省略，都必须保留事由、文种两项。

2.正文

引言。这部分可写制订计划的依据或背景材料（如面临的基本形势、前段工作经验教训等）。这部分要写得简明扼要，力戒套话、空话、大话。大家熟悉的例行工作的计划，也可不写这部分内容，可直接写明工作的总目标、总任务。

主体。这是计划的主要部分，一般是把下阶段工作分成若干项目，逐项逐条地写明具体任务要求、措施办法、执行人员、完成时间等。可按各项工作的顺序，或者工作的主从轻重安排先后顺序。

结尾。结尾部分应根据需要，灵活掌握写法及内容。可以提出号召和希望；可以简要强调任务的重点和工作的主要环节；可以说明注意事项。有的计划甚至可以不写结尾。

3.落款

写明制订计划的单位（标题中已标明单位的可省略）和制订日期。

（二）表格式计划的写法

它和条文式计划写法的主要不同是在主体部分，即把任务、措施、步骤、完成时间、执行人员等分项列成表格，依时间先后顺序排列。有的还列上执行情况一项，以反映出计划的实施状况。

表格式计划一目了然，直观性强，适用于任务具体、时间性强、程序性强的计划，如生产计划、招生工作计划、学校的教学工作计划等。工作日程安排表、行事日历其本质就是表格式计划。

制定计划要立足实际，提出的指标既要具有一定的挑战性，又要符合实际情况，通过努力能够达到。计划提出的工作举措要具有较强的可操作性。

五、练习

假设你在××服装企业营销部工作，为进一步拓宽销路，公司董事会计划在2013年启动网络销售，请你制定一份2013年网络营销计划书。

第十三节　总结

一、情境

卢伟在××公司生产部工作。2012年底，公司将召开年终总结表彰大会。为筹备会议，公司要求每个部门提交2012年度工作总结。生产部经理将写作总结的任务交给了卢伟。

二、解析

总结，是对过去一定时期的工作、学习或思想情况进行回顾、分析，并做出客观评价的书面材料。通过总结，可以全面了解以往的工作情况，正确认识以往工作中的优缺点，明确下一步努力改进的方向，提高学习和工作效益。

根据时间的不同，可以分为月总结、季总结、年度总结、阶段性总结等。

根据性质的不同，可以分为全面总结和专题总结两类。

三、例文

××公司生产部2012年工作总结

在紧张忙碌的生产中，2012年就要过去了。这一年，生产部全体员工团结一心，务实肯干，按照公司年初提出的工作要求，全力抓好产品生产、质量控制、内部管理、安全生产等方面的工作，全面完成了公司下达的工作目标。

一、抓好产品开发和生产。受宏观经济走势及各方面原因的影响，今年，传统产品的销售不旺。按照公司的要求，我部全力抓好新产品的开发，以此增加订单，提高销量。一季度，我部根据客户需求，克服时间短、技术要求高等困难，开发出XCP1201、XCP1202、XCP1203、XCP1204等四种型号的新产品，并正式投产，在市场上深受欢迎，销量一直稳定在较高水平。据统计，这四种型号的新产品共为公司带来22批次1.2万件的订单量，销售额达到813.6万，占公司全年销售额的31%。在产品生产方面，面对原材料供货紧张、客户临时调整订单、夏季高峰限电等困难，科学安排各项生产工序，加班加点应对紧急订单，经过全体员工的努力，全年共完成84批次4.1万件产品的生产任务，未发生任何因生产跟不上而导致的延迟交货现象。

二、严控产品质量。在全面完成产品开发和生产任务的同时，我部始终坚持质量是生命线的原则，严把产品生产的每一道质量控制关。年初，各帮组都签订了质量承诺书，承诺产品合格率比公司的规定高出1个百分点。我部质量控制组的技术人员利用例会、质量会、班前会等各种场合，向一线工人传输质量理念，讲授质量控制技巧。老师傅认真带教，帮助新员工迅速提高操作技能。各班组严格按照规程操作，精益求精，为生产高质量的产品发挥了关键作用。在今年生产的所有产品中，批次合格率及总合格率均高过公司规定值。从售后服务部收到的质量投诉来看，较去年又有所下降。

三、加强内部管理。我部非常重视部门的内部管理，既注重严要求，也注重人性化。严格执行公司的各项管理制度，做到奖罚分明，部门的工作井然有序。制定并执行例会制度，在例会上对员工加强教育，同时广泛听取员工的建议和意见，改进管理。经公司同意，利用公休假，组织部分员工进行红色之旅，陶冶了员工情操。我部还在每一位员工生日当天送上衷心的祝福，员工都很欣喜，增强了凝聚力。

四、做好安全生产工作。我部始终坚持安全第一，从各方面抓好安全生产工作。在全体员工中开展了"安全生产大家谈"演讲比赛，起到了很好的教育作用。严格执行安全生产责任制，部门经理总负责，分管经理亲自抓，班组长作为第一责任人。4月份，举办了安全生产讲座，以本公司及其他同类型的公司曾经发生的安全生产事故为例子，教育员工增强安全生产意识，掌握安全生产技巧。严格执行生产设备维护制度，保障各设备在良好的状态下运行。到目前为止，今年实现了安全生产零事故。

2012年，我部虽然做了很多工作，取得了一定的成绩，但是还存在一些问题。如新产品开发的思路还不够宽，生产工序还有改进的空间，生产效率可以进一步提高等。2013年，我部将在现有工作的基础上，进一步调动产品开发人员的创新力，开发更多受市场欢迎的产品；进一步激发一线工人的生产积极性，改进生产工艺，在提高质量的同时，确保按时完成生产任务；进一步加强安全生产等内部管理，确保不发生安全生产事故。

××公司生产部

2012年12月14日

四、要点

总结一般由标题、正文和结尾三部分组成。

1. 标题。一般由单位名称、时间、事由、文种组成，如例文标题，也可以只写"工作总结"。

2. 正文。由前言、主体、尾部组成。

前言一般简明扼要地概述基本情况，交代背景，点明主旨或说明成绩，为主体内容的展开做必要的铺垫。

主体是总结的核心部分，其内容包括做法和体会、成绩和问题、经验和教训等。主体部分常见的结构形式有三种。一种是纵式结构，按照事物或实践活动的过程安排内容，按时间顺序分别叙述每个阶段的成绩、做法、经验、体会。第二种是横式结构，按事实性质和规律的不同分门别类地依次展开内容，使各层之间呈现相互并列的态势。第三种是纵横式结构，安排内容时，即考虑到时间的先后顺序，又注意内容的逻辑联系。一般先采用纵式结构，写事物发展的各个阶段的情况或问题，然后用横式结构总结经验或教训。

在具体写作中，可以采用贯通式、小标题式、序数式三种情况。贯通式适用于篇幅短小、内容单纯的总结，全文不用外部标志来显示层次。小标题式将主体部分分为若干层次，每层加一个概括核心内容的小标题，如例文。序数式也将主体分为若干层次，各层用"一、二、三……"的序号排列，层次一目了然。

正文的尾部主要是概述全文，也可以提出今后努力方向或改进意见。

3. 结尾。署名和时间两项内容。如果标题中已有署名，这里可不再写。

写作总结必须坚持实事求是原则，工作是怎么做的、取得哪些成绩都要如实叙述，不可夸大成绩，隐瞒缺点。要突出重点，详略得当，避免事无巨细都写出来。要用第一人称，即从本部门的角度来撰写。语言要简明、准确。

五、练习

假设你在××公司销售部工作。2012年，销售部采取多项举措，圆满完成了销售目标，全年销量达到5600万元，超过年初制定的年销量4400万元的计划。同时，进一步拓展了销售渠道，开展了网络销售工作，完善了销售网络。严格执行了公司制定的各项规章制度，加强了内部管理，全体员工呈现良好的工作作风。请你根据以上内容，写一份销售部2012年工作总结。

第十四节 调查报告

一、情境

小朱退役后回到家乡创业，深得群众认可，并被选为新一届村委会委员。村委会王书记为更好地服务群众，带领小朱等在村里开展了经济发展方面的调研。王书记要求小朱将调研结果整理成调查报告。

二、解析

调查报告，顾名思义，就是对某一情况、某一事件、某一问题进行调查，并对调查了解到的情况进行分析研究，揭示本质，寻找规律，总结经验，最后形成的书面报告。市场调查报告、事故调查报告等，都是常见的调查报告，有时也称为考察报告、调研报告等。

调查报告的核心是调查和研究。调查，应该深入实际，详细地占有材料，准确地反映客观事实，不凭主观想象。研究，即在掌握客观事实的基础上，深入透彻地揭示事物的本质。在调查和研究的基础上，调研报告可以提出一些看法和建议。调查报告具有针对性、真实性、典型性、指导性等突出特点。

三、例文

农业和工业并举 努力提高村民收入
——大王村调查报告
大王村村委会调研组
（2012年4月）

为了解民情民意，更好地谋划新一届村委会的各项工作，今年4月份，村委会王

××书记带领村委会一班人，对全村情况进行了全面调研，并分别组织召开了村民小组组长座谈会、村致富能手座谈会、外出务工人员座谈会，听取大家对促进生产、提高收入等方面的建议和意见。在此基础上，形成调查报告。

一、大王村基本情况

1. 地域与交通。大王村是革命老区，位于××区××乡东北部。交通较为便利，离乡政府约1公里，离区政府约8公里，且均有公路联通。

2. 人口构成。全村有9个村民小组、1097户、4478人，其中劳动力2129人，60周岁以上老年人704人。全村共有1300多人常年外出打工，占劳动力的61％以上。

3. 资源。大王村占地面积9180亩，其中，耕地面积3423亩。共有水面近400亩，其中约70％可用于发展水产养殖。因处于平原地区，没有山林资源。

二、大王村在经济发展等方面存在的主要问题

一是收入少。大王村是集体资产空白村，全村没有任何集体经济。去年全村农民人均纯收入约4000元，主要来自打工的收入。全村共有贫困户242户，贫困人口816人，其中，残疾人38人、孤寡老人17人、缺乏劳动能力24户、因长期患病致贫37户。

二是耕地少。人均耕地不足0.8亩，主要种植传统的粮食作物。农田基础设施不配套，耕地质量较差，易受旱涝灾害，土地产出率低。全村约有500亩分散水面，以传统养殖家鱼为主，效益不高。

三是能人少。村里发展了300亩钢架大棚，由于村里缺乏种植能手，主要由外乡人承包经营。每个大棚每年纯收入在8000元以上，但村里农民只能得到每亩800元的租金。

三、促进全村经济发展的几条建议

针对全村经济发展方面存在的问题，调研组经过研究，认为应在搞好农业的基础上，大力发展工业，想方设法增加农民的收入。

（一）发展工业。近期，对口帮扶单位××公司将援助大王村项目资金200万元，项目由村里自行确定。建议利用这批资金，在乡工业集中区建设标准化厂房，按目前的造价，大约可建设标准化厂房2500平方米。厂房建好后，对外出租。租用厂房的企业，需优先使用大王村的劳动力，按招用200名劳动力、年均工资2万元测算，农民可增收400万元。

（二）发展农业。积极争取上级在村里实施农业综合开发项目，改善农田基础设施，建设一批高标准农田。帮助指导养兔、养鸡专业户组建合作社，增强抗风险能力。修复受损的两个泵站，解决农田的灌排问题。采取请有关农业专家现场指导、带领村组干部和有意发展规模种养业的农民赴周边考察学习等方式，激发农民发展高效农业的热情，增强发展高效农业的本领。

（三）加强新农村规划建设。大王村村民居住分散，每个自然村落都要通路、通水、通电，公共服务成本高。尽管乡里已制定了新农村建设规划，但我们发现，仍有村民在自己的宅基地上自建房屋。建议村委会加大农村居民集中区建设的引导力度，建设村容整洁、乡风文明的新农村。

四、要点

（一）调查报告的结构，一般包括标题、导语、正文和落款等部分，有些调查报告还要附上起补充说明作用的材料。

1. 标题。调查报告既可以采用公文式的标题，也可以采用文章式的标题。公文式的标题，就是"关于+事由+文种"的构成方式，如"关于××乡土地流转情况的调查报告"。文章式的标题表现更为灵活，更能吸引人，如以上标题可改为"土地流转——提高土地利用率的可行途径"，又如"为什么光伏产业遭遇寒冬？"等。

2. 导语。导语又称引言，主要是简洁明了地介绍有关调查的情况，如调查的课题、对象、时间、地点、方式、经过等，为正文写作做好铺垫。

3. 正文。正文是调查报告的主体。主要是陈述调查得来的基本情况、做法、经验及其他材料，并进行分析和研究，从中得出观点和结论，并提出意见和建议。不同类型的调查报告，正文的写作方式也不同。反映基本情况的调查报告，正文一般采用"情况—问题—建议"式结构；总结和推广经验的报告，一般采用"成果—具体做法—经验"式结构；揭露问题的调查报告，一般采用"问题—原因—意见或建议"式结构。

4. 落款。调查报告要写明调查者及完稿时间。如果标题下面已注明调查者，则落款时可省略。

（二）调查报告的写作要注意两个方面的问题。

一方面，科学选择调查方法，深入细致地调查，尽可能占有更多事实资料。调查的过程，就是全面掌握具体情况、广泛收集和充分占有材料的过程。调查的材料，除了所见所闻的第一手材料外，文件、统计表、工作报告等都可以作为重要的材料使用。

另一方面，理性分析材料，透过现象看本质，挖掘客观规律。只有这样，才能充分发挥调查报告对工作实践的指导作用。在分析问题、阐明观点的时候，尤其要注意材料与观点的统一，做到观点能统率材料，材料足以说明观点。

五、练习

假设你在一家通讯器材公司市场部工作，公司计划开发老年人专用手机，要求你在A市开展市场调查。你通过走访A市通讯器材市场、对老年人及其家庭进行问卷调查等发现，80%以上的A市老年人希望拥有专用手机，并希望专用手机按键大、使用简单，具备一键报时、一键求救等功能。但A市目前非常缺乏这类手机，存在很大的商机。请你根据以上内容作一份市场调查报告。

第十五节　讲话稿

一、情境

小王在某交通运输企业工作。12月2日，公司要召开会议，专门部署元旦、春节期间安全生产工作，领导安排小王起草公司副总经理的讲话稿。

二、解析

人们在特定场合发表讲话时所用的文稿都可以称之为讲话稿。在日常工作中，主要指领导讲话稿，是领导在各种会议上发表的带有宣传、指示、总结性质的讲话文稿。按照会议内容的不同，一般可把讲话稿分为工作会议类讲话稿，庆祝、纪念会议类讲话稿，表彰会议类讲话稿。

1. 内容的针对性。讲话稿的内容必须符合会议主题、会议性质、讲话场合，同时还要符合讲话领导的身份。即使文稿很有思想深度，语言很优美，如果偏离了会议主题，也是失败的讲话稿。

2. 篇幅的规定性。讲话稿篇幅受讲话时间限制，不能不顾具体情况长篇大论。一般而言，讲短话，讲有用的话，更受听众欢迎。尤其是表彰、庆典等会议上的讲话稿篇幅不宜过长，以免喧宾夺主。

3. 语言的得体性。讲话稿的语言既要准确、简洁，又要通俗、生动，同时还要注意与听众的互动。

三、例文

在"两节"安全生产工作会议上的讲话

（2012年12月2日）

公司副总经理　××

同志们：

元旦、春节将至，客流高峰马上就要到来，公司即将进入一年中最繁忙的时期，大家的工作任务都很重，今天请大家来召开一个简短的会议，主要是对"两节"期间的安全生产工作提几点要求。

一、提高认识，落实安全生产责任

交通运输企业的安全生产工作事关人民群众的生命财产安全，事关家庭幸福、社会和谐。全公司干部职工要高度认识安全生产工作的重要性，真正把安全生产工作放在第一位。岁末年初，工作任务繁重，但不能放松安全生产这根弦，要做到警钟常鸣、长抓

不懈。各部门要切实加强元旦、春节期间安全生产工作的组织领导，主要负责同志担任第一责任人，分管负责同志主抓具体工作，全体干部职工认真落实，确保元旦、春节期间不发生安全生产事故。

二、周密部署，集中开展安全大检查

要在元旦、春节客流高峰到来之前抓紧部署，集中开展一次全面的安全大检查，消除潜在安全隐患。要对各单位执行安全工作相关制度的情况进行检查，坚决纠正有令不行的情况。要对所有在运行的车辆进行全面细致的检修，有问题的要抓紧修理，确保车辆在良好的状态下运行。如存在难以彻底排除的隐患，哪怕是非常细微的问题，也不能再安排此车辆运行。要组织所有驾驶员进行恶劣天气行车安全演练、突发事故应急处置演练，增强驾驶员应变能力。请各单位在12月10日前将检查情况报告公司。

三、采取措施，做好安全保卫工作

各部门要对供电、供水、报警、防盗、保密、安全监控等设施进行认真细致的检查，确保完好有效。要加强与公安、消防等部门的联系、互动，在相关安全保卫部门的帮助和指导下切实做好内部安全保卫工作。要重点加强对场站的检查和保安工作，严防坏人搞破坏活动。

四、……

五、……

同志们，公司已经连续六年"两节"期间没有发生任何安全生产事故，这是大家共同努力的结果。希望大家继续发扬重视安全生产的光荣传统，采取强有力的措施，进一步加强安全生产工作，确保延续安全生产无事故的良好成绩。

谢谢大家！

四、要点

讲话稿一般由标题和正文两部分组成。

1. 标题。讲话稿的标题分为两种形式。第一种，由事由和文种构成，如《在年度销售工作会议上的讲话》；第二种：由主标题加上副标题构成。主标题概括讲话的主旨，副标题和第一种形式相同，如《拓宽销售渠道创新销售方式——在年度销售工作会议上的讲话》。标题下一行标注讲话人职务、姓名及讲话日期。

2. 正文。讲话稿的正文包括引言、主体和结尾三部分。

引言部分。首先根据与会人员的情况和会议性质来确定适当的称谓，如"各位来宾"、"同志们"等。然后用简要的文字说明讲话缘由，概述讲话重点内容，主要起过渡作用，以便引入主体部分。

主体部分。不同类型的讲话稿，主体部分的写作重点也不同。工作会议类讲话稿，一般包括前一阶段工作总结、经验和形势分析，下一阶段工作目标、工作要点、具体要求等。如果一个会议有多位领导讲话，一般主要领导只从宏观层面提几点要求，具体分管此项工作的领导则要讲得更具体一些。庆祝、纪念工作会议类讲话稿，一般先要表示庆贺或者纪念，然后简要阐述某项工作取得的突出成就、某个纪念日的重要意义，最后表达美好的祝愿。表彰会议类讲话稿，一般简要评价集体或个人取得的成绩及其意义，并对获奖者提出勉励和希望，对其他与会人员提出学习先进的要求。

结尾部分。总结全篇，照应开头，发出号召，或者征询对讲话内容的意见或建议等等。

五、练习

假设你在某公司经理办公室工作。公司要召开年度销售工作会议，主要总结今年销售工作，明确明年工作目标，提出具体工作举措。参会人员为总公司销售部负责人及分公司负责销售的负责同志。请你为总经理起草讲话稿。

第十六节　自我鉴定

一、情境

小张从部队退役，到飞达电器有限公司工作。到年底，公司要求每位员工都要进行自我鉴定。

二、解析

（一）自我鉴定是个人在一个时期、一个年度、一个阶段对自己的学习和工作生活等表现的一个自我总结。自我鉴定具有几个方面的作用：

1. 总结思想、工作、学习情况。

2. 帮助组织了解自己，作为入党、入团、职称评定、晋升的依据。

3. 重要的自我鉴定将成为个人生活和学习的阶段小结，被收入个人档案。

（二）自我鉴定一般可以分为下面几类：

1. 毕业自我鉴定。毕业生对在校期间表现作出一个自我评价。军人退出现役，也需要对自己在部队的表现作自我鉴定。

2. 实习自我鉴定。实习人员对自己在实习期间的工作表现作出自我评价。

3. 工作自我鉴定。已经工作的人在一段时间里，对自己的工作表现作出自我评价。

4. 先进个人自我鉴定。获得先进称号的个人对自己作出的评价。

三、例文

自我鉴定

　　岁月如梭，转眼之间，我从部队退役来到单位已经一年了。一年来，在领导的关心支持下，在同事的热心帮助下，通过自身的不断努力，我很快适应了环境，适应了新的工作岗位。回首一年的工作和学习，有很多收获，也有一些需要进一步改进的地方。

　　思想方面，我政治立场坚定，热爱祖国，拥护党的各项方针政策。经过部队的教育和锤炼，我对共产主义具有无比坚定的信仰。到单位以后，我积极参加各种思想教育活动，认真学习党的十八大精神，还通过报纸、网络关注国内外形势及有关政治动向，使自己的政治、思想水平有了进一步提高。

　　学习方面，积极应对新工作提出的新要求，进行有针对性的学习。从部队来到地方，面对全新的环境、全新的要求，我把学习作为增强适应能力的重要手段。通过参加培训课程，我了解了单位的文化、规章制度和基本的工作程序；通过向领导和老同志学习，向书本学习，我熟练掌握了新岗位所需要的理论知识及操作技能，已经能够独立开展工作。在学习岗位知识和应用技能的同时，我还注意各方面知识的拓展延伸，努力拓宽知识面。

　　在工作中，我严格遵守单位规章制度，不迟到，不早退，不旷工。努力做到操作规范化，技能熟练化，将理论与实践相结合，联系现场实际勤观察、勤思考、勤学习。工作实践让我的业务水平不断增长，工作能力有了很大提高。

　　在生活中，我为人真诚热情，尊敬领导，团结同事，力所能及地帮助需要帮助的人。我生活态度积极乐观，踊跃参加单位组织的各项活动，在"喜迎十八大"职工演讲大赛中，取得了第三名的成绩。

　　当然，我还有很多不足之处。工作按部就班，创新精神不够。有时不够严谨，有些粗枝大叶。缺乏大局观，组织能力有限。

　　一年工作的磨练，培养了我良好的工作作风和埋头苦干的求实精神，树立了高度的责任感和团队精神。在今后的工作中，我将发扬自己的优势，通过不断学习改进不足，努力把自己的工作做得更好。

四、要点

　　自我鉴定的结构由标题、正文和落款三部分构成。

　　1. 标题。自我鉴定的标题有两种形式：第一种，性质内容加文种构成，如《学年教学工作自我鉴定》。第二种，用文种"自我鉴定"作标题。

　　2. 正文。一般包括引言、成绩、缺点、今后打算等方面的内容。引言主要是概括全文，引出正文主要内容。接下来，一般按政治思想表现、业务工作、学习等方面的内容逐一写出自己的成绩和优点。总结成绩后，一般要简略地写出自己存在的主要缺点和不足，最后，用简洁明了的语言概括今后的打算，表明态度。一般而言，以上内容可以分段写，这样文章结构更清楚。

3. 落款。署明鉴定人姓名，并注明日期。

自我鉴定必须实事求是，既要总结成绩，也要查找不足。总结成绩时，要找到闪光点，既不要过分谦虚，也不要随意扩大。总结成绩部分要详写，查找不足和表明今后打算部分要略写。

五、练习

李达参加退役士兵免费职业技能培训期间，是一个品学兼优的学员，思想上追求上进，光荣地加入了中国共产党；勤奋好学，各门功课都是优秀以上成绩；坚持学用结合，毕业实习时深受单位好评。请你根据以上基本事实，替李达起草一份培训期间的自我鉴定。

第六章　就业与创业

第一节　就业——鹰击长空自谋职业

一、树立正确的就业观，适应社会建设需要

一位退役士兵的话颇具代表性："我目前面临的困惑就是不知道自己现在能干什么、以后要干什么？心里没底……和那么多即将毕业的大学生相比，我们退役士兵有什么优势？大学生有文凭、有能力，在这个以文凭和学历为衡量个人价值标准的年代，我很担心自己的未来……"

事实证明，阻碍和困扰退役士兵的一个普遍存在的突出问题就是——退役士兵对当前就业现状和未来发展前景信心不足。具体表现在三个方面：一是人生观、价值观的取向不很清晰；二是择业、就业标准和目标不明确；三是自我定位不准和对自身军旅经历优势缺乏自信。

在如今竞争激烈的就业市场中，确立正确的就业观，调整和提高自身的各方面素养对退役士兵来说十分重要。

首先，要调整就业心态。就业大众化是社会经济发展的必然。因此，退役士兵要充分认识到就业大众化的趋势，调整自己的就业理想和价值取向，降低期望值，拓宽就业范围，树立大众化就业观。就业不一定要考虑城市，可以是县镇乡地区。也不一定非要高薪优待，低薪就业，甚至是不带薪就业，先赚取经验也是很必要的。应先就业后择业，退役士兵从军营初入社会，可以进入基层好好锻炼，培养出实打实的本领。

其次，要提高就业能力，也就是就业素质，它既包括专业素质、技能水平，又包括心理素质、求职技巧等。江苏省自2008年实行免费的退役士兵职业教育和技能培训工作以来，已经为超过10万名退役士兵进行了教育培训。利用这个平台，退役士兵可以更好地实现就业理想。

再次，要充分认识自身的优缺点。退役士兵经过军队思想政治教育和规范化的整体训练，磨练了意志，强健了体魄，提高了综合素质，国家意识、集体意识、团结意识、吃苦耐劳的精神明显优于普通学生；退役士兵文化程度大多不高，大部分为高中、中专、职高毕业或肄业，要学习一门就业技能，就必须付出比别人更多的努力；退役士兵从军营走向

社会，又正处于青少年向成人的转变期，自我意识发展迅速，独立意识大大增强，争强好胜、不甘落后的心理十分突出，他们非常关心自己的社会地位和他人对自己的评价，希望享有一定的声誉，得到良好的社会评价，表现出强烈的自尊心。因此，退役士兵要学会正确、恰当地表现自己的自尊心，强烈的自尊心可以不断激励自身奋发向上；也要采取实事求是的态度，虚心请教，扬长避短，积极进取。

退役士兵要看清当今社会的就业形势，不断提高自己的综合素质，努力地去争取、拼搏、奋斗，闯过就业这个难关，寻求自己生存和发展的空间，找到自己理想的位置。还要主动学习和掌握就业技巧，提高择业能力。发挥自己的能力，最大限度地为社会和祖国做出贡献，做一个对社会对国家有用的人。

 **讨论交流**

1. 组织开展退役士兵自谋职业交流活动："走出去，请进来"。

2. 讨论交流：退役士兵应该树立什么样的人生观、价值观？怎样自我定位？我的择业、就业标准是什么？

 **补充阅读**

龟兔赛跑的故事

充分准备，才能抓住机遇

赢在起跑线上，让自己的人生有目标、有准备！

《龟兔赛跑》的经典故事有一个新版本：说兔子自从第一次比赛因为自满和偷懒而失败之后，一方面很没有面子，另一方面，也关起门来深刻地反省了自己，并且给自己约法三章：第一，绝不服输；第二，绝不自满；第三，绝不偷懒，要全力以赴。一个月之后，兔子又找到了乌龟，要求再比赛一场，乌龟勉强同意了。

在一个风和日丽的早晨，在老虎、猴子、大象等动物的监督之下，比赛开始了。发令枪响过之后，兔子一溜烟地飞奔而去，而且，一路之上，兔子不断地自我激励："我是最棒的！我加油！我一定能成为第一！"

然而比赛的结果出人意料，胸有成竹的兔子又输掉了！乌龟却又赢了，这是为什么？

答案是：兔子跑错了方向。

172

启示

> 在没有锁定目标、方向又错的情况下，越努力，就离成功越远，离失败越近。在我们的生活中常常会看到一些天赋相差无几的人，由于选择了不同的人生方向，人生迥然相异。有一些在职场中没有方向或者走错了方向的人，他们坚信"勤奋+汗水=成功"、"一分耕耘、一分收获"、"世上无难事、只要肯攀登"等成功名言，殊不知这些成功的道理必定是建立在一个基本前提之上——正确的方向。
>
> 也就是说，确定方向比出力流汗重要，选择目标比努力付出重要。
>
> 摘自雅瑟的《小故事大道理》

二、职业生涯，从规划开始

（一）职业生涯规划的含义、作用

1. 职业生涯规划的含义

"生涯"是人生的时间历程。

"生涯规划"就是合理有效地安排你的生命时间计划。

"职业生涯规划"是指依据个人内在的兴趣爱好、能力倾向和外部的环境条件，为自己选择职业方向、职业目标，设计职业发展计划的个人发展战略蓝图，并为自己实现个人事业目标而确定的行动方向、行动时间和行动方案。

2. 职业生涯规划的作用

让自己的人生有目标、有准备。通过规划自己的职业生涯，能够进一步了解我想做什么？我可以做什么？我能做什么？我准备怎么做？

（二）职业生涯规划步骤

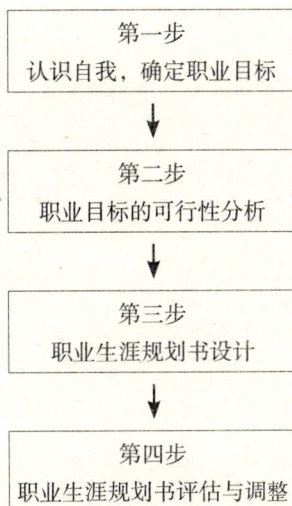

```
┌─────────────────────┐
│     第一步           │
│ 认识自我，确定职业目标  │
└─────────────────────┘
          ↓
┌─────────────────────┐
│     第二步           │
│  职业目标的可行性分析   │
└─────────────────────┘
          ↓
┌─────────────────────┐
│     第三步           │
│  职业生涯规划书设计     │
└─────────────────────┘
          ↓
┌─────────────────────┐
│     第四步           │
│ 职业生涯规划书评估与调整 │
└─────────────────────┘
```

173

1. 职业生涯规划第一步——认识自我，确定职业目标

规划自己的未来，是在了解自己的前提下进行的。你对自己了解吗？你知道自己的职业兴趣、性格气质、职业能力、工作的价值观吗？知道自己想要干什么、适合做什么、能做什么吗？

（1）兴趣与职业

下表节选加拿大《职业岗位分类词典》中各种兴趣类型的特点与相应的职业，可以帮你确定你的职业兴趣与适合的职业。

兴趣特征	适合的职业
愿与事物打交道而不喜欢与人打交道	制图员、修理工、建筑工、出纳员、会计、勘测、工程技术、机器制造等
愿与人打交道，喜欢销售、采访、传递信息等活动	记者、推销员、营业员、服务员、教师、行政管理人员、外交联络员等
愿与文字符号打交道，喜欢常规的、有规律的活动	邮件分类员、办公室职员、图书管理员、档案整理员、打字员、统计员等
愿与大自然打交道，喜欢地理地质类活动	地质勘探人员、钻井工、矿工等
愿从事社会福利类工作，喜欢帮助别人解决困难	咨询人员、科技推广人员、教师、医生、护士等
喜欢掌管一些事情，希望受到众人尊敬或获得声望	组织、领导、管理者，如行政人员、企业管理干部、学校领导和辅导员等
愿研究人的行为与心理，喜欢涉及人的主题	心理学、政治学、人类学、人事管理、社会科学工作者、思想政治教育等
愿从事科学技术事业，喜欢推理、测试性活动	生物、化学、工程学、物理学、自然科学工作者、工程技术人员等
愿从事农业、生物化学类工作，喜欢种养、化工实验性活动	农业技术员、饲养员、水文员、化验员、制药工、菜农等
愿从事有想象和创造力的工作，喜欢创造新的样式和概念	社会调查、经济分析、各类科学研究工作、化验、新产品开发、演员、画家、创作和设计人员等
愿操作机器的技术工作，喜欢使用工具、技术	飞行员、驾驶员、机械制造等
愿从事具体工作，喜欢看得见、摸得着的产品	室内装饰、园林、美容、理发、手工制作、机器维修、厨师等

兴趣与职业
性格与职业
气质与职业　　职业目标
能力与职业
价值观与职业

我是谁？
我能干啥？　　我想干啥？

战友就业创业故事

战友小张的兴趣与职业发展

　　小张2009年退役回泰兴，父母期望他能成为一个建筑工程技术人员，因此，帮他在泰州职业技术学院报名参加退役士兵学历技能证书学习的时候，选择了建筑工程技术专业。但是，小张入学后很快就发现，自己很讨厌这种专业，自学习这门专业以来，他一直都闷闷不乐。在班上，他的成绩也很不好，最后，他不得不退出了这个专业的学习。当小张重新开始选择的时候，他挑选了自己喜欢的旅游与酒店管理专业。他发现自己对这门课程充满兴趣，学得也很容易，在期末时得了一个"A"。他认为自己在这个领域一定有发展前途。于是，他一直继续学，不但拿了大专的专业文凭，而且还考取了导游职业资格证、会计上岗证。顶岗实习期间，他先后在泰州有名的星级酒店和旅行社工作，都受到实习单位的青睐，邀请他加盟，给他预留就业岗位。毕业后，他想自主创业开办一家自己的旅行社。他的这一愿望得到了当地政府相关部门和家庭的支持，现在他的旅行社效益不错，事业也很成功，还安置了两个他的战友就业呢。

启示

　　一个人一生中选择什么样的职业，兴趣占主导地位，有时甚至比能力更重要。人们能够积极地从事枯燥的实践活动，是因为他们对这种职业产生了浓厚的兴趣。在兴趣的领导下，即便是枯燥的工作，他也会忘我地投入，并从中感受到无穷的乐趣。与此相反，如果从事的是自己并不感兴趣的工作，那么这份工作在他们的心理上便是一种负担，结果只能因为没有兴趣而无精打采，致使工作业绩平平。

　　生活中有很多人都有业余爱好，但他们却从来不认为自己的爱好应该是择业的基础。有的人下班后急着赶回家去干自己喜欢干的事，这说明他（她）的事业选择错了。在众多的社会职业中，想从事某种职业的愿望，往往表明了求职者的职业兴趣。一般来说，人们有什么样的兴趣，就有和与此相适应的职业。

　　（2）性格与职业

　　生活中，我们经常对他人进行评价，"某人热情开朗，为人豪爽""某人胆小怕事，对人冷淡"等等，我们的这种评价，实际上说的就是人的性格特征。

　　每一种职业都对性格品质有特定的要求，要适应这一职业，就必须具备这一职业所要求的性格特征。没有良好的与职业要求相适应的性格，就很难做好工作，如驾驶员要求具备注意力稳定、动作敏捷的职业性格特征，医生要求具备耐心细致、热情待人的职业性格特征。所以，个人在选择职业时，通常应根据自己的性格特点，选择适合个人特点的职业和工作。下面是性格与职业选择的参考表。

性格类型	性格特征	适合的职业
独立型	喜欢计划自己的活动和独立负责的工作	管理人员、律师、警察等
协作型	善于和别人一起工作，引导他人	社会工作者、咨询人员等
服从型	愿意配合他人或按他人的指示办事	办公室职员、秘书、翻译等
严谨型	注意工作过程中的各个环节、细节的准确性，倾向于严格、努力的工作	会计、出纳、统计、打字、图书管理员、校对员等
重复型	喜欢重复的、有规律的、有标准的工种	纺织工、机床工、印刷工等
劝服型	善于影响别人的态度和观点，对别人的反应有较强的判断力	作家、行政人员、政治辅导员、宣传工作者等
机智型	在紧张和危险的情况下能自我控制、沉着应付	驾驶、公安、消防、救生员等
变化型	喜欢有变化的工作，善于转移注意力	记者、推销员、演员、公关等
表现型	喜欢表现自己的爱好和个性	演员、诗人、音乐家、画家等

补充阅读

一位老板提拔助手的方法

一位老板想从值得信任的甲、乙、丙三位助手中，选拔他们分别负责管理财务、推广业务、项目策划的工作。这位老板想了解三位助手的性格特点，以便根据各自的性格分配适合的工作。于是他安排三位助手下班后留在公司与他一起研究问题，在这期间，他故意制造了一起假火灾，以便观察他们三人的性格特点。结果发现，在火灾面前三人的表现完全不同。甲说："我们赶紧离开这里再想办法。"乙一言不发，马上跑到墙角拿起灭火器去寻找火源。丙则坐着不动，说："这里很安全，不可能有火灾。"老板通过三位助手不同的行为表现，找到了满意的答案：甲被安排管理财务工作，乙负责业务推广工作，丙负责项目的筹划和后勤工作。

他认为，甲首先离开危险区，保持不败之地，表现了性格的客观、谨慎、稳重、老练；乙积极向危险挑战，抢先救火，忠于公司，表现了性格的勇敢、大胆、敏捷、果断，也敢于冒险；丙对公司的安全早有全面了解和信心，甚至可能是才智过人，早已看出这是一出"戏"，表现出性格的冷静、深谋远虑、胸有成竹。老板通过自己的观察，根据他们的性格特征，分别将甲、乙、丙安排在不同的岗位上，发挥他们的性格优势，做到人尽其才。

启示

　　无论是求职者还是管理者，在选择和安排职业时，如果善于把人的性格特征和职业特点结合起来考虑，就可以更好地发挥人的性格优势和潜能，提高人的主观能动性，从而获得较高业绩和效率。人职匹配是就业者和管理者追求的目标。

　　（3）气质与职业

　　气质是指一个人典型的心理特点，是指人的认识、情感、言语、行动中，心理活动发生时力量的强弱、变化的快慢均衡程度等稳定的动力特征。一般地，人的气质分为四种：多血质、胆汁质、粘液质、抑郁质。下表简单介绍四种气质的特点和相适应的职业，仅供参考：

气质类型	气质特点	适合的职业
多血质	活泼外向、亲切富有活力，适应新环境的能力强，对周围事物的变化反应迅速，但不强烈，能开创新局面。但兴趣转移快，所以不太适合从事科研工作	演员、记者、管理人员、律师、公关与人事工作人员等
胆汁质	行动敏捷、性格外向，对周围事物的变化反应迅速且强烈，是热情积极、勇敢肯干、朝气蓬勃的人。但易冲动、急躁，有时鲁莽粗暴、不能忍耐，爱发脾气	节目主持人、导游、推销员等
粘液质	行动缓慢，反应迟钝，沉默寡言，情绪稳重而不易转移，属内向型人，做事有条理，头脑清楚，能严格遵守既定的生活秩序和工作制度。原则性有余而灵活性不足，较懒惰，萎靡不振，对一切事物漠不关心	会计、文员、出纳、文秘、计算、档案管理员等
抑郁质	反应迟钝、孤僻，善于感受周围事物，情绪体验深，且不易轻易表露，性格刚毅沉稳，且观察力敏锐、办事稳重。但反应速度缓慢，内向型明显	科学研究、理论研究、编辑、化验员、仓库管理员等

　　气质类型与职业有很大关系。人的气质差异是客观存在的，但气质对人的实践活动的影响，主要在于动力方面，并无性质上的好坏之分。任何一类气质，都有其积极的一面，也有其消极的一面。

思考练习

　　下面的故事形象地描述了四种气质类型的人物特征，对照人的四种气质特点，你能分辨出他们各属哪种类型的气质吗?

这是一个流传很久的故事:一座戏院正在上演一出好戏,在开场的一刻,来了四位先生。第一位匆匆奔到门口,就要进去。看门的人拦住他说:"已经开演了,根据剧院规定,开场后不得入内,以免妨碍其他观众。"这位先生一听,立刻火冒三丈,与看门人争吵起来……正在他们吵得不可开交的时候,走来了第二位先生,他看见看门人只顾吵架,门也顾不上看,灵机一动,立刻侧身溜进剧院。第三位先生走到门口,见状,不慌不忙,转向门外报摊上,买了张晚报,坐在台阶上读起报来。他心中自由盘算:"看戏是休闲,看报也是休闲,看不了戏,看看报也不错。"他倒也自得其乐。等到第四位先生走到门口时,见看戏无望,深深叹口气,掉转头去,自言自语道:"嗨,我这人真倒霉,连戏都看不成……"他越想越难受,干脆坐在门口叹息起来。

对照四种气质特点,分析自己属哪种气质类型?

(4)能力与职业

能力是一个人完成一定活动的本领。任何一种职业都要求从业者必须具备相应的能力。能力分为一般能力和特殊能力。

一般能力又称普通能力,指大多数活动所共同需要的能力,是人所共有的最基本的能力,适用于广泛的活动范围,符合多种活动的要求。一般能力和认识活动紧密地联系在一起,如观察能力、注意能力、记忆能力、思维能力、想象能力、操作能力都是一般能力。一般能力的综合体就是通常说的智力。

特殊能力又称专门能力,指从事某项专门活动所必须具备的能力。特殊能力只在特殊活动领域内发生作用,是完成有关活动必不可少的能力,一般认为,数学能力、音乐能力、绘画能力、写作能力、动作协调能力、空间判断能力等都是特殊能力。

要顺利完成某项工作,除了要具有一定的一般能力外,还要具有该项工作所要求的特殊能力,如从事数学研究需要具有计算能力、空间想象能力和逻辑思维能力,做画家需要具有较强的颜色辨别能力等。每个人只能根据自己的能力所及来确定自己的职业方向和领域,才可能胜任工作,也才可能取得职业的成功。

特殊能力与相应的职业选择

能力类型	能力特点	适合的职业
语言表达能力	对词的理解和使用能力,对词、句子、段落、篇章的理解能力,以及善于清楚而正确地表达自己的观点和向别人介绍信息的能力,它包括对语言文字的理解能力和口头表达能力	教师、营业员、服务员、护士等
算术能力	迅速而准确的运算能力	会计、出纳、统计、建筑师、工业药剂师等

能力类型	能力特点	适合的职业
空间判断能力	能看懂几何图形、识别物体在空间运动中的联系、解决几何问题的能力	与图纸、工程、建筑等打交道的工作，牙科医生、内外科医生等职业，裁缝、电工、木工、无线电修理工、机床工等
形态知觉能力	对事物或图像的有关细节的知觉能力，如对于图形的阴暗、线的宽度和长度作出视觉的区别和比较，能看出其细微的差异	生物学家、建筑师、测量员、制图员、农业技术员、动植物技术员、医生、兽医、药剂师、画家、无线电修理工等
事务能力	对文字或表格式材料细节的知觉能力，发现错字或正确地校对数字的能力等	设计、经济、记账、出纳、办公室、打字等工作
动作协调能力	迅速准确和协调地做出精确的动作和运动反应能力	驾驶员、飞行员、牙科医生、外科医生、雕刻家、运动员、舞蹈家等
手指灵巧度	手指迅速准确和谐地操作小物体的能力	纺织工、打字员、裁缝、外科医生、五官科医生、护士、雕刻家、画家等
手腕灵活度	手灵巧而迅速地活动的能力	体育运动员、舞蹈家、画家、兽医等

179

补充阅读

乌鸦学老鹰

鹰从高岩上飞下来，以非常优美的姿势俯冲而下，把一只羔羊抓走了。一只乌鸦看见了，非常羡慕，心想：要是我也能这样去抓一只羊，就不用天天吃腐烂的食物了，那该多好呀。于是乌鸦凭着记忆，反复练习俯冲的姿势，也希望像鹰一样去抓一只羊。

一天，它觉得练习得差不多了，呼啦啦地从山崖上俯冲而下，猛扑到一只公羊身上，狠命地想把羊带走，然而它的脚爪却被羊毛缠住了，拔也拔不出来。尽管它不断地使劲拍打翅膀，但仍飞不起来。牧羊人看到后，跑过去将它一把抓住，剪去了它翅膀上的羽毛。傍晚，牧羊人带着乌鸦回家，交给了他的孩子们。孩子问这是什么，牧羊人回答说："这是一只乌鸦，可是它却要充当老鹰。"

启示

> 乌鸦的错误在于它并不具备老鹰的能力，却简单地认为自己只要用老鹰的姿势就可以抓到羊。这种脱离自己的实际水平而贪求不可企及的目标的做法，必然导致惨败的命运。

（5）价值观与职业

价值观是人们按照自己所理解的重要性，对事物进行评价与抉择的标准，指一个人对于人、事、物的看法或原则。凡是自己觉得重要的、想追求的就是自己的价值观。它是我们生活中的信念、情感、动力和行为的指挥官。价值观的一般类型、特点及相适应的职业见下表：

价值观类型	价值观特点	适合的职业
自由型	不受别人指使，凭自己的能力拥有自己的小"城堡"，不愿受人干涉，能充分施展本领	室内装饰专家、图书管理专家、摄影师、音乐教师、作家、演员、记者、诗人、作曲家、编剧、雕刻家、漫画家等
经济型（经理型）	他们断然认为这个世界上的各种关系都建立在金钱的基础上，包括人与人之间的关系，甚至父母与子女之间的爱也带有金钱的烙印。这种类型的人确信，金钱可以买到世界上所有的幸福	各种职业中都有这样的人，商人为甚
支配性（独断专行型）	组织的一把手，飞扬跋扈，无视他人的想法，为所欲为，且以此为乐	进货员、商品批发员、旅馆经理、饭店经理、广告宣传员、调度员、律师、政治家、零售商等
小康型	追求虚荣，优越感也很强。很渴望有社会地位和名誉，希望受到众人尊敬。欲望得不到满足时，由于过于强烈的自我意识，有时反而很自卑	记账员、会计、银行出纳、法庭速记员、成本估算员、税务员、核算员、打字员、办公室职员、统计员、计算机操作员等

价值观类型	价值观特点	适合的职业
自我实现型	不关心平常的幸福，一心一意想发挥个性，追求真理。不考虑收入、地位及他人对自己的看法，尽力挖掘自己的潜力，施展自己的本领，并视此为有意义的生活	气象学家、生物学家、天文学家、药剂师、动物学家、化学家、科学报刊编辑、地质学家、植物学家、物理学家、数学家、实验员、科研人员等
志愿型	富于同情心，把他人的痛苦视为自己的痛苦，不愿干哗众取宠的事，把默默帮助不幸的人视为无比快乐	社会学者、导游、福利机构工作者、咨询人员、社会工作者、社会科学教师、护士等
技术型	性格沉稳，做事组织严密，井井有条，并对未来充满平常心态	木匠、农民、工程师、飞机机械师、野生动物专家、自动化技师、机械工、电工、火车司机、公共汽车司机、机械制图等
合作型	人际关系较好，认为朋友是最大的财富	公关人员、推销人员、秘书
享受型	喜欢安逸的生活，不愿从事任何挑战性的工作	无固定职业类型

总之，一般情况下，兴趣将决定你愿意或想要做什么，性格气质将决定你适合干什么，能力将决定你能够做什么，价值观将决定你选择干什么。如果在选择职业道路时，能把自己的兴趣、性格、能力、价值观等考虑进去，你将能从未来的工作中得到极大的乐趣、满足感和自我成就感。

思考练习

对照上面表中职业兴趣、性格气质、职业能力和价值观的特征，找出符合自己的类型和职业，回答四个问题：

我想做什么？＿＿＿＿＿＿＿＿＿＿＿＿＿＿＿＿＿＿＿＿＿＿

我适合干什么？＿＿＿＿＿＿＿＿＿＿＿＿＿＿＿＿＿＿＿＿＿＿

我能够做什么？＿＿＿＿＿＿＿＿＿＿＿＿＿＿＿＿＿＿＿＿＿＿

我选择做什么？＿＿＿＿＿＿＿＿＿＿＿＿＿＿＿＿＿＿＿＿＿＿

补充阅读一

人生的三条职业之路

(红) 行政管理之路	(白) 学习研发之路	(黄) 经商致富之路
60岁	60岁	60岁
55岁副部级	—院 士—	—公司资产2000万元以上
50岁 局级		—公司资产500万~1000万元
46岁 副局级	—正高级职称—	—创办自己的公司
41岁 处级		—公司总经理(200万元存款)
36岁 副处级	—高级职称—	—公司高层管理人员(80万元存款)
31岁 正科级	—中级职称—	—企业中层管理人员(30万元存款)
26岁 副科级	—初级职称—	—公司部门主管(5万元存款)
	退役21岁	

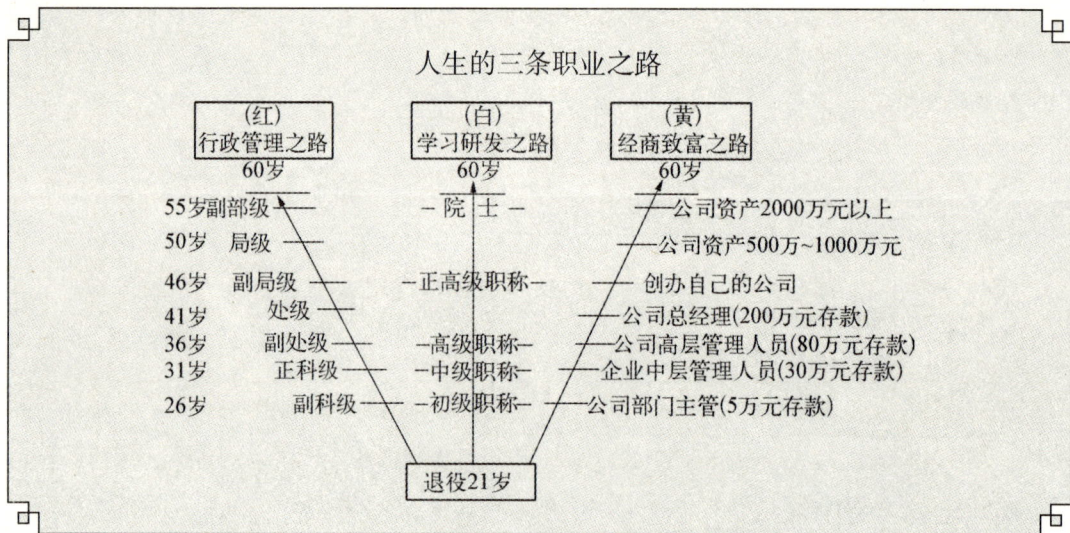

职业生涯路线图

（改编自章达友编著《职业生涯规划与管理》厦门大学出版社2005年版）

从政管理、"下海"经商、学习研发，这三条职业发展路径，被退役士兵们形象地简称为"红、黄、白"三条人生职业之路。一条是指从政，考公务员，进入政府机关或事业单位，前程光明稳定，故俗称为"红路"；一条是指"下海"经商，进入企业或自主创业，以创造黄金财富为主，故俗称为"黄路"；一条是指继续学习、深造，掌握一种专业和技能，以设计、发明创造为职业方向的，因常面对书本以及电脑，从事空白领域的研究、开发，故俗称为"白路"。

补充阅读二

确定职业目标时需做到"五不要"

年轻人在确立自己职业志向、进行职业选择时，应该既要有自信和勇气，还要理性和务实。因此要做到"五不要"：

一不要好高骛远，自以为是。只有适合自己的才是最好的，无论从事何种职业，做最好的自己，就是成功的人生。

二不要缺乏信心，错失良机。每个人都有自己的特性和长处，扬长避短，将优势最大限度地发掘出来，将劣势转化为优势，将有利于自己客观地、准确地进行职业的选择与定位。

三不要爱慕虚荣，追逐时髦。把社会职业分成三六九等，尊卑贵贱，把当公务员视为"正道"，认为在个体或私营企业及一些服务性行业工作"不体面"，对当下所谓热门职业趋之若鹜，对冷门职业不屑一顾，这种丝毫不考虑个人的职业性格和职业兴趣的做法，容易错失良机，影响职业理想的实现。

四不要不谋发展，只求实惠。重"钱途"而失"前途"，有远见、胸怀大志的人往往更注意谋求长远发展，为了长远和更高的目标实现而卧薪尝胆、积蓄能量、拓展发展空间，直到理想的实现。

五不要固守旧业，不思创业。刚退役的士兵年轻而富有活力，理应成为时代创新、创业的主力军。创业准备要从立志自主创业之日做起，年轻阶段是学习创业的重要时期。有志于创业的退役士兵应该在自我认识的基础上尽快确立创业意向，有针对性地规划自己的职业生涯和创业计划。

2. 职业生涯规划第二步——职业目标的可行性分析

"可行性分析"就是对影响个人职业生涯发展的环境因素加以考察的过程。

影响职业生涯的环境因素有：社会环境因素、行业环境因素、组织环境因素。

"职业目标的可行性分析"常用的方法是："SWOT"分析法。"SWOT"是四个英语单词的缩写：S—Strength，表示优势；W—Weakness，表示劣势；O—Opportunity，表示机会；T—Threat，表示威胁。其中，优势和劣势用来分析个人，而机会和威胁用来分析环境因素。例表中括弧内文字为分析指导说明：

分析个人	S.优势：自己出色的方面，尤其是与竞争对手相比，具有优势的方面。如性格果断、意志坚强、知识丰富，等等。	分析环境因素	W.劣势：有利于职业选择和职业发展的一些机会。如企业老干部退居二线留下职位空缺，企业开辟海外市场需要一名外派经理，等等。
	O.机会：与竞争对手相比处于落后地位的方面。如工作经验不足、不擅长处理人际关系，等等。		T.威胁：存在潜在危险的方面。如出现新的竞争对手。原产品不再适应市场变化新需求，等等。

思考练习

（1）请简述为什么要对职业目标进行可行性分析？

（2）用"SWOT"分析法对自己的职业目标进行可行性分析。（可参照上表格式完成。）

3. 职业生涯规划第三步——职业生涯规划书设计

生涯规划书内容一般由七个部分组成：引言（或个人简历）→自我分析→职业分析

→职业定位→计划实施→评估调整→结束语（或附 **职业生涯规划书设计**
录）

职业生涯规划书设计形式有：条文式、表格
式、混合式。

（1）条文式：即用简洁的文字有条理地表述自
己职业生涯规划各部分的内容。

① 第一部分：引言（或简历）

这部分内容既要写明我是谁（如姓名、性别、年龄、学历、来自哪儿、现在的身份
等），还要写明自己对未来职业发展的认识与展望。

② 第二部分：自我分析

要求从职业兴趣、性格、气质、能力、价值观等方面对自己进行分析小结。

③ 第三部分：职业分析

对影响职业选择的相关外部因素进行系统的分析。如家庭环境中家人的期望、家族
文化对自己的影响；社会环境如就业形势、就业政策竞争对手等情况的分析；职业环境如
对行业和企业的现状、发展前景的分析，对企业类型、企业所在地域、文化氛围、工作氛
围、员工素质等情况的分析，对所做工作的性质、职责要求、发展空间等方面的分析，进
行职业分析小结。

④ 第四部分：职业定位

结合"自我分析"和"职业分析"的内容，运用"SWOT"分析法进行职业定位。

◎ 确定职业目标：描述如"将来从事……行业的……职业"；

◎ 策划发展策略：描述如"进入……类型的组织或到……区域发展"；

◎ 明确发展路径：描述如"走技术管理（行政管理、经商致富）路线"；

◎ 描述具体路径：描述如"一线员工→初级技术骨干→初级工程师→中级工程师→
高级工程师"等；

◎ 备注：备用方案。例："如果有合适的机会，我也会考虑从事……职业（或自主
创业），也会走……发展路径"等。

⑤ 第五部分：计划实施

将职业目标细分为短期、中期、长期目标内容进行计划。如退役士兵小朱的计划：
"短期目标：参加民政部门在泰州职业技术学院开办的大专学历会计电算化专业的系统学
习，取得大专学历文凭和会计资格证书，毕业后到大型知名企业应聘就业，从事财务或统
计工作，时间从2013年1月（21岁）——2015年12月（23岁）。"

在对目标内容进行计划时，注意一定要明确你想要实现的目标任务、需要的时间段
（年份和岁数）、为实现目标任务的主要措施等。

⑥ 第六部分：评估调整

职业生涯规划是一个动态过程，必须根据实施结果的情况以及相关因素的变化进行及
时的评估与调整。

◎ 评估内容：如对职业目标评估（是否需要重新选择职业），类似的想法描述"假

如一直……，那么我将……"；如对职业路径评估（是否需要调整发展方向），类似的想法描述"当出现……的时候，我就……"；如对职业政策评估（是否需要改变行动策略），类似的想法描述"如果……，我就……"。

◎ 评估时间：一般情况下，定期（半年或一年）评估规划一次。当出现特殊情况时，最好随时评估并进行相应的调整。

◎ 调整记录：在对生涯规划调整时需做好调整记录，写明调整时段、需调整的内容和调整理由。

⑦ 第七部分：结束语（或附录）

（2）表格式：职业生涯规划书（模板样式参照）

姓名		性别		出生年月		学历		政治面貌	家庭所在地	
个性特征测试结果（我喜欢做什么？）										
职业兴趣类型										
性格特征										
能力倾向										
个性特征自我描述（我是谁？）										
适合我的职业定向（我适合做什么？）										
例如：朋友对我的评价，你最适合做营销啊！（综合了解他们认为你适合什么职业）										
老师评价										
父母评价										
亲属评价										
朋友评价										
其他评价										

职业长期目标定向和定位的SWOT分析结果（我能够做什么？）			
SWOT／目标类型	S（优势）	W（劣势）	O（机会）	T（威胁）
目标行业				
目标产业				
目标职业				
目标岗位				
任职条件				

职业生涯发展规划阶段分解目标（我的职业价值观是什么？）			
1. 学习目标	近期	中期	长期
学历			
职业资格证			
我的职业价值观			
2. 收入目标	起薪	职业发展中期收入	最终目标
职业收入			
其他			

185

3. 家庭目标	恋爱时间段	结婚时间段	住房	养老
4. 职务目标	初职岗位	晋升岗位	职务总目标	
5. 职称目标	初级职称	中级职称	高级职称	专家
职业生涯发展道路（如何实现我的职业理想？）				
职业路径选择	红_____　　黄_____　　白_____			
理由1				
理由2				
理由3				
备用路径选择				
行动计划（实现目标的措施）				
一、实现近期职业目标的主要措施				
二、实现中期职业目标的主要措施				
三、实现长期职业目标的主要措施				

职业生涯规划评估调整记录表

调整时段	评估调整内容	调整理由

（3）混合式：顾名思义即是条文式和表格式的混合使用的形式。可根据笔者需要灵活运用以上两种格式。现大多年轻人都喜欢使用混合式再插入些图形，则更加形象生动。

4. 职业生涯规划第四步——职业生涯规划书的评估与调整

俗话说："计划赶不上变化"。个人职业生涯成功与否，既受到个体各方面的影响，同时也受到他所生活的周围客观环境的影响。影响职业生涯规划的因素很多，有的变化因素是可以预测的，有的变化因素是难以预测的。因此，要想职业生涯设计行之有效，就需适时地进行评估与调整。

其调整的主要内容是：职业的重新选择、职业生涯路线的选择、职业生涯目标的调整、实施措施与计划的变更等。

评估时间：一般情况下，定期（半年或一年）评估规划一次。当出现特殊情况时，最好随时评估并进行相应的调整。在对生涯规划调整时需做好调整记录，写明调整时段、需调整的内容和调整理由。

（三）职业生涯规划应注意的问题

1. 要重视自己的职业生涯规划

有的人认为，未来有太多的不确定因素，所以现在规划为时过早。这种想法造成的后果是学习、生活、工作无目的性，荒废了许多宝贵的人生大好时光。20—25岁是人生的一个非常重要的时期，青年人思想活跃，可塑性强，容易接受新鲜事物，在这一时期，做好职业生涯规划，着力培养自己的职业能力、职业兴趣和职业道德，就会为未来的职业生涯打下良好的基础。机会总是青睐那些有准备的人。

2. 要亲自规划自己的职业人生，不要把自己的命运交给别人

职业生涯规划过程中，有的人在关系到自己未来发展问题上不能自己做主，总希望有人替他作出最后的选择。职业生涯规划的最大特征就是个性化，个人的职业生涯规划必须由自己主导。每个人的成长环境、家庭经济条件、父母的社会地位、文化背景、个性类型、价值观、职业生涯目标、父母的期望、对成功的评估标准等不尽相同，所以，不同的人对自己的职业生涯规划也必不相同。无论是老师、父母或朋友都无法代替，只能自己根据实际情况来客观地进行规划。

3. 自我评估时不要过分地否定自己

进行自我评估，目的是要找出自己的优势和不足。不幸的是，许多人在评估过程中，看不到自己的优势所在，随之而来是对自己的过分否定，认为自己一无是处。不断地从自己身上找缺点并克服这些缺点的确是难能可贵的，但过分地否定自己，也容易让自己失去信心。缺乏自信的人，其事业是难以成功的。

4. 根据社会需求、个人兴趣与能力特长设计职业生涯

职业是一种社会活动，必然受到一定的社会因素的制约，任何人选择职业的自由都是相对的、有条件的，如果择业摆脱社会需要，就很难为社会所接纳。另外，具有某一方面专业知识和技能这是每个人的优势，也是自己职业生涯规划的依据。根据自己的兴趣爱好和特长进行职业生涯规划，在未来的职业工作中，才能够体会到更多的乐趣，而不仅仅是把工作视为谋生的手段与负担。

5. 职业生涯目标要与生活目标结合考虑

人除了事业目标外，还有财富、婚姻、健康等问题。这些问题都直接影响着人生事业的发展和生活质量。所以，财富、婚姻、健康也是人生的重要组成部分，在制定职业生涯目标时应加以考虑。

思考练习

1. 你知道为什么要进行职业生涯规划吗？

187

2.怎样规划自己的职业生涯?

3.请为自己编制一份完整的职业生涯规划书,格式自选。

三、就业准备

就业的一般流程

```
了解就业形势和政策
        ↓
    搜集就业信息
        ↓
    锁定就业目标
        ↓
    准备自荐材料
        ↓
    参加应聘活动  ←─┐
        ↓          │
    双方是否满意?──┘
        ↓
签订《就业协议书》或《劳动合同》
        ↓
    报到  就业
```

188

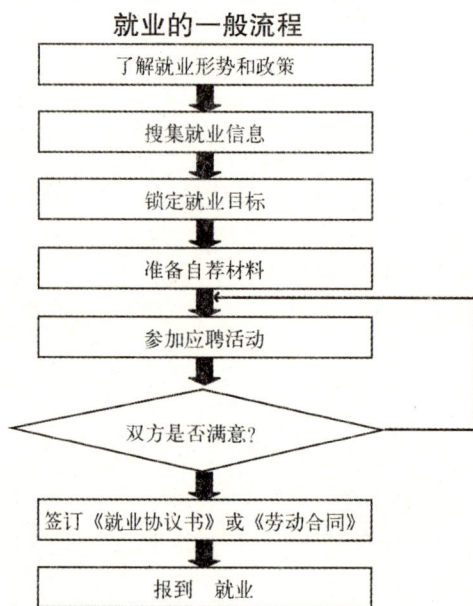

(一)了解就业形势和政策

军人都熟悉这样一句话:"知己知彼方能百战百胜。"要想取得职场上的成功和胜利,同样需"知己知彼"。

我们在进行职业生涯规划时已经学会了从职业的角度对自己进行分析、定位,知道了自己想干什么、适合干什么,也就是"知己"了。社会的需求、就业的机遇、幸运之门会为你打开吗?这就需要"知彼"。

就业形势将会影响就业者的就业环境,就业政策将会为就业者提供把握顺利就业的机会。要关注国家政治、经济建设的发展变化,社会的改革和发展将会为你们创造更广阔的社会舞台。

要熟悉国家及地方政府发布的促进就业的相关政策,特别是专为退役士兵制定的促进就业创业的相关文件,可查询民政网、社会保障和人力资源网、各地政府网等,了解就业形势和政策,特别是你所在地区的经济建设和发展趋势、就业形势和政策。

明确就业方向,准确定位。如:就业的区域是定位在本地还是外地?是选择大企业还是小企业?是选择做"鸡首"还是做"凤尾"?……只有明确了方向和目标,才能"有的放矢",才能有目标地选择、联系心仪的就业单位。

（二）就业信息搜集的渠道和原则

获取就业信息要通过一定的信息渠道，信息渠道越多，信息数量就越多，就业的选择地也就越大；信息渠道越可靠，信息的可信度就越高，职业选择的效果也就越好。

1. 搜集就业信息的渠道

（1）通过网络平台获得信息

途径一：从专门的就业指导服务网络平台收集，如各地的人才市场网站等；

途径二：到目标就业单位的网站查看；

途径三：将自己的就业意向通过网络工具"海选"，如"百度"搜索等。

（2）参加招聘活动收集信息

参加各地人才市场和劳动力市场开放日的双选活动和各地方、各行业通过人才市场举办的各种类型的招聘会，寻找收集就业信息。

（3）从媒体报刊中获取信息

各地的日报、晚报、广播、电视等媒体因传播速度快、涉及面广而深受用人单位青睐，是就业的巨大信息源。

（4）通过社会关系获得信息

父母家人、亲戚朋友、老师同学、校友战友等，是最主要的人际关系网，也是获取就业信息最直接、较方便可信、成功率较高的渠道。

2. 搜集就业信息的原则

（1）真实性原则

真，即招聘信息的内容首先必须是真实可信的、准确无误有效的；实，即搜集的信息要具体，单位的名称、地点、岗位介绍、薪资待遇、联系人电话等方面的信息掌握得越具体越好。

（2）时效性原则

要看清信息发布的时间，时间越早，其使用价值就越大。同时要了解招聘单位是否已物色到合适的人选，不能只看报名截止日期想当然，因为用人单位招聘大多是"人满门自关"。

（3）针对性原则

强调的是收集信息的方向，要有的放矢，要根据个人兴趣、爱好、特点等有针对性地搜集有关招聘信息，避免因收集范围过大而浪费不必要的精力和时间。

（4）前瞻性原则

要用发展的眼光取舍信息，切忌目光短浅，一味地追求高工资、高福利等现实因素，应多考虑未来的职业发展。

（三）锁定就业目标

当你决定了就业方向后，接下来一项大的工程就是筛选合适的就业单位和岗位，决定去哪家单位工作。

有那么多的企业、机构供你选择，而各个企业、机构在很多方面如企业文化、企业规模、地理位置、产品种类、行业前景等又不尽相同，你该如何选择适合你的企业呢？下面给你提供一个评估未来雇主的大致标准和方法：

品质	对你重要吗	评分等级				
		优秀	好	一般	较差	极差
	是／否	1	2	3	4	5
优秀的组织能力／市场销售素质						
良好的业内声誉						
有吸引力的工作地点						
良好的职业发展前景						
多样化的工作任务						
成为专家的概率						
晋升制度						
职业发展支持体系						
有发展前景的产品						
优秀的企业文化						
工作环境及待遇						
工作—生活的平衡体系						
愉快的工作团队						
其他方面						

获取目标单位真实信息的方法：

方法一：学会甄别宣传资料的宣传功能。招聘说明会、企业宣传手册等，是展示企业外部形象的重要手段，要学会甄别哪些是经过修饰加工的介绍，哪些是企业的实际情况。可以通过互联网或相关专业资料查询，还可查阅近期与公司相关的新闻报道或文章。敢于打破常规，利用其他的信息来源，尽可能地找到更多的公司情况。

方法二：直接向单位的人力资源部门了解单位和招聘岗位情况。可电话咨询了解，也可上门拜访，还可以参加他们的招聘活动等，必须事先准备好你想调查了解的问题，切不可盲目"上战场"。

方法三：向可能知情的亲朋好友询问，向招聘单位的在职人员了解，利用实习、打工的机会亲自深入目标单位考察、体验等，这些都是获取招聘单位真实信息的有效途径。

（四）准备自荐材料

参加各类招聘会、访问用人单位、恳请老师推荐、拜托亲友帮忙……都需要一个书面介绍自己的材料，自荐材料是"广种薄收"的工具，也是大部分用人单位安排面试的依据。因此，撰写有说服力并能吸引读者注意力的自荐材料是赢得职场竞争的第一步。

退役士兵的就业自荐资料一般包括求职信、简历、学历证书、技能证书和荣誉证书等。

1. 撰写求职信

求职信是你与用人单位沟通的第一份"书面礼"，对你个人印象的形成至关重要。所以，要写出你的个人特色和水平。写求职信的一般步骤和要求如下表：

写求职信		一般要求
准备工作		① 认真阅读招聘信息，可以帮助你了解招聘单位的需要。
		② 要站在招聘方的角度去想对方想要了解什么，哪些成就和技能可以引起招聘方的关注。
		③ 为你应聘的职位找出你具备的3—5个优点或优势。如果你是针对某个具体的职位而写此信，那么所列的你的优点应该就是招聘广告上需求的；如果你不是针对具体的职位的话，就按通常所需知识和经历来考虑。
主要内容	称谓	求职信的称谓一定要比一般书信的称谓正规，称谓可以用"尊敬的某某处长（科长等）"、"尊敬的某某厂长（经理）"等等，在不知道谁可能阅读你的求职信时，也可以称为"尊敬的领导"（通常用于机关事业单位）、"尊敬的招聘经理"（通常用于企业单位）等。
	正文	这是求职信的中心部分，要简洁并且有针对性。一般来说，正文的内容包括：介绍个人的基础情况和求职信息的来源；说明自己所要应聘的岗位和自己已经具备的条件；突出自我学习服役背景、成就以及自己所具备的各种能力和潜力。正文要体现你是有备而来，要突出你能给用人单位做什么，并表现出你对这份工作的热情。
	结尾	结尾一般要明确表达出希望对方予以答复，并能有机会参加面试的强烈愿望。同时要写上简短的表示祝福的话语，如"此致敬礼"、"顺祝安康"等。
	署名和联系方式	署名处要写上"自荐人×××"的字样，标注规范体公元年、月、日，并说明自己的联系方式，署名处如是打印复制件，则要留下空白，由本人亲自签名，以示郑重和敬意。
注意事项		① 篇幅不要太长，5号或4号字，以一页为宜。 ② 求职信重点要突出。要围绕对方的招聘要求有针对性地组织材料，突出简历里跟你所应聘的职位相关的部分，要让用人单位知道，你能为他做什么、创造什么。 ③ 语言要有务实的风格，谦虚而又自信。 ④ 求职信要展示你对这份工作的热情，体现你的敬业精神。 ⑤ 求职信整体要有美感，行距和段落间的距离要适当，以1.5倍或2磅行距为宜，信纸的颜色以白色为好。 ⑥ 求职信应放在简历前一页。

2. 制作简历

简历是求职时获得面试的敲门砖，是就业者推销自我的个性化广告，是赢得用人单位

录用的佐证材料。所以，一份求职简历
能否得到用人单位的青睐，需要求职者
认真谋划。制作一份层次分明、简洁明
了、突出重点、内容完整并且岗位目标
明确的个人简历就相当于战士打仗前准
备武器一样，非常重要。

从简历看
这人还不错

简历的形式有：条文式、表格式、混合式。建议用表格式较适合。

简历内容结构：如下图示。

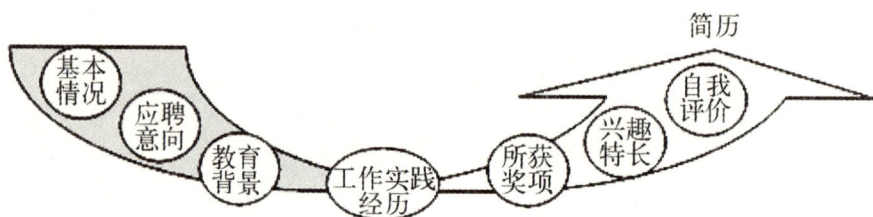
简历
基本情况 应聘意向 教育背景 工作实践经历 所获奖项 兴趣特长 自我评价

（1）条文式简历

① 第一部分：个人基本情况

一般要写明姓名、性别、毕业学校／专业、家庭所在地、出生年月、健康状况、联系
地址、联系电话、手机、E-mail等基本情况。民族、身高和政治面貌等其他信息可以根据
实际情况决定是否向用人单位提供。

② 第二部分：应聘意向

对自己希望从事职业的地域、行业、岗位等方面的描述。这是在个人简历中必须写明
的内容，而且尽可能是具体的，那些不写自己应聘意向或者是全能的应聘意向往往会让招
聘者觉得应聘者目标不明确而不予考虑。

③ 第三部分：教育背景

一般只列出自己曾接受的最高教育，包括毕业院校和专业等，接着可以写出所学的课
程，课程最好针对招聘岗位要求按门类进行归纳、罗列，而不是一股脑儿地全部堆在学历
上；如果你觉得自己的学习成绩不错的话，还可以在列出的课程后填上成绩。同时还要列
出英语和计算机的水平。

④ 第四部分：工作实践经历

初涉职场的年轻人一般都没有正式的工作经验，但是有打工、兼职或积极参与各类性
质的社会活动的经历，可以用文字充分说明打工的经历、参加社会活动的经验，说明自己
通过担任工作、组织活动所获得的能力和积累的经验。这些经验或多或少突出了个人的
一些特性，如志趣、团队精神、组织能力、协调能力、领导能力、成熟度等，所以备受
企业重视。

⑤ 第五部分：所获奖项

可填写在学校和部队期间获得的各种荣誉和奖励，奖励必须是对应聘很有价值的，最
好是反映外界对自己过去的评价和认可程度的。

⑥第六部分：兴趣和特长

凡与工作性质有关系的才艺，都可以在履历表上列出。这将有利于用人单位评估应聘者的个人特长与应聘工作的是否相符，是否能给工作的顺利开展带来推动作用。例如同样来应聘总经理助理这一职位的两个人，其中会驾驶汽车的人就比另一位没有"驾驶执照"的占有优势。对于个人特长，每位求职者应清楚地列出。注意实事求是，不要夸大其词，但也不要因害羞而掩饰自己的长处。每个人都有自己的长处和特点，写简历之前要花点时间认真总结自己的特长，用以增加自己的谋职砝码。

⑦第七部分：自我评价

总结自己良好的个性特点和品质，但不要全面罗列，要根据用人单位招聘岗位的性质和岗位对人才的具体要求有侧重地列出几条。

（2）表格式简历（表中括弧内文字为填写指导）

姓名		性别		出生年月		照片
学历		籍贯		政治面貌		
毕业学校			专业			
联系方式	E-mai		手机			
	地址		邮编			
应聘意向	（写明想要应聘的职位）					
教育背景	（可按倒叙的方式写明受教育的时间、学校、学历层次 / 专业、获取的证书，注意后面要附相关证书的复印件）					
工作实践经历	（时间+工作实践的单位、岗位及职务）					
个人能力	（计算机、英语、普通话等，注意后面要附相关证书的复印件）					
兴趣特长	（要与招聘单位的企业文化和岗位要求相近）					
获奖情况	（要写清楚表彰获奖时间、授奖部门）					
自我评价	（要有针对性，并能结合应聘岗位和自身实际进行匹配总结，说明我是合适的人选）					

（3）混合式简历，即条文式和表格式兼用，可根据自己的需要设置。

补充阅读

可能被扔进垃圾筒的简历分析

情形一："这份简历不知发给多少家了，不会选择我们这儿的。"

分析原因：

1. 不是针对招聘用人单位的简历；

2. 本人太优秀，期望值太高；

3. 用人单位条件不是太优越，人才竞争力较弱；

4. 收到的简历太多，不可能看太细。

建议：没有职业方向，岗位定位不清，简历内容没有针对性，是不会吸引招聘主管人的眼球的，因为你连自己都不知道想做什么、适合做什么，用人单位又如何选择安排呢？其次，人事部经理们最关心的并不是你多么优秀，而是你近年来的学习和实践经历、你的社会资源、证明你能力的所有资料，这些对于用人单位所招聘的岗位十分有用。所以请你把重点突出在最近以及与应聘岗位最相关的工作经历上。如果你的简历是发给任意用人单位，而不是对某用人单位情有独钟，简历的价值就会打折扣了。

情形二："这份简历中他想要的职位我们这次没有啊！"

分析原因：

1. 简历投错了主，不对口；

2. 只想自己愿意去，没想人家想要谁？

3. 只考虑自己的优势，没仔细分析招聘条件。

建议：为了实效和节省开支，你最好不要"撒大网"式投递简历。如果只图企业名声、地域优越，而你的实际条件与工作岗位的专业化要求相差较大，就不要随意投递简历。否则不仅就业时竞争力较弱，还会影响今后职业的发展。这是对自己、对招聘单位都不负责的表现。你应该仔细阅读理解招聘广告的内容，衡量你的资历是否有足够的竞争力后去投递简历。

情形三："这份简历太不像样了。"

分析原因：

1. 简历表面上有些褶皱，制作粗糙，甚至有污渍；

2. 内容上字体太小，增加阅读困难；

3. 排版明显不规范，如段落开头没空两格，标题还加有标点，空白过大浪费纸张；

4. 有错别字，甚至语言不通顺等。

建议：简历就是一份个人广告，能否吸引人的眼球，第一眼很重要。如果一眼看上去有以上这些问题，会使用人单位产生"做事这么不认真的人不能录用"的印象。对涉及自己本人找工作这样的事，做起来都不认真，用人单位会怀疑将来给他一份工作他是不是也会粗心大意？这个人的基本功这么差，其他职业素质不会好多少吧？所以简历写完后一定要认真检查，最好找人看看，听一听别人的意见。

情形四："这简历前后为何不一样？水分太大。"

分析原因：

1. 自我提拔曾经学习、服役或工作时的职务；

2. 个人经历中的日期或职务名称不符合实际；

3. 相关学历、技能、荣誉无材料证明。

建议：不要虚构日期或职务名称来蒙蔽你曾经失去工作或创业失败的事实，如你未来的雇主去做背景调查发现你在撒谎，那你就和你的工作说"再见"吧。至于你的能力水平，有经验的招聘部门在面试时就能核实明了。如对计算机水平的了解，招聘人员让应聘者当场完成一项上机操作，语言反应迟钝和不懂操作的，立马就会败露。那你应聘就没戏了。

情形五："就这一张纸就想找工作啊！" "这简历写了这么多，找不到有用的！"

分析原因：

1. 简历过短或过长；

2. 无论长短都不易找到招聘岗位需要的内容。

建议：简历过短，太简单，简历过长没有时间细看，找到有用的东西太麻烦，所以，1页纸的简历和10页纸的简历，都会给人同样不愉快的感觉。一般简历最好两页为宜，一张纸正反打印即可。

总之，撰写简历并无一定之规、固定格式，只要能够引起招聘人员的注意，让其有兴趣读下去，并且充分地展示出了自己具备的应聘条件，都是成功的简历。

思考练习

1. 对你所在地区的经济建设、发展趋势、就业形势和政策进行调研，明确自己的就业

195

方向和目标，收集就业信息。

2. 在你收集的招聘信息里拟定一个目标岗位，为自己撰写一份求职简历和求职信。

四、参加应聘活动

好工作靠"谋"而不是"求"。无论你是参加什么形式的招聘活动，都应该事先做好充分准备，制定好你的"攻略"，"不打无准备之仗"。

（一）投递自荐材料的方法

1. 参加现场招聘会，亲自将自荐材料递交给招聘单位主管或负责人；

2. 直接到目标单位的人力资源部门登门拜访，毛遂自荐；

3. 托熟人引荐、面呈或转交求职自荐材料；

4. 直接将求职自荐材料寄发到指定邮箱或传真机，或电话联系确定递交自荐材料的形式；

5. 参加网络招聘，进行"网申"。

（二）网络应聘

随着现代科技的发展和网络的普及，求职方式也趋向多样化。其中，参加网络应聘即当下流行的词——"网申"已成为近几年的求职关键词之一。现在，越来越多的公司采用网络申请的方式招聘人才，尤其是想加入全球500强企业，网申更是司空见惯的招聘方式，毫不夸张地说，网络申请已经成为申请者进入名企的"敲门砖"。

网申就是通过招聘单位官方网站的招聘页面、或者第三方的招聘网站开设的专门的页面投递简历的求职方式。招聘方通过该页面收集简历，并对应聘者进行初步筛选。

网申的内容形式一般由个人资料和开放式问题组成。

个人资料以表格形式呈现，表格涵盖了应聘者个人基本情况、教育背景及工作经历等多方面的信息。

开放型问题通过精心设计的提问，要求应聘者在一定字数内回答，以此判断应聘者的个人合作能力和技巧、工作的抗压能力、是否有不利于工作的性格缺陷等等。

网申的一般步骤如下：

第一步：进入网站，选定职位；

第二步：填写简历；

第三步：回答开放性试题；

第四步：提交，完成流程；

第五步：等待企业的回复。

（三）应聘中的笔试和面试

1. 常见的笔试内容和类型

笔试是用人单位用书面形式对应聘者掌握的基础知识、专业知识、文化素养、心理素质以及文字能力等方面进行综合考察。主要适用于应聘人数较多、需要考核的知识面较广或需要重点考核文字能力的情况。

常见的笔试考试类型

类型	一般考试内容	考试目的
专业及技能考试	按专业类别进行，着重检测职业活动所必须具备的专业基础知识	此类考试的题目一般不会过难，主要考察应聘者的基础知识、文字表达能力水平等。不同岗位的专业知识的测试各不相同，且针对性较强。
智力测试	一般以图形题、数字题、文字题三类为主	常见于一些著名跨国企业，他们对应聘者的整体素质水平要求较高。旨在检查应聘者的分析观察能力、逻辑推理能力、综合归纳能力等。 此类题目如有充分时间仔细思考，不会太难，但用人单位通常要求应聘者在极短的时间内完成一整套题目，因此对于没有经过这方面训练的人来说，还是有一定难度的。
心理测试	测试应聘者的态度、兴趣、动机、智力、个性等心理因素	一般采用事先编制好的标准化量表或问卷对应聘者进行测试，根据完成的数量和质量来判定其心理水平或个性差异。除了通用型的测试外，一些特殊的用人单位常常以此来确定应聘者是否符合岗位要求，是否适合在本单位发展。

2. 常见的面试内容和类型

面试是面试官与应聘者进行双向交流和沟通，或以一定内容作为考察目标设置特定情境活动挑选应聘者的一种形式。也是用人单位"伯乐相马"的过程。

面试的主要方法：谈话、观察。

面试测试的一般内容：专业知识、经验能力、表达能力、综合应变能力、工作态度及求职动机、仪表等。

常见的面试类型

分类参考要素	类型	说明
人员组织形式	单独面试	应聘者逐一面试
	小组面试	即集体面试，多个应聘者同时面试
面试内容结构	结构化面试	多用于正式的、重要的面试
	半结构化面试	较为常见
	非结构化面试	多用于初试
面试方法运用	常规面试	以问答为主要形式
	情境面试	具有模拟性、针对性、考察充分等特点，包括：无领导小组讨论、公文处理、角色扮演、即兴演讲、案例分析等情境模拟形式

3. 学会自我介绍

自我介绍是面试"第一问"，面试官可以通过自我介绍考察应聘者的语言表达能力、应变能力、竞争优势、性格特点等。同时也是个人简历的精简版，其内容可以概括为三部分：

一是身份信息。如姓名、毕业院校、专业、年龄、籍贯、性格、爱好、家庭构成情况；

二是能力经历。如学业成绩、社会实践、担任职务、技能取证、获得荣誉等；

三是态度观点。如对面试的期待、对公司的评价、对专业行业发展的关注，以及自身定位、生活向往等。

自我介绍要争取最好的表现，注意六个把握。详见下表：

序号	把握点	一般要求及注意事项
1	时间	一般为1～3分钟。 要避免两个极端。一种是只简短地介绍一下自己的姓名等基本情况，不到半分钟左右就结束了自我介绍，这种作法不妥，白白浪费了一次向面试官推荐自己的宝贵机会，另外也会让面试官觉得你太轻视这次面试。而另一种极端则试图将全部信息都压缩在这几分钟内，造成时间过长，或者内容太多，没有重点。
2	开头	可采用普通化的开头。如："各位面试官，你们好，我是某某学校2011届毕业生……" 也可以采用引导式开头。如："各位面试官，你们好。我从个人基本情况、专业成绩和自身优势三个方面介绍一下我自己……"
3	层次	表述的内容要：条理清晰，突出重点，要有闪光点。 可以根据应聘的岗位适当设计个性化的自我介绍，以达到吸引面试官、加深印象的作用。
4	语气	要做到语音清晰洪亮，能让面试官听清楚。 如在介绍中被面试官打断，被要求重复一遍叫什么名字，或者再重复刚才的内容，这样的自我介绍都不算成功。 介绍时注意保持自然、友善、亲切、随和，充满信心和勇气，切勿采用"背诵"口吻，会让人感觉很别扭，不自然，不真实。
5	真实	进行自我介绍时所表述的各项内容，一定要实事求是，真实可信。 过分谦虚，一味贬低自己去讨好别人，或者自吹自擂，夸大其词，都是不可取的。
6	结尾	概括式结尾。如："总的来说可以用热情、执着、自信来形容我自己……" 点睛式结尾。如："我在服役期间因什么荣立二等功……" 期盼式结尾。如："非常期望我能通过此次面试，成为公司的一员，为公司的发展作出我的贡献……" 感谢式结尾。如："很高兴能参加此次面试，也非常感谢各位面试官给我这次机会……"

4. 如何应对面试的"十大必考题"

（1）为什么想进本公司？

这通常是面试官最先问到的问题。此时面试官就开始评断录用与否了，建议大家先判断自己去应聘的工作性质，是专业能力导向还是需要沟通能力？其实现在市场多以服务为方向，所以口才被视为基本能力之一，所以在此时就要好好表现自己的口才，而口才较差者就务必表现出自己的专业能力及诚意，弥补口才不足的部分。

回答这个问题时，一定要积极正面，如想要使自己能有更好的发展空间，希望能在相关领域中有所发展，希望能在公司多多学习等等。此时可以稍稍夸一下面试公司，但切记一定要诚恳，不然会画蛇添足，得不偿失。

（2）喜欢这份工作的哪一点？

每个人的价值观不同，自然评断的标准也会不同，但是，在回答面试官这个问题时可不能太直接就把自己心里的话说出来，尤其是薪资方面的问题，不过一些无伤大雅的回答是不错的考虑，如交通方便、工作性质及内容颇能符合自己的兴趣等等都是不错的答案，不过如果这时自己能仔细思考出这份工作的与众不同之处，相信在面试上会大大加分。

（3）自己有什么优缺点？

有许多面试官都喜欢问这个问题，目的是在于检视人才是否适当、求职者的诚恳度等等，在这之前应该好好分析自己，将自己的优点与缺点列张单子，在其中挑选亦是缺点亦是优点的部分，在回答问题时，以优点作为主要诉求，强调可以为公司带来利益的优点，如积极、肯学习是最普遍的回答，而缺点部分则建议选择一些无伤大雅的小缺点，或是模棱两可的优缺点作为回答，这样才不会使面试官太过针对缺点做发挥，造成面试上的困难。

（4）对公司的了解有多少？

这时准备的功夫就派上用场，将你之前所收集的信息发挥出来吧！至少也要知道公司的产品是哪些、提供哪些服务、有哪些企业文化等等。

（5）对工作的期望与目标何在？

这是面试者用来评断求职者是否对自己有一定程度的期望、对这份工作是否了解的问题。这时建议你最好针对工作的性质找出一个确实的答案，如业务员的工作可以这样回答："我的目标是能成为一个超级业务员，将公司的产品广泛推销出去，达到最好的业绩成效；为了达到这个目标，我一定会努力学习，而我相信以我认真负责的态度，一定可以达到这个目标。"其他类的工作也可以比照这个方式来回答，只要在目标方面稍微修改一下就可以了。

（6）上一个工作为什么要离职？

回答这个问题时一定要小心，就算在前一个工作受到再大的委屈，对公司有多少的怨言，都千万不要表现出来，尤其要避免对公司本身主管的批评，避免面试官的负面情绪及印象；建议此时最好的回答方式是将问题归咎在自己身上，例如觉得工作没有学习发展的空间，自己想在此次应聘的工作相关产业中多加学习，或是前一份工作与自己的生涯规划不合等等，回答的答案最好是积极正面的。

（7）选择这份工作的原因为何？

这是面试官用来测试应聘者对工作理解度的问题，藉以了解求职者只是基于对工作的憧憬或是确实有兴趣来应征这份工作。此时之前所强调的事先研究功夫又再度派上用场，建议你的回答应以个人的兴趣配合工作内容特色，表现出高度的诚意，这样才可以为自己铺下迈向成功之路。

（8）你认为相关产业的发展如何？

这也是事前准备的功夫，多阅读一些相关的报章杂志，作一些思考，表现出自己对此相关产业的认识，如果是同业转职者，可强调以自己的经验为基础所做的个人见解，但若是初次接触此行业，建议采取较为保守的方式，以目前资讯所提供的资料为主作答，表现出高度兴趣及诚意为最高指导原则。

（9）你希望的待遇为多少？

这是一个非常敏感的问题，目前，一般大型企业在招聘时就会事先说明基本底薪等等薪资待遇，而一般中小型企业有许多仍以个人能力、面试评价作为议薪的标准，所以建议求职者可以利用现在网络科技查询薪资定位的相关资料，配合个人的价值观、经验、能力等条件，做出最基本的薪资底限，这时建议无工作经验者应采取保守的态度为准，以客观资料作为最主要考量重点，"依公司规定"的回答是不被建议的，这样不但表示出自己对于工作的自信程度不高，而且在薪资无法符合个人要求时更会造成许多困扰。

（10）在工作中学习到了什么？

这是针对转职者提出的问题，建议此时可以配合面试工作的特点作为主要依据来回答，如业务工作需要与人沟通，便可举出之前工作与人沟通的例子，经历了哪些困难，学习到哪些经验，把握这些要点做陈述，就可以轻易过关了。

（四）应聘时需注意的相关礼仪

1. 穿着得体大方，不要佩带叮当作响的装饰品；

2. 关掉手机等通讯工具；

3. 进门前先敲门，不要随意就座或走动；

4. 面带微笑，态度自然、亲切、友善；

5. 不要随便与接待人员聊天或进入他的工作区域；

6. 保持优雅的站立姿势，入座时上身挺直不要趴在桌子上或靠在椅背上；

7. 使用普通话与对方交流。

（五）应聘后的总结、评估和跟进

1. 及时进行自我总结评估

应聘结束后，还有很多工作要做。首先要对自己的应聘情况做一个评估，用定性和定量的方法来衡量应聘时自己和对手的表现，如面试过程中表现的优点及不足，面试中的收获及感受，通过面试的几率和主要原因，今后的改进措施和打算等。做到心中有数，养成良好的竞争意识和过硬的心理素质，期待在新的工作环境中或者再一次的面试中脱颖而出。总结得失，胜不骄败不馁，以最好的心态，迎接最坏的结果。

2. 及时做好跟进工作

面试结束后要想办法取得面试官的联系方式，准备继续跟进。跟进的方法主要有致信感谢（邮件感谢）、电话询问、约见面谈等几种形式。

应聘者可以视实际情况选择以上方式，也可以几种方式递进并用。其中，感谢信作为一种长盛不衰的"奉承"方式，受到求职者的热捧。感谢信一定在面试后的24小时内发出。写感谢信要注意以下事项：

① 要懂赞赏之道

在表达感谢与赞赏的时候，要懂得赞赏之道，不要泛泛地写贵公司是优秀公司，而要真诚地指出：你对公司或面试程序中哪个细节印象深刻，并感谢在面试中学到的东西、受到的启发等。

② 重申你与职位的匹配

重申你通过面试对该公司及该公司招聘的该职位有了进一步的了解，因而对这个岗位有了更加浓厚的兴趣，并且要在感谢信的这一部分，想办法提醒面试考官，你如何能够利用你的专业、技术或者工作经验，来不断满足单位用人的需求。

③ 强调渴望，注重真情

这部分内容要组织好语言，让面试官读起来情真意切，从而打动面试官。这样不仅会令面试官对你的印象加深。更会对你产生好感，还可扩展自己的人际关系。

④ 如果已得知没有通过面试，也要及时发出感谢信

信中要强调自己十分愿意作为日后空缺职位的候补人选，一封真挚的感谢信可能会改变结果。事实上，用人单位也期待求职者的主动跟进，面试官将跟进看成是求职者对工作是否感兴趣的依据之一。

补充阅读

一封发给面试官的感谢信

尊敬的张部长：

您好！

我是×月×日到贵公司应聘的某某。非常感谢您给了我这次面试机会！很高兴认识您，跟您的谈话愉快而富有收获。

通过这次谈话，我对贵公司的了解更加深了，尤其是贵公司的文化让我感受到这是一家有社会责任感的公司。同时感谢您对我的认同和赞同。在面谈中，您对公司的真挚情感溢于言表，您深入细微的洞察力、亲和力以及您的谈吐，都令我钦佩不已，也是我今后学习的榜样！如若能进入公司，得到您的指点，共同为实现企业目标而努力，将是我职业生涯中的一件幸事！

面试中，我也了解到销售助理岗位的职责与要求，纵观自己的学习、实践经历，加之通过以后不断地学习和努力，我完全有信心胜任此工作岗位，结合您的问题，总结几点如下：

一、贵公司的产品技术含量高，与我所学的专业吻合，相信专业出身的我对产品性能、技术指标的深入了解，一定有助于销售目标的达成；

二、尽管平时在与人交往上我显得有些平和，但对于销售工作，我还是非常有激情的，愿意投入自己的时间与精力，把销售工作做好；

三、虽然我现在没什么工作经历，但通过参与一些社会兼职和广告赞助等活动，积累了一定的销售经验。

我迫切希望贵公司能给我一次锻炼的机会，我一定能为贵公司发展作出应有的贡献！

真诚期望能够和您成为同事，能够成为公司的一员，能够发挥我的价值所在！

再次感谢！

此致

敬礼！

×××

×××年×月×日

（六）签订《就业协议书》或《劳动合同》应注意的事项

选择就业的第一家单位非常重要，它在某种程度上影响其以后的职业发展轨迹。所以在签订《就业协议书》或《劳动合同》时要采取慎重的态度，一般要注意以下事项：

1. 在签约前要仔细阅读《协议书》或《劳动合同》的各项条款，注意内容要完整。可比对新《劳动合同法》第十七条规定。

2.要注意合同期限与试用期限的合法性。根据新《劳动合同法》第十九条规定，劳动合同期限三个月以上不满一年的，试用期不得超过一个月；劳动合同期限一年以上不满三年的，试用期不得超过二个月；三年以上固定期限和无固定期限的劳动合同，试用期不得超过六个月。同一用人单位与同一劳动者只能约定一次试用期。

3.注意单位明细的薪水额度和福利状况，是否有缴纳"四金"（养老、医疗、失业三项社会保险金及住房公积金）或者"三金"（养老、医疗、失业三项社会保险金）的约定。按照国家规定，"三金"是必须缴纳的，不要随意放弃自己的权益。要问清单位发给的工资中是否包含"四金"或"三金"，如包含在工资中，需自己及时到档案存放处（人才交流中心或劳动和社会保障中心）交纳相关社会保险金。

4.要明确双方的违约责任。违约金的数额要合适（一般不要超过月收入的三倍）。

5.在与用人单位洽谈的过程中，要拒绝交纳押金、服装费、保证金等费用，同时不要将身份证、毕业证书、个人印章等物件交与用人单位。

6.当用人单位提出先安排你去基层锻炼的要求时，切记不要断然拒绝，因为这是用人单位的常规做法。

7.用人单位必须盖法人单位公章。应谨慎对待一些分公司、办事处、派出机构等形式的单位公章，确认其是否有对外效力。

8.《就业协议书》与《劳动合同》不能划等号。《就业协议书》是一种将要建立的劳动关系的先行约定。应聘者正式报到开始上班后，《协议书》的使命已基本完成，根据《劳动法》的规定，用人单位应当与应聘者签订《劳动合同》。但目前还存在少数单位误将《协议书》认为是《劳动合同》，而此时双方形成的劳动关系只能是事实劳动关系，而非《劳动合同》法律关系。因此，应聘者或用人单位很难以《协议书》中的约定作为强有力的证据维护自己的合法权益，报到上班后应及时签订《劳动合同》。

提醒正在找工作的朋友们，在签约时既要尊重对方的合理要求，又要学会保护自己的合法权益，经双方协商一致后慎重签约。签约后无特殊情况，不要毁约。

思考练习

1.带上自荐材料参加招聘活动，寻找自己职场的第一站。

2.收集几个企业的招聘信息，分析自己如果参加这些岗位的笔试和面试，该做哪些准备。

3.如初次应聘失败，你将如何面对？

五、适应职场，走向成功

（一）了解职业社会对职场人的基本要求

职业社会对职场人的基本要求：文明礼貌、爱岗敬业、诚实守信、办事公道、遵纪守法、团结互助，即职业道德基本规范。

（二）熟悉并遵守职场规则

游戏有规则，运动有规则，同样，职场也有自己的规则。几乎每个企业都有员工手册、管理制度这些条条框框，他们都是企业规则的一部分。但在这些书面或口头的企业规则之下，更重要的是那些潜规则和亚文化。规则没有绝对的对错，它代表了企业内部的一种礼仪关系的平衡。遵守规则才不会被罚出局。一个成熟的职场人士，要善于学会识别和适应各种不同的企业文化和企业规则。

规则一：做有责任的公司人，不要损害公司利益；

规则二：耐心执著地做好本职工作；

规则三：只有你去适应企业，不能要求企业来适应你；

规则四：尊重和服从上级；

规则五：适时表达自己的意见和建议；

规则六：不要苛求百分百的公平；

规则七：不要瞧不起"能力平庸"的同事。

（三）做好上岗第一份工作

俗话说"好的开始是成功的一半""万事开头难"，你的职业生涯有了好的开头，会使你的职业目标更加坚定，信心进一步增强，为你未来的职业发展打下良好的基础。如何做好上岗的第一份工作？

1. 了解企业文化。要做好一份工作，就必须对自己工作的环境有深刻的了解。每个企业都有其独特的企业文化，了解企业文化，可以迅速地理解单位的精神与宗旨，真正地融入其中。

2. 完成好领导交办的第一项工作任务。要做到充分准备、坚决执行、及时反馈。

3. 避免工作中的差错与失误。不要为自己的失误辩解，最好的办法就是老老实实认错，赶紧弥补过错。

4. 取得领导的信任和器重。机会就在每一份工作中。认真对待上司交代的每一件事情，并尽职尽责地完成。唯有如此，你才有可能获得上司的青睐，为将来承担更重要的工作或升职打下基础。

5. 学会合理统筹、高效工作。培养自己为企业创造利润的工作意识，在固定的工作时间内做出更好、更多的工作成果，为企业创造利润就是为自己实现自我价值。

6. 学会职业化的工作态度。低调做人，高调做事，建立和谐的人际关系。

（四）建立和谐的人际关系

初到工作岗位，如何处理好与同事之间的合作关系和与领导之间的上下级关系？如何加强人际交往，建立和谐的人际关系呢？

1. 提高自身素质，培养自身技能。一个人的能力越强就会越受人尊重喜欢。

2. 注重自我仪表，增强自身魅力。避免邋邋遢遢，塑造良好外表，因为爱美之心人皆有之。

3. 主动随和，心胸宽阔。要想让别人喜欢你，首先你要喜欢别人。坚持以严格的规范要求自己，以宽厚的态度对待别人。

4. 与人相处，切忌独来独往。初到一个新环境，走上新的职业岗位，要尽快与邻近的人成为朋友。

5. 尊重上级，服从安排。要维护领导的威信，不要当众顶撞上级，自觉服从工作的安排，力争圆满完成上级交办的一切任务。

思考练习

1. 拟定一个自己感兴趣的就业单位，了解其主要文化是什么。

2. 思考在这样的文化氛围下，一个职场新人如何快速融入新环境？

3. 如何做好第一份工作，建立和谐的人际关系？

六、退役士兵就业扶持相关政策

（一）国家政策

自2004年以来，为保障自谋职业的退役士兵能够顺利就业，国家连续出台了多项政策措施，具体如下：

1. 免费职业教育和技能培训

详见《退役士兵安置条例》第二十一条。国务院、中央军委2010年下发的《国务院中央军委关于加强退役士兵职业教育和技能培训工作的通知》（国发〔2010〕42号）文件、国务院下发的《国务院关于加强职业培训促进就业的意见》（国发〔2010〕36号）以及2011年财政部等部门联合出台的《财政部教育部民政部总参谋部总政治部关于实施退役士兵教育资助政策的意见》（财教〔2011〕538号）文件都对退役士兵免费职业教育和技能培训作出了具体规定。

2. 公共就业人才服务机构免费为退役士兵提供就业服务

"公共就业服务机构"的范畴：人力资源社会保障部门管理的人才市场、人才中介机构、劳动力市场等。政策依据详见《退役士兵安置条例》第二十二条。《国务院办公厅转发民政部门等部门关于扶持城镇退役士兵自谋职业优惠政策意见的通知》（国办发〔2004〕10号）。

凡自主就业的退役士兵均可申请由公共就业人才服务机构提供档案管理、职业介绍和职业指导、人事关系代理等服务。其中，涉及档案管理、人事关系代理的，按照"属地管理、相对集中"的原则，由安置地人民政府退役士兵安置工作主管部门协调公共就业人才服务机构统一办理。

3. 退役士兵应聘及报考公务员的优惠政策

《退役士兵安置条例》第三十四条、《国务院办公厅转发民政部门等部门关于扶持城镇退役士兵自谋职业优惠政策意见的通知》（国办发〔2004〕10号）以及《中宣部民政部总参谋部总政治部关于印发＜退役士兵安置改革宣传教育提纲＞的通知》（民发〔2011〕187号）指出，用人单位在面向社会招聘员工时，同等条件下要优先录用自谋职业的城镇退役士兵。退役士兵报考公务员、应聘事业单位职位的，在军队服现役经历视为基层工作经历，在同等条件下优先录用；退役士兵的服役年限计算为工龄，与所在单位工作年限累计计算，享受国家和所在单位规定的与工龄有关的相应待遇。

4. 有劳动能力的残疾退役士兵就业的优惠政策

《退役士兵安置条例》第二十七条规定，有劳动能力的残疾退役士兵，优先享受国家规定的残疾人就业优惠政策。残疾人就业的相关政策包括《中华人民共和国残疾人保障法》以及《残疾人就业条例》等，对用人单位的责任、保障措施、就业服务等方面都有相应要求。

（二）江苏省政策

为推进退役士兵安置工作改革，进一步维护退役士兵合法权益，根据《国务院办公厅转发民政部门等部门关于扶持城镇退役士兵自谋职业优惠政策意见的通知》（国办发〔2004〕10号）精神，江苏省结合本省实际，出台了《印发〈江苏省扶持城镇退役士兵自谋职业优惠政策的实施意见〉的通知》（苏民安〔2005〕2号）、《省政府办公厅转发省人力资源和社会保障厅等部门关于促进军队退役人员自主创业意见的通知》（苏政办发〔2009〕175号）、《中共江苏省委江苏省人民政府江苏省军区关于加强新形势下征兵工作的意见》（苏发〔2011〕40号），制订了多项优惠政策，促进退役士兵自主就业。

1. 自谋职业的城镇退役士兵，自领取《城镇退役士兵自谋职业证》后的3年内，由各级政府人才交流机构和各级劳动保障部门公共职业介绍机构免费提供档案管理和劳动保障事务代理服务。

2. 事业单位普通管理岗位和工勤技能岗位公开招聘人员时，分别要用不少于10%和30%的岗位招聘当年退役的本省籍大学生士兵；专业技术岗位招聘人员时，在同等条件下优先聘用符合岗位条件的本省籍大学生退役士兵。国有企业招聘，要拿出不低于招聘计划10%的指标用于定向招聘本省籍大学生退役士兵。在录用基层专武干部时，优先招录部队优秀退役士官和大学生士兵。对返乡务农的退役士兵，要有计划地加强培养，鼓励他们通过法定程序积极参与村居"两委"班子的选举。

3. 自谋职业、自主创业的退役士兵按照省有关规定享受税费减免、小额担保贷款和创业扶持等各项政策。

七、江苏省各地市人力资源市场联系方式及政府管理部门

地区及主管单位	人才服务中心名称	地址	联系电话
南京市人力资源和社会保障局	江苏省人才市场	南京市广州路213号	(025)83238879
	南京市人才市场	南京市北京东路63号 南京人才大厦	(025)83151888
	南京人才市场长江路分市场（周六招聘点）	南京市长江路101号 南京文化艺术中心	(025)83151900
无锡市人力资源和社会保障局	无锡市人才市场	无锡市解放东路888号	(0510)82823087
徐州市人力资源和社会保障局	徐州市人才市场	徐州市食品城南世纪大道和昆仑大道交叉口	(0516)85608511
常州市人力资源和社会保障局	常州市人才服务中心	常州市北直街35号	(0519)86604072
苏州市人力资源和社会保障局	苏州市人才市场	干将西路288号	(0512)65221911
南通市人力资源和社会保障局	南通市毕业生就业指导中心	南通市青年西路109号	(0513)83558069
连云港市人力资源和社会保障局	连云港市人才服务中心	新浦区朝阳东路22号	(0518)85811783
淮安市人力资源和社会保障局	淮安市人才市场	开发区韩泰南路16号	(0517)83906080
盐城市人力资源和社会保障局	盐城市人才服务中心	盐城市东进中路88号	(0515)86661037
扬州市人力资源和社会保障局	扬州人才服务中心	扬州市扬子江北路1008号	(0514)87951348
镇江市人力资源和社会保障局	镇江市人才服务中心	镇江市运河路100号	(0511)84411695
泰州市人力资源和社会保障局	泰州市人才服务中心	泰州市凤凰东路68号	(0523)86880573
宿迁市人力资源和社会保障局	宿迁市人才市场	宿迁市洪泽湖路156号	(0527)84353007

第二节　创业——开疆拓土、自主就业

战友自主就业事例

退役士兵刘俊的故事

刘俊，泰州职业技术学院2009级退伍军人培训班学员。

2008年12月从部队退伍回乡的他，自知一没有傲人的高学历，二没有独特的好技能，单凭在部队练就的吃苦耐劳和敢闯敢拼的精神是远远不能适应社会发展的需求的。刘俊离开军营回乡后立即报名参加了泰州职业学院的退伍军人培训班学习技能，提升学历。同时利用假期到民营经济发展较为迅速的浙江杭州、温州等地考察市场，寻找商机。

在温州，看着林立的鞋厂，刘俊心想：母亲早年做过裁缝，有缝纫基础和技术的特长，熟悉加工制作的一般流程。经过一番思量，刘俊决定自己在家乡办一个鞋帮加工厂，自主创业。

在家人的支持和帮助下，2009年7月刘俊的鞋帮加工厂成立了，由于刘俊注重产品质量、信誉度高，订单纷至沓来，日常生产红红火火。如今，刘俊的鞋帮加工厂已经小有规模，在职员工达到40人，各类机械设备80多台。经过三年来的努力经营，经济效益日渐提高，2010年起开始赢利，2011年形势大好，工厂纯利已经达到了20万元。

"人无远虑，必有近忧"，刘俊居安思危，清楚地认识到自己投资的是加工类轻工业，在市场经济下竞争力薄弱，加之现在的国际订单走向印尼等廉价劳动力国家，此外，年轻一辈中学习缝纫的很少，在不久的将来要面临订单少、员工缺的现象是在所难免，自己的鞋帮加工企业难以做大做强，必须要寻求新的商机、新的出路。

刘俊将以后再创业的目光投向了建筑业，他认为随着社会的进步，城市化进程的发展，建筑行业会越来越红火。他选择了建筑工程技术专业的学习，他将工厂交给父母打理，自己全身心投入到专业学习以及实习工作中，2009年底，在扬州公路处实习，参加建设扬州泰州机场的高速公路；2011年又只身去河北做施工员，2012年到无锡做起市政技术员，现在刘俊在南通海门的改水工程项目部做起了质检员。丰富的实习经历，锻炼了他的专业技能，累积了现场施工与管理的直接经验，为日后在建筑领域内再创业打下坚实基础。

刘俊珍惜入校学习的宝贵机会，通过自身的不懈努力，获得建筑测量工、CAD两项职业技能证书，掌握一技之长；如今的他，踌躇满志，信心十足，计划在未来5年内办起自己的建筑公司，实现再创业的转型，书写新的辉煌篇章。

回顾自己的学习和创业经历，刘俊深深感到，如果没有军营的锻炼，没有政府为退役士兵制定的好的培训政策，没有各级组织和领导的关心与帮助，没有泰州职业技术学院老师的支持和教导，他的梦想可能很难变成现实。对于一个初出茅庐的年轻人，要取得一些成绩，甚至从无到有地创出一番事业，是非常不容易的事情，刘俊在创业中树立诚信乃成功之本的信念，靠勤学实干兴业，靠求实创新发展，超越自我，挑战未来，成就今天的事业。

![启示图标] **启示**

　　"一不等、二不靠、三不伸手要"，勇于做一个开疆拓土的创业者，是对我们年轻退役士兵人生的又一个挑战，是自强自立、勤劳勇敢、实现人生价值、展示现代退役军人风采的体现。无论是已经拥有亿万资产、"中国西服第一品牌"——杉杉西服集团老总郑永刚，还是现在仍奋进在自主创业道路上默默无闻的小刘俊，他们都是大家心目中的"将军"。

一、创业的优势与挑战

　　年轻的退役士兵们告别军旅生涯，投身社会主义和谐社会的建设大潮中，该如何谱写人生又一个绚丽多彩的篇章，是选择自主创业还是雇佣就业？在确定走创业与就业哪条道路时，首先需要了解这两种选择的异同之处。下面两张表分别将自主创业与雇佣就业的优势和挑战列出供选择参考。

（一）自主创业的优势和挑战

优　势	挑　战
1. 处于领导地位而不是跟随	1. 工作时间较长且不定时
2. 能够实现自己的想法	2. 责任更重大
3. 能发挥自己的创造力	3. 必须承担风险
4. 有获得无限收益的潜力	4. 收益不稳定甚至没有保障
5. 独立	5. 没有额外福利
6. 能够掌握主动	6. 经常面临财务问题
7. 能够控制工作环境	7. 时间约束
8. 能够下达命令	8. 不确定的未来
	9. 时刻学习以解决新问题
	10. 难以找到可以信任的下属
	11. 经营结果依赖于雇员的行为

（二）雇佣就业的优势和挑战

优　势	挑　战
1. 明确的（固定的）责任	1. 执行上级命令
2. 稳定的收入	2. 能力难以得到认可
3. 额外福利	3. 收入有限
4. 固定工作时间	4. 责任、权力有限
5. 非常确定的未来	5. 难以实现个人的想法
6. 设置可控范围	6. 依赖于雇主
7. 承担的风险较小	

（三）创业与就业的区别和联系

自主创业还是雇佣就业，是一种职业的选择，更是一种生活方式的选择。例如，对于喜欢挑战、追求自我人生价值的人来说，创业是一个很好的备选；而把稳定、安逸看得较重的人，选择雇佣就业可能更合适。

俗话说："条条大路通罗马。"无论自主创业还是雇佣就业，这两条道路的目标是一致的，都是解决个人就业和发展、实现人生价值的通道。

创业也是一种就业，而且是一种更高层次的就业。因为一个成功的创业者，如同群雁中的领头雁一样，在创建发展自己事业的过程中，都会带动更多的人创业、就业，为更多的求职者提供就业机会和岗位。通俗地说，创业是创造岗位群，在造无数的椅子；就业是争着上岗位，抢有限的椅子。

商场如战场，商场中的创业者犹如战场上的将军。在社会主义建设的新时代中做开疆拓土的创业者，对于年轻的退役士兵们而言，"将军梦"又有了延续的地方。

思考练习

1. 创业与就业有哪些区别和内在联系？
2. 简述我选择自主创业的理由。

二、我能创业吗？

据权威的创造性人才调查表明，人在一生中最具有创造力的时期是25~35岁，世界上最著名的微软公司员工平均年龄不到30岁。你年轻，就意味着你拥有创业的最宝贵的资本。你能否选择自主创业，这个问题无需问别人，你首先需要聆听自己内心的声音："我想要的是什么？我的目标是什么？我的优势所在？自主创业我行吗？"解决困惑可从以下四个方面入手：

（一）了解什么是创业

创业，简单解释为"创新、立业"。就是指全社会具有创业意愿和创业能力的劳动者通过自筹资金、自找项目、自主经营、自负盈亏和自担风险等方式创办企业，合作或者开办新的项目，开展个体经营，增加个人和社会的物质与精神财富的过程。

创业既是一个人对社会、对自己、对生命的挑战，也是勤劳勇敢、自强不息、弘扬民族精神的体现，更是落实职业理想、迈向职业生涯新高峰的标志，它能充分体现一个人的人生价值。

（二）成功创业者需要具备的基本素质和特征

基本素质	掌握三类创业知识	专业技术知识 经营营销知识 综合知识	
	有较强的创业能力	社会能力	领导才能 组织才能 协作能力 交往能力 管理能力
		认知能力	发现社会潜在需要的洞察能力 解决关键问题的开拓能力
		经营能力	成功实施创业计划的能力
	具备成功创业人格	信念、敬业精神、道德情操	
基本特征	有梦想	创业者航行的风帆、灯塔	
	有激情	创业者力量的源泉、发动机	
	有毅力	创业者抵御风霜雪雨、惊涛骇浪的坚强外壳	

（三）学会从创业者的角度分析、评价自己

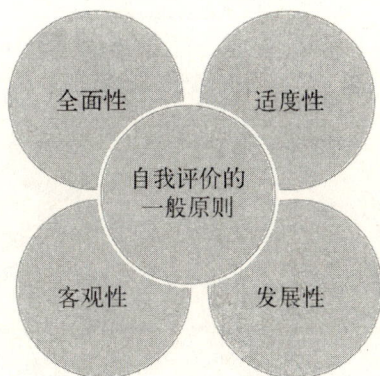

1. 自我评价的一般原则

全面性：既要看到自己的优势和特长，又要看到自己的缺点和不足；既要考虑整体因素，又要考虑占主导地位的重点因素。

适度性：过高或过低的自我评价可能导致脱离现实或缺乏自信。

客观性：要以客观事实作为基础和依据，排除主观因素的限制和干扰。

发展性：评价时要以发展的眼光看待自己。不但应当对自己的现实素质做出全面、适应、客观的评价，而且应着眼于未来的发展变化，预估自己以后的发展潜力和前景。

2. 自我评价的五种基本方法

自我现实分析：首先，充分认识自己的人生观、兴趣和资源；其次；对自己的知识、能力、个性、特长等进行分析；再次，要考虑社会的需要。

运用测评手段：进行创业能力测评，通过测评得出的分析报告是进行自我评价的依据之一。

总结过去经验：对过去的经验和教训进行分析。以客观评价为依据，分析自己过去成功和不成功的原因，分析自己在哪些方面需要改进。

他人的评价：多与老师、家长、同学、朋友交流，了解他们对自己的评价和态度。

专家咨询：到就业指导中心、专业咨询机构进行咨询，咨询人员会用他的学识、经验以及科学的咨询技术提供帮助。

思考练习

1. 你知道创业者需具备哪些基本素质和特征吗？

2. 进行创业素质和能力的自测、分析和评价。按以下要求填写"创业素质和能力自测表"。

◎ 实事求是地填写此表中各项内容，将你的选择用√表示，填入下面表格中。

◎ 填写每一项能力或个人素质时，先阅读说明，再确定是你的长处还是弱点。

◎ 把你的创业构思讲给亲人或知心朋友听。请他们对你进行评价，把结果填入表格中。

◎统计出你长处和弱点的总和，确定你目前是否适合创业。

项目	测评内容	自我评价		亲朋好友的评价	
		长处	弱点	长处	弱点
动机	你为什么打算创办自己的企业？ 　如果你的职业理想确实是想成为企业主，那么你的企业很有可能成功。 （你有这样的动机便是你的长处）				
承诺	你对办好你的企业能做出承诺吗？ 　承诺意味着你愿意把你的企业放在最重要的位置上，也意味着你有长期经营企业的打算，你愿意用自己的钱冒创业的风险。 （你肯这样做，就是你的长处。）				

项目	测评内容	自我评价		亲朋好友的评价	
		长处	弱点	长处	弱点
诚信	你会诚实经营宁损益不失信吗？ 　　如果你对不诚实的行为不以为然，将有损于你的信誉。声誉不好对生意不利。 　　（如果你不是如此，这是你的长处。）				
风险意识	你有勇气承担失败的风险吗？ 　　没有绝对成功的企业构想，企业总会存在倒闭的风险。创办企业的人必须有勇气承担风险，具备一定的预见风险和控制风险的能力。 　　（你若认为如此，就是你的长处。）				
决策能力	你是个有主见的人吗？ 　　在你的企业里，你得做出重要的决策。你不能把决策权让给别人。经营企业时，做艰难的抉择十分重要。你能在难以决断时果断地做决定吗？ 　　（如果你能这样，便是你的长处。）				
健康状况	你是个精力、体力都充沛的人吗？ 　　经营企业是一项十分艰苦的工作，很少闲暇时间，它要求创业者有良好的身体和旺盛的精力。 　　（你如果身体好，也是一项长处。）				
家庭状况	你的家庭和亲属支持你创业吗？ 　　经营企业需要很多时间，更需要建立广泛的人脉，取得家庭的支持，有较多的亲属资源，非常重要。他们如果赞同你创办企业的计划，拥有家庭背景的支持是一项优势。 　　（你具备这个优势，也就成为你的长处。）				
资金状况	你的创业资金有保证吗？ 　　如果你有钱投资于你的企业，赔光了也问题不大，就有优势。如果你自己没有钱投入，完全依赖于创业的成功，则处于弱势。 　　（如果你资金充足，就是你的长处。）				

项目	测评内容	自我评价		亲朋好友的评价	
		长处	弱点	长处	弱点
技术状况	你拥有专门技术吗？ 　这是企业生产产品、提供服务所要具备的实际能力。例如，开办汽车修理部，你得有汽车维修技术。如果办个电子商务网站，你要有网络技术和营销技巧。如果你不具备所需要的技能，这就是你的一个弱点。 　（你有技术，就是你的长处。）				
企业经营技能	你具备了企业经营的基本技能吗？ 　指的是具有经营企业所需要的多种能力，包括销售、成本核算、记账以及最重要的团队管理能力。 　（同时具备了两项技能，就是你的长处。）				
了解同类企业	你了解你创办企业的行业状况吗？ 　如果你对自己创办的这类企业有丰富的知识和经验，你就能避免犯常见的错误。 　（你懂行，就是你的长处。）				
总计	算一算你有多少长处和弱点，写出数目合计。				
结果	比较长处和弱点的总计的数据。如果长处多，说明你现在正具有办企业的潜力，选择"是"；弱点多，选择"否"，用√表示。	是		否	

（四）学会制定提高创业素质和能力计划

途径	方法	指导建议
广博学习	大量阅读	从书籍和网络中选择阅读素材，迅速扩大自己的知识面，减少摸索的时间。
	参加专项培训	由各地的人力资源和劳动社会保障部门举办的"SYB创办你的企业"和"创业模拟实训"培训学习班，都是国家公益性培训项目，退役士兵都可以免费参加的。
	与有创业经历人士交流	参加各类创业座谈、讲座、沙龙、访谈等交流活动，从中学到创业的经验和教训，以便自己少走弯路。

214

续表

途 径	方 法	指 导 建 议
勤于思考	敢于质疑，不断总结、研究、分析	常对自己创业的选择和规划是否与时俱进、合理正确进行调研论证，注意对各类反馈信息的研究分析。常对自己和他人创业成功或失败的原因进行总结，思考如何利用这些宝贵的经验或教训不断完善自己的创业发展计划等。勤于思考能提高创业者观察社会、透视问题的能力。
敢于实践	想到了就去做	立志创业，必须敢闯敢干。对瞄准的目标要敢于起步，对选定的事业要敢于冒风险。创业者的经验是用行动和思考换来的。对于刚开始创业的人来讲，成功和失败都是企业的财富。坚持实践，要将失败永远当作过程，成功才会有终点。
创业者提高创业素质和能力的案例		
例1		如果你的技能是弱项，你可以接受培训，也可以雇佣技术工人或寻找一位有合适技术的合作伙伴。
例2		如果你的企业管理能力是弱项，你可以通过阅读企业管理方面的书籍学习更多的知识。
例3		如果你的行业知识是弱项，你也许应该找一位有些经验的合作伙伴，或找一位能提供咨询服务的人。

215

　　一个创业者如能经历挫折多而不倒下，经历磨难多而不放弃，经历问题多而不害怕，经历失败多而不退缩……这些都能增强一个成功创业者的智慧、情绪、底蕴、气质。

思考练习

　　1. 针对"创业素质和能力自测表"中自己的弱点，拟定提高和增强自己创业能力的计划或办法。

　　2. 将自己提高创业素质和能力的计划在班级（或小组）交流，在听取大家意见的基础上，作进一步的修改完善。

三、我要创业

（一）帮你了解企业

1. 什么是企业。

　　指一个个人或一个群体以赢利为目的而进行商品生产和交流活动的经济组织。

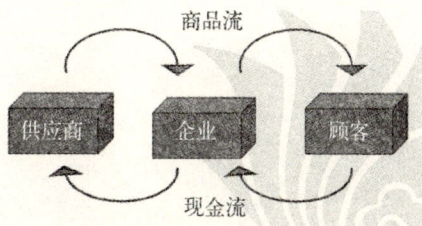

2. 企业经营活动特点。

如图所示，企业经营成功需确保商品流和现金流的有效的经营循环，且流入企业的资金应多于流出的资金，才能达到赢利目的。

3. 企业一般类型和经营要求。

如下图表所示，无论是什么类型的企业都应该做到真诚服务顾客和真诚关爱员工。

➤ 贸易企业（从事商品的买卖活动） ➤ 地段和外观好 ➤ 销售方法好 ➤ 商品选择面宽 ➤ 商品价格合理 ➤ 库存可靠 ➤ 尊重顾客	➤ 服务企业（提供服务或劳务） ➤ 服务及时 ➤ 服务质量好 ➤ 地点合适 ➤ 顾客满意 ➤ 对顾客诚实 ➤ 服务收费合理 ➤ 售后服务可靠
➤ 制造企业（生产实物产品） ➤ 生产组织有效 ➤ 工厂布局合理 ➤ 原料供应有效 ➤ 生产效率高 ➤ 产品质量好 ➤ 浪费现象少 ➤ 向市场运输产品	➤ 农、林、牧、渔业企业（利用土地或水域进行生产） ➤ 有效利用土地和水源 ➤ 不过度使用地方和水源 ➤ 出售新鲜产品 ➤ 降低种植、养殖成本 ➤ 恢复草场、森林植被 ➤ 保护土地和水资源

4. 初创民营企业常见的组织形式和成立条件见下表：

类别	业主数量和注册资本	成立条件	经营特征	利润分配和债务责任
个体工商户	★ 业主是一个人或家庭 ★ 无资本数量限制	★ 成立条件简单，业主只要有相应的经营资金和经营场所就可以了 ★ 个体工商户可以起字号	★ 资产属于自己所有 ★ 自己既是所有者，又是劳动者和管理者	★ 利润归个人或家庭所有 ★ 由个人经营的，以其个人资产对企业债务承担无限责任 ★ 由家庭经营的，以家庭财产承担无限责任

类别	业主数量和注册资本	成立条件	经营特征	利润分配和债务责任
个人独资企业	★ 业主是一个人 ★ 无资产数量限制	★ 投资人是自然人 ★ 有合法的企业名称 ★ 有投资人申报的出资 ★ 有固定的生产经营场所和必要的生产经营条件 ★ 有必要的从业人员	★ 财产为投资人个人所有 ★ 业主既是投资人，又是经营管理者	★ 利润归个人所有 ★ 投资人以其个人资产对企业债务承担无限责任
合伙企业	★ 业主两人以上 ★ 无资本数量限制	★ 有两人以上合伙人，并且都依法承担无限责任 ★ 有书面合伙协议 ★ 有合伙人的实际出资 ★ 有合伙企业的名称 ★ 有经营场所和从事合伙经营的必要条件	★ 依照合伙协议，共同出资 ★ 合伙经营，共享收益，共担风险	★ 合伙人按照合伙协议分配利润 ★ 合伙人共同对企业债务承担无限连带责任
有限责任公司	★ 由2个以上50个以下的股东组成 ★ 注册资本因不同经营内容有法定下限	★ 股东符合法定人数 ★ 股东出资达到法定资本最低限额 ★ 股东共同制定公司章程 ★ 有公司的名称，建立符合有限责任公司要求的组织机构 ★ 有固定的生产场所和必要的生产经营条件	★ 公司设立股东会、董事会和监事会。并由董事会聘请职业经理管理公司经营业务	★ 股东按出资比例分配利润 ★ 股东以出资额为限，承担有限责任

5. 企业需承担的社会责任：依法经营和依法纳税。

　　总之，当你决定开始创业时，你会发现"知己知彼"方能"百战不殆"，对创办企业的了解和对创业项目、方式的选择，不是件简单容易的事。错误的选择将会带来很多后遗症，包括金钱上的损失、投资不能获得合理的回报、创业信心被动摇等。

（二）如何发现创业商机

补充阅读

不穿鞋子的非洲土人

在美国有一间鞋子制造厂。为了扩大市场，工厂老板便派一名市场经理到非洲一个孤岛上做市场调查。那名市场经理到了那里，发现当地的人们都没有穿鞋子的习惯，回到旅馆，他马上拍发电报告诉老板说："这里的居民从不穿鞋，此地无市场。"

老板接到电报后，思索良久，便吩咐另一名市场经理再去实地调查。当这名市场经理到那儿，见当地人们赤脚，没穿任何鞋子的时候，心中兴奋万分，回到旅馆后马上电告老板："此岛居民无鞋穿，市场潜力巨大，快寄100万双鞋子过来。"

启示

同样的境况，却有不同的观点和结论。其实，当我们经常往坏的或消极的方面去想的话，我们将错失许多"成功的机会"。相反，我们一直往好的、积极的方面去思考的话，我们就会挖掘出许多令人意想不到的机会。俗话说，愚蠢的人等待机会，聪明的人抓住机会，卓越的人创造机会。

不能"守株待兔"，要积极行动起来：读你以前不曾读过的书，结交一些你以前不曾接触的人，尝试新的爱好，到多家企业打工学习，走你以前未曾走过的路。所有这一切都将帮助你开拓视野、改善思维模式、发现和识别新的机会。机会永远属于关注它并一直为它努力着的人。下面介绍五例常见的发现商机的方法：

1. 从"问题"中找商机

日常生活中，我们往往会听到人们对某件商品或某项服务的抱怨，这对创业者来说，其实抱怨声中必然包含着"问题"的信息。有抱怨就意味着有消费者的需求未能得到满足。寻找商机的一个重要途径，就是善于去发现和体会自己和他人在需求方面的问题或生活中的难处。如一位大学毕业生发现，远在郊区的本校师生往返市区交通十分不方便，于是他就在学校附近创办了一个"自行车、电动车租赁公司"。这就是把问题转化为创业机会的成功案例。

2. 从"交流"中找商机

商机总是来源于大量的市场信息，创业者可以在同各类人群交往、交流中获取更多的信息，获得更多的支持，捕捉到更多的商机。如美国一些大企业的老总每年都要请大学和科研单位的学者吃饭、聊天，请他们给员工开讲座，逢年过节给他们发红包。而这些人基本上提供不了发财的项目，多数属于空谈。然而，老总们还是乐此不疲，因为他们可以在轻松的氛围中，得到在经营中无法得到的思想与观点，悟到新的商机。

3. 从"变化"中找商机

经济因素、社会因素、技术进步、政治活动与制度的变革都会成为未来的创业机会。不少普通人喜欢稳定，害怕变化，而对创业者来说，只有变化才会有机会。如当收入较低时，人们主要购买日常必需品；而收入较高时，人们更愿意购买提升他们生活品质的产品和服务；当经济相对落后地区的消费者注重商品是否实惠的时候，经济相对发达地区的消费者开始了对品牌的追求。这就是经济生活水平的变化带来的商业机会。

4. 从"新产品、新服务"中找商机

新产品、新服务在满足顾客需求的同时，也会给创业者带来无限的商机，因为世界上没有完美的产品和服务。如随着电脑的诞生，电脑维修、软件开发、电脑操作培训、图文制作、信息服务、网上开店等创业机会随之而来，即使你没有发明新产品，开创新服务，你也可以成为销售和推广新产品、新服务的人，给你带来商机。

5. 从"竞争"中找商机

如果你能弥补竞争对手的缺陷与不足，比竞争对手更快、更可靠、更便宜地提供产品或服务，这也将成为你的商机。如大学生小朱，上学时就在学校门口的一家餐馆打工助学，在打工期间，他发现餐馆有经济效益的时间太短，餐馆大部分处于闲置状态，而到了中午和晚上学生下课吃饭的时间，餐馆因地方小、容客量有限，加之周围的餐馆多，竞争大，小朱打工的餐馆经济效益不高，没多久，餐馆老板因亏损而关门。小朱由于平时对大学生消费群体已进行过调查了解，他很有信心地接下餐馆，并根据大学生需求，特别推出电话预定、电话外卖配送、大学生中晚餐伙食包月、送快餐等特色服务项目，受到学生们的欢迎。由此，小朱开始了他的创业竞争之路。

（三）适合退役士兵的创业方式

1. 创业方式一：网络创业

目前网络创业主要有两种形式：网上开店，在网上注册成立网络商店；网上加盟，以某个电子商务网站网店的形式经营，利用母体网站的资源与销售渠道。

创业优势：门槛低、成本少、风险小、方式灵活，特别适合初涉商海的创业者。像易趣、阿里巴巴、淘宝等知名商务网站，有较完善的交易系统、交易规则、支付方式和成熟的客户群，每年还会投入大量的宣传费用。加盟这些网站，创业者可近水楼台先得月。而且网上创业受到政府的重视，能得到诸多的优惠政策和措施。例如，现在江苏各地都在建立电子商务创业园，为创业者提供优质的创业环境和服务。

对初次尝试网上创业的创业者来说，事先要进行多方调研，选择既适合自己产品特点又具有较高访问量的电子商务平台。

2. 创业方式二：连锁加盟创业

目前连锁加盟创业主要有三种形式，连锁加盟有直营、委托加盟、特许加盟等。投资

金额根据商品种类、店铺要求、技术设备的不同从几千元至几百万元不等，可满足不同需求的初始创业者。

创业优势：连锁加盟创业的最大特点是利益共享、风险共担。创业者只需支付一定的加盟费，就能借用加盟商的金字招牌，并利用现成的商品和市场资源，还能长期得到专业指导和配套服务，而不必摸着石头过河，创业风险也有所降低。

但是，随着连锁加盟市场规模的不断扩大，鱼龙混杂现象日趋严重，一些不法者利用加盟圈钱的事件屡有曝光。因此，创业者在选择加盟项目时要有理性的心态，要抽出足够的时间和精力对项目进行认真的考察，下表列举了一些考察连锁加盟项目的方法。

广告鉴别	网络搜索	办公场所考察	生产基地考察	项目实地考察	合同签约
● 只提收益，不提风险 ● 夸大投资回报 ● 免收加盟费陷阱	● 对项目前景进行搜索，判断项目是否有盈利的潜力 ● 搜索"×××项目+骗子"	● 营业执照及经营许可证等基本经营资质 ● 组织机构合理性 ● 管理体系 ● 项目运营保障性	● 生产车间、仓库甚至配送车辆等基础生产设施考察	● 谨防"样板托" ● 对至少两家以上的连锁店进行不定期抽查走访 ● 亲自潜伏在一家店实习	● 警惕"包回收产品"等条款，避免退货无门

3. 创业方式三：兼职创业

目前投资入股兼职做老板，是在职人员"钱生钱"的又一条发财之道。特别对已经走上就业岗位的退役士兵来说，如果头脑活络，想创业又不愿意放弃现有工作，兼职做老板应该是最佳选择了。

创业优势：对选择先就业的退役士兵来说，兼职创业，无需放弃本职工作，又能充分利用在工作中积累的商业资源和人脉关系创业，可实现鱼和熊掌兼得的梦想，而且退进自如，大大减少了创业风险。

兼职创业，创业者需具备充足的精力、体力、能力、忍耐力，因此要量力而行。最好选择自己熟悉的领域，注意不能侵犯受雇企业的权益。

4. 创业方式四：团队创业

顾名思义，就是指具有互补性或者有共同兴趣的成员组成团队开展创业活动。

创业优势：如今，团队创业成功的几率要远高于个人独资企业，特别是对投资大的高科技企业来说，在共同理想的基础上构建"铁三角"团队尤为必要。一个由研发、技术、市场融资等各方面人才组成的优势互补的创业团队是创业成功的法宝。

团队创业人员的组合需根据创业项目需求配置，突出优势互补原则，要招募能促进企业顺利运营、发展，能为企业增光添彩的人才。

5. 创业方式五：点子或专利创业

補充阅读

将脑袋打开1厘米

　　美国有一家生产牙膏的公司，产品质量优良，包装精美，深受广大消费者的喜爱，每年营业额上断上升。

　　记录显示，该公司在成立后的前10年每年的营业增长率为10％～20％，令董事会欢呼雀跃。不过，进入第11年、第12年及第13年，业绩则停滞下来，每个月维持同样的数字。董事会对此3年业绩感到不满，便召开全国经理级高层会议，商讨对策。会议中，有名年轻经理站起来，对董事会说："我手中有张纸，纸里有个建议，若您要使用我的建议，必须另付我5万元！"总裁听了很生气说："我每个月都支付你薪水，另有分红、奖励，现在叫你来开会讨论，你还要另外要求5万元，太过分了吧？""总裁先生，请别误会。若我的建议行不通您可以将它丢弃，一分钱也不必付。"年轻的经理解释说。"好！"总裁接过那张纸后，阅毕，马上签了一张5万元支票给那年轻经理。那张纸上只写了一句话："将现有的牙膏开口扩大1mm"。总裁马上下令更换新的包装。试想，每天早上，每个消费者多用1mm的牙膏，每天牙膏的消费量将多出多少倍呢？这个决定，使公司第14年的营业额增加了32％。

启示

　　一个小小的改变，往往会引起意料不到的效果。当我们面对新知识、新事物或新创意时，千万别将脑袋密封，置之于后，应该将脑袋打开1mm，接受新知识、新事物。也许一个新的创见，能让我们从中获得不少启示，从而改进业绩，改善生活。人的智慧一旦与一定的社会资本相结合，必将赢得巨大的经济效益，为企业同时也为自己带来巨大的财富和价值。

　　这是"白手起家"创业者"淘金"的方式之一。所谓"点子或专利创业"也就是凭借有创意的想法或发明专利创业。

　　创业优势：概念或专利创业具有点石成金的神奇作用，特别是本身没有资源的创业者，可通过独特的创意或发明专利获得各种资源，包括资金、人才等。

　　当然，这些点子和专利必须标新立异，至少在打算进入的行业或领域是个创举，只有这样，才能抢占市场先机，才能吸引风险投资商的眼球。同时，这些超常规的想法或专利还必须具有可操性，而非天方夜谭。

　　初次创业，选择一个适合自己的创业方式非常重要。好的创业方式不一定需要大笔的创业资金或创业规模，甚至不一定需要一间正式的办公场所或店面，可以根据自己的需要和实际情况，选择适当的创业方式。

（四）如何选择创业项目

创业项目的选择取决于个人和环境两方面的因素。第一，根据自己的特长和兴趣，可从事"商务贸易"或"制造业"或"服务业"或"农、林、牧、渔的生产业"等。第二，要有可以利用的环境优势，比如地理优势、资源优势、知识优势，还有人脉关系优势等。

建议初始创业者，选择微小企业的项目创业，"挖第一桶金"。从小事做起，实事求是，量力而行。下面介绍四种常见的创业项目选择方法。

1.方法一：选择合理合法的创业项目

补充阅读

河水与河岸

有这样一则寓言：河水认为河岸限制了自由，一气之下冲出了河岸，涌上原野，吞没了房舍与庄稼，给人们带来了灾难，它自己也由于蒸发和大地吸收而干涸了。河水在河里能掀起巨浪，推动巨轮，而当它冲决河岸以后，就只会造成灾难——危害他人而又毁了自己。

启示

就像人们常说的那样，"没有规矩无以成方圆。"规矩是人类社会得以正常运转的必不可少的前提条件，它渗入人类社会的各个领域、各个方面，"国有国法，家有家规"。随心所欲，做违背国法家规的事，最终一定是损人不利己的。

俗话说"君子爱财，取之有道"，所谓"合理"，即能赚钱，有很好的市场发展前景，"合法"即是国家以及地方政府的政策、法律、法规、制度允许做的项目。如果你选择的项目是政策倡导的，叫做顺应天时，可以放心大胆地干；如要开创的项目是国家以及地方政府的政策、法律、法规、制度明文限制的，千万不可以做。听信他人教唆开办违法项目，轻者，取缔罚款，财产损失惨重，创业者身心备受伤害；重者，判刑入狱，创业者甚至丢掉性命。

2.方法二：选择适合自己的性格、兴趣、爱好的创业项目

"性格决定命运"，你的性格决定着你的未来。选择的项目与自己性格、兴趣、爱好越吻合，则越有内在和持久的动力，成功可能性越大。要先学会分析自己，总结自己的弱点和劣势，再发现自己的优点与优势，结合自己的兴趣和爱好，做自己喜欢的创业项目。通常急躁型性格的人，适合做贸易型的项目；而温柔耐力型性格的人适合生产型和服务型项目。

3. 方法三：选择自己有能力把握的创业项目

选择项目不能贪大，也不宜选择不太熟悉的项目。在自己学习的专业或自己有一定经验的领域里选择则可以驾轻就熟，有利于你一开始就进入娴熟的工作状态，使你的初始创业成功率高出很多。比如，学医的开个诊所比开商品销售公司把握大。如果你已经做了一段时间的网上销售，积累了一定的经验，可以选择开办电子商务公司。在真正选择项目时，选择自己熟悉的产品或行业，一定会发展得更快些。每个人都有自己的专业特长和能力特长，在特长上继续开发就会形成自己的优势，在此基础上选择创业项目应该有较大的把握取得成功。

4. 方法四：选择政府支持与鼓励的创业项目

目前，国家与各地区出台了多项鼓励与支持退役士兵自主创业的政策，例如，免费提供创业理论和技能的学习培训，提供小额担保贷款，免收有关行政事业性的费用，给予税费补贴、社保补贴、场租补贴、开办"创业孵化园"，为退役士兵量身定做创业项目。退役士兵可以在自己准备创业的地区咨询当地政府相关的自主创业政策，了解选择合适自己的项目。

总之，选择起步创业项目要掌握"志向要大，计算要精，规模要小"的原则和"人无我有，人有我优，人优我转"的战略。对于年轻的创业者而言，创业项目无论规模大小，都要谨慎认真投入。没有最好的，只有合适的。只要认准了，凭劳动和智慧在某个领域立稳脚跟，小作坊也能干出大事业。

讨论交流

1. 组织开展创业者交流活动，"走出去，请进来"。
2. 讨论交流：如果我创业，准备干什么？怎么干？

四、创业准备

（一）了解创业前的一般流程

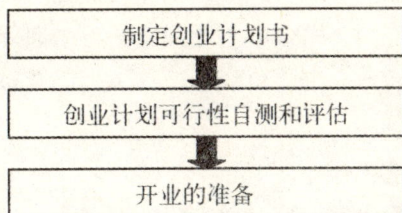

制定创业计划书

↓

创业计划可行性自测和评估

↓

开业的准备

（二）制定创业计划书

1. 什么是创业计划书

"创业计划书"又称"商业计划书"，是创业者全面描述如何创办与经营项目的书面文件，通过对创业项目内部和外部因素的调研、分析，全面展示公司和项目目前状况、未来发展潜力以及具体实施计划。另外，创业计划书也是创业者开始新事业、达到招商融资和其他发展目标的书面资料。

2. 创业计划书的作用

（1）帮助创业者梳理思路，进行自我评价。创业计划书要求创业者必须详细客观地分析创办企业内部和外部资源的情况，预测创办企业内部竞争优势和外部竞争威胁、后续经营过程可能遇到的问题和经营效果等。因此，创业计划书的制定过程本身也是创业者系统梳理创业思路、进行自我评价的过程。

（2）为创办企业的运作提供指导。当一套比较完整的计划被确认时，它就能为创办企业的运营管理提供工作指南和行动纲领。这种事先的行为规范对保证创办企业初期的顺利运作具有非常重要的作用。

（3）是创业者争取社会各方的支持获得创业投资帮助的必备材料。创业计划书为企业发展制定比较详细的经营目标和方向。对投资者和合伙人来说，它是判断是否进行投资、是否值得承担风险的必要的书面评估资料。对于政府官员、供应商和内部员工，创业计划书描绘了创办企业的经营范围和经营方向。同时，它又是一种有效的沟通工具，鼓励创业者为实现创办企业的目标而奋斗。

3. 创业计划书撰写要求

（1）明确创业计划书的作用，针对需求目标，构思框架内容；

（2）应有科学合理的启动方案和计划，简单、明了、易操作；

（3）形式完整、内容完备，包括全部的要素，各部分衔接逻辑性强；

（4）内容需客观详实，销售预估、费用预算等相关数据合理且尽量准确。

特别提示：

以融资为主要目的的计划书，就应包含投资决策者所关心的全部内容，需要用足够的篇幅详细介绍，这样有利于吸引投资人的兴趣，赢得创业投资的支持；

用于企业内部管理的创业计划书，作为创业者自我规划的创业蓝图，可根据实际情况，简短、扼要地说清计划实施的细节，给内部员工一个具体的工作方案即可；

两用的创业计划书，要兼顾企业内部管理与吸引社会各方投资，注意周密，不可顾此失彼。

制定创业计划书最好是创业者亲自完成或创业者全程参与完成。要想制定出一份好的创业计划书，创业者需进行专门、系统的创业理论学习培训。因此，这里只能对计划书的内容框架和一般制作要求做简单介绍，目的是让立志创业者对创业计划书有个初步认识和了解。

4. 创业计划书的一般内容框架

不同项目的创业计划书的内容框架有所不同，不同作用和目的的创业计划书内容框架也有所不同，但一般来说，一份完整的创业计划书需要包括：封面、保密须知、目录、企业概况、创业者的情况、市场评估、营销策略、企业组织结构、财务分析报告、风险分析与对策（防范）、企业的愿景等11个方面的内容。

（1）封面（例表）

创业计划书

企业名称＿＿＿＿＿＿＿＿＿＿＿＿＿＿

创业者姓名＿＿＿＿＿＿＿＿＿＿＿＿＿

日　　　期＿＿＿＿＿＿＿＿

【电　　话】

【E-mail】

【传　　真】

【邮政编码】

【通信地址】

特别提醒：企业名称的拟定，要好听、好记、好说、好懂，能反映出你的产品或服务功能的特点，不能与已有的企业名称相同或类似，否则就得不到工商行政管理部门的核准。因此，创业者事先应准备好几个备用名称。只有经过工商行政管理部门核准的企业名称才会受有关法律保护。

（2）保密须知（例表）

保密须知

本《创业／商业计划书》内容属商业机密，所有权属于本公司，其所涉及的内容和资料只限于贵公司投资我公司使用。请贵公司收到本《创业／商业计划书》后，在7个工作日内予以回复，确认立项与否。贵公司如接收本《创业／商业计划书》，即为承诺同意遵守以下条款：

1. 若贵公司不希望涉足本《创业／商业计划书》所述项目，请按上述地址尽快将本《创业／商业计划书》完整退回；

2. 未经本公司许可，贵公司不得将本《创业／商业计划书》的内容全部或部分地透露给他人；

3. 贵公司应该将本《创业／商业计划书》作为机密资料保存。

接受人签名：＿＿＿＿＿＿＿

日期：＿＿＿年＿＿＿月＿＿＿日

此项内容也可根据需要设为"保密承诺"。

225

（3）目录（例表）

目　录

制作目录时注意标题和页码与正文一致。

（4）企业概况（例表中括弧内文字为填写指导）

企业类型	□生产制造　□零售　□批发　□服务　□农业 □新型产业　□传统产业　□其他（打√选择）
主要经营范围	（经营范围是指国家允许企业法人生产和经营的商品类别、品种及服务项目，反映企业法人业务活动的内容和生产经营方向，是企业法人业务活动范围的法律界限，体现企业法人民事权利能力和行为能力的核心内容。经营项目符合工商部门规范，与营业执照一致。简明扼要地描述经营项目的创意来源与可行性，突出产品与服务的新颖性、独特性和可行性。）
商业模式	（客户是谁？） （卖什么产品服务给客户？） （为客户带来什么价值？） （竞争壁垒是什么？） （此部分也可以谈谈企业的盈利渠道，即企业从哪里获得收入，获得收入的形式有哪几种。）
注册资金	（2006年新公司法规定，有限责任公司注册资本的最低限额为人民币3万元，一人有限责任公司注册资本最低限额为10万元，且股东应当一次缴足出资额。注册资金与营业执照一致。退役士兵创业，建议总投资额在50万以内。）

① 创业计划者的情况　包含：姓名、性别、年龄、籍贯、学历／学位、毕业学校、政治面貌、主要经历和相关业绩等。

（例表中括弧内文字为填写指导）

姓名		性别		出生年月		照片
学历		籍贯		政治面貌		
毕业学校			专业			
联系方式	E-mai		手机			
	地址		邮编			
主要学习和工作经历	主要学习经历：（写明受教育的时间、学校、学历层次 /专业、获取的证书等，注意后面要附相关证书的复印件；） 　　主要工作经历：（写明就业、创业实践的时间、单位和岗位、担任的职务等。）					
相关业绩	（要写清楚取得业绩或获得荣誉、受表彰的时间及评奖单位，注意后面要附相关荣誉的复印材料。）					

②市场评估（例表中括弧内文字为填写指导）

目标客户	（确定企业的目标顾客群，指你究竟想要把产品卖给谁？ 可以按照客户年龄、地域、收入、偏好、消费习惯等归纳。）
市场预测/市场占有率	（分析已经出现或即将出现在市场上，但未得到实现或完全实现的市场需求情况及其市场容量的变化趋势。市场的占有率用具体数据展示。）
竞争分析	（列出在本公司目标市场当中的1~3个主要竞争者；分析竞争者的优势和劣势。） 　　竞争对手的主要优势： 　　竞争对手的主要劣势：

项目分析 （用SWOT分析法分析）	优势/Strengths：（针对本公司创业项目，从产品／服务特色、技术、价格、销售渠道、营销手段、资金、团队、无形资产等方面阐述。） 劣势/Weaknesses：（针对本公司创业项目，从产品／服务特色、技术、价格、销售渠道、营销手段、资金、团队、无形资产等方面阐述。） 机遇/Opportunities：（针对本公司创业项目，从政策、市场竞争、行业、潜在竞争、经济环境五个方面阐述。） 威胁/Threats：（针对本公司创业项目，从政策、市场竞争、行业、潜在竞争、经济环境五个方面阐述。）

③ 营销策略（例表中括弧内文字为填写指导）

产品定价与月销售收入预测

产品或服务	单位	同类产品市场零售单价	成本单价	产品单价	月销售数量	月均销售收入（元）
产品一：						
产品二：						
产品三：						
产品四：						
其　　他						
合　　计						

注："产品单价"一栏，如果一年当中产品售价有变化或者多种产品属于同类产品，可按照产品均价计算。

销售渠道

1.经营地址	面积	租赁费或购置费（元／月）	选择该地址的主要原因
（注：*如果以购置方式获得房产，租金为0，购置费用填入固定资产，并在此说明购置理由及购置费用。） （*租赁费：与"第一年度利润表"中"场地租金"一致。）			
2.销售渠道	□面向最终消费者　□通过零售商　□通过批发商（打√选择）		
选择该销售方式的原因			

宣传推广

推广方式	主要内容	推广费用（元／月）
广告媒体	（选择媒体：报纸、杂志、电台、电视、直邮、网络等。）	
会展推广	（选择适合推广产品服务的会议和展览会。）	
公关活动	（引起客户注意的文章、被电台电视台采访的机会、研讨会、媒体新闻稿。）	
网络推广	（指网站推广、网络品牌、信息发布、在线调研、顾客关系、顾客服务、销售渠道、销售促进。）	
促销活动	（指降价、打折、试用、赠送、展销等活动方式。）	
数据库营销	（企业通过收集和积累会员（用户或消费者）信息，经过分析筛选后有针对性地使用电子邮件、短信、电话、信件等方式进行客户深度挖掘与关系维护。）	
合计	（费用合计：应与"月固定销售与管理费用预测表"、"第一年度利润表"、"第一年度的现金流量表"的"促销／宣传推广"一致。）	

④ 企业组织结构（例表中括弧内文字为填写指导）

拟议的企业名称	
企业注册形式	□个体工商户　□个人独资企业　□合伙企业 □有限责任公司　□其他（打√选择）
组织结构	用组织架构图描述，如下图： 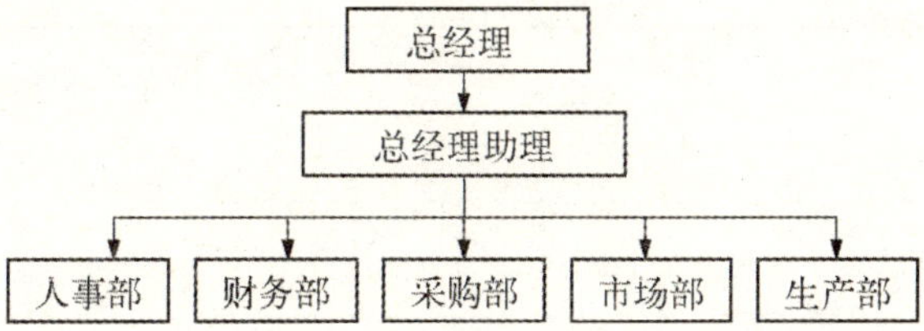 总经理 总经理助理 人事部　财务部　采购部　市场部　生产部 （表中方框部分可以根据项目需求情况灵活设计。）

部门／岗位设置及人员职责分工

部门／岗位	负责人	职责
总经理		
总经理助理		
＿＿＿＿部		
＿＿＿＿部		
＿＿＿＿部		
＿＿＿＿部		

⑤财务分析报告 介绍几种常用的财务报表（例表中括弧内文字为填写指导）。

固定资产：生产经营所需设备、工具和办公家具

单位：元

项目	原值	月折旧率（%）	月折旧金额	备注
生产工具和设备		（1.67%）		
办公家具		（1.67%）		
电子设备		（2.78%）		（电脑、打印机、复印机、传真机、电话机等。）
交通工具		（8.33%）		（汽车）
店铺／厂房				（如果租房，此项空白）
合计				
备注	（折旧率标准参看2009年6月23日颁布的《企业所得税法实施条例》；月折旧率＝1／折旧年数／12。）			

月平均原材料／商品 采购进货成本

单位：元

名称	数量	原材料单价	总额
产品一：			
产品二：			
产品三：			
其 他：			
合 计			

（注：*原材料单价：不能超过"产品定价与月销售收入预测表"的"成本单价"。）

（*合计金额：与"月固定销售与管理费用预测"、"第一年度利润表"、"第一年度的现金流量表"的"生产／采购成本"一致。）

月固定销售与管理费用预测

类别	科目	金额（元）	备注
固定销售费用	促销／宣传推广费用		（与"宣传推广表"、"第一年度利润表"、"第一年度的现金流量表"中数据一致。）
管理费用	场地租金		（与"销售渠道表"、"第一年度利润表"、"第一年度的现金流量表"中数据一致。）
	员工薪酬		（包括福利、社保等。与"第一年度利润表"、"第一年度的现金流量表"中数据一致。）
	办公用品及耗材		（与"第一年度利润表"、"第一年度的现金流量表"中数据一致。）
	水、电、交通费		（包括物业费。与"第一年度利润表"、"第一年度的现金流量表"中数据一致。）
	固定资产折旧		（与"固定资产：生产经营所需设备、工具和办公家具表"。"第一年度利润表"、"第一年度的现金流量表"中数据一致。）
	其他费用		（包括开办费、办公设施维修及保养、装修费摊销及车辆费用、差旅费、通信费等。与"第一年度利润表"、"第一年度的现金流量表"中数据一致。）
财务费用	贷款利息支出		（与"第一年度利润表"、"第一年度的现金流量表"中数据一致。）
合计		元	

231

第一年度现金流量表

	月初现金	1月	2月	3月	4月	5月	6月	7月	8月	9月	10月	11月	12月	合计
	月初现金													
现金流入	现金销售收入													
	应收款收入													
	股东投入现金													
	借贷收入													
	其他现金收入													
现金流入小计（A）														
现金流出	生产／采购													
	销售提成													
	销售推广													
	税金													
	场地租金													
	员工薪酬													
	办公用品及耗材													
	水、电、交通差旅费													
	固定资产购置													
	借贷还款支出													
	其他支出													
现金流出小计（B）														
净现金流量														
月底现金余额（A−B）														
备注	（1.净现金流量是指一定时期内，现金及现金等价物的流入（收入）减去流出（支出）的余额（净收入或净支出），反映了企业本月内净增加或净减少的现金；） （2.新办企业月初现金第一个月为0，第二个月起等于上个月的"月底现金余额"；） （3.股东投入现金：与"注册资金""自有资金"一致；） （4.场地租金的填写不同于年利润表，要一次性扣除，不可分摊每个月；半年一付的可以在1月和7月扣除，其他月份均为0；） （5.现金流出中，除"固定资产购置"、"借贷还款支出"、"其他支出"外，应与《年度利润表》一致；） （6.固定资产购置：与前《固定资产表》"原值_合计"一致。本表无"折旧"支出；） （7.其他支出：本表不包括利息，而《预测12个月的销售收入表》包括利息。）													

启动资金需求

类别／项		金额（元）	备注（对主要费用及其他重要事项说明）
固定资产购置合计			一次性投入购买的
开办费	工商注册、税务登记费		（公司一般为3000元左右）
	市场调查费、差旅费、咨询费		
	各种许可证审批费用		（根据行业不同，比如食品行业有卫生许可证）
	支付连锁加盟费用		
	其他费用		（例如：培训费、资料费、买无形资产费用）
	合计		
流动资金	原材料／商品采购		（预算3个月的资金需求）
	场地租金		（预算6个月的资金需求）
	员工薪酬		（预算3个月的资金需求）
	办公用品及耗材		（预算3个月的资金需求）
	水、电、交通差旅费		（预算3个月的资金需求）
	其他费用		
	合计		
启动资金总计			

启动资金来源

单位：元

筹资渠道	资金提供方	金额	占投资总额比例
自有资金	股东		%
私人拆借	亲属、朋友		%
银行贷款	银行		%
政府小额贷款	政府相关部门		%
总　计	—		%

⑥ 风险分析与对策（例表中括弧内文字为填写指导）

创业风险	风险内容分析	对策
行业风险	（指行业的生命周期、行业的波动性、行业的集中程度。）	
政策风险	（指因国家宏观政策，如货币政策、财政政策、行业政策、地区发展政策等发生变化，导致市场价格波动而产生风险。）	
市场风险	（市场风险涉及的因素有：市场需求量、市场接受时间、市场价格、市场战略等。）	
技术风险	（指企业产品创新过程中，技术成功的不确定性、技术前景的不确定性、技术效果的不确定性、技术寿命的不确定性。）	
资金风险	（资金风险主要有两类，一是缺少创业资金风险，二是融资成本风险。）	
管理风险	（企业经营过程中的风险，如管理者素质风险、决策风险、组织风险、人才风险等。）	
环境风险	（指社会、政治、政策、法律环境变化或由于意外灾害发生而造成失败的可能性。）	
其他风险		

注：只需要填写本企业涉及到的风险。

⑦ 企业的愿景，是企业及其内部全体员工共同追求的企业发展愿望和长远目标的情景描述，对企业发展具有导向功能，对员工具有激励与凝聚作用的长远规划。

思考练习

拟定一个创业项目，撰写一份创业计划书。可以模拟教材格式，也可以根据创业项目需求自己构建内容框架结构。

（三）创业计划可行性自测和评估

创业计划可行性自测和评估的方法一般有两种："自测"和"专家审核"。

创业计划可行性自测和评估两种方法介绍如下表：

可行性自测和评估的方法			分析指导
方法	自测	S W O T 分析法	如果你的优势大于劣势，机会大于威胁，你的企业构思具有可行性，你可以考虑实施你的《创业计划书》。
			如果你的优势劣势大体平衡，可行性大约50%，但你还不愿放弃创业，那就可以考虑制定一个《创业能力提升计划》，参加创业培训还是技术培训？是选修市场营销还是财务管理？那就要针对你的劣势和环境可能提供的条件来做计划了。
			如果你的企业构思中劣势大于优势，威胁大于机会，你创办企业就不可行。如果你还想创业，那就得放弃创办这个不可行的企业，再选择其他的企业类型、产品或服务吧！
		问题测试法	"否"的数量为"0"：你准备得很好，可以开办自己的企业。下一步你要做好开办企业的工作计划。
			"否"的数量为"1~10个"：你应该回到创办企业的准备步骤中去，并在需要改进的地方下些功夫。
			"否"的数量为"10个以上"： 在目前阶段你开办企业的风险太大。如果你仍然很想开办企业，你应该回过头去从创业的最初阶段重新开始。
	专家核申	政府有关部门	你的创业计划是一份很重要的文件，它为你提供了一个在纸面上而不是在现实中测试你所构思的企业项目的机会。如果创业计划表明你的构思不好，你就要放弃它，这样就能避免时间、金钱和精力的浪费。所以，创业计划应尽可能多地征求意见。创业者需反复审阅创业计划的内容，直到满意为止，因为创业计划是要交给一些关键人物看的，例如潜在的投资者、合伙人或贷款机构，你得仔细斟酌，以便准确地向他们传递他们所需要的信息。
		对你的业务领域和企业类型有经验的咨询顾问	
		会计师、银行家、律师等专业人士	
		一些协会的代表	
		工商管理院校和培训机构的人士	

235

在做中学

1. 用"SWOT分析法"将本企业与市场竞争的主要对手（选择2个）进行分析比较，完成下表：

优　势（Strength）			市场竞争的比较劣势	
			A. 企业比较	B. 企业比较
1	价格			
2	质量			
3	营销			
4	店面			
5	顾客			
6	资金			
7	团队			
8	设施			
9	管理			
机会（Opportunity）			来自企业的威胁	
			A. 企业比较	B. 企业比较
1	成本价格			
2	同类企业			
3	人口数量			
4	市场趋势			
5	核心技术			
6	人才竞争			

2. 对下面表中所提问题做实事求是的回答（问题测试法例表）：

问　题	你的评价	
	是	否
（1）你将要创办的企业的法律形式是否明确确定？	☐	☐
（2）你有把握筹集到创建自己企业的启动资金？	☐	☐
（3）你确定了将要出售的商品或提供的服务吗？	☐	☐
（4）你是否作了市场细分并确定了你的销售对象？	☐	☐
（5）你是否访问过10位以上潜在的顾客，并向他们了解对产品或服务的意见？	☐	☐
（6）你知道谁是你的现实的、潜在的竞争对手？	☐	☐
（7）你对你的主要竞争对手作过优势和劣势比较吗？	☐	☐
（8）你的开业地址确定了吗？	☐	☐
（9）你对销售的商品或提供的服务订出价目表了吗？	☐	☐
（10）你是否决定花一部分钱作些广告宣传？	☐	☐
（11）你对企业的促销做出了预算吗？	☐	☐
（12）你是否已作了一年的销售预测？	☐	☐
（13）你是否已根据销售预测做出了盈亏平衡分析？	☐	☐
（14）你对开业一年的损益状况做出预测分析了吗？	☐	☐
（15）你第一年的经营状况能保证不亏损吗？	☐	☐
（16）你制订了第一年的现金流量计划了吗？	☐	☐
（17）你和开业有关的政府各部门都接洽过吗？	☐	☐

续表

问 题	你的评价	
	是	否
（18）你如何向银行贷款，你是否有担保的资产？	☐	☐
（19）你知道需要怎样的员工及员工数量吗？	☐	☐
（20）你知道雇用员工所必须了解的法律知识吗？	☐	☐
（21）你知道对员工必须承担的责任与义务吗？	☐	☐
（22）你知道什么是为职工缴纳的"三金"吗？	☐	☐
（23）你知道你的企业必须投保哪些险种吗？	☐	☐
（24）你是否知道你的企业需要办理"特种行业"的申办手续？	☐	☐
（25）你对申办企业的手续作过详尽的咨询和调查吗？	☐	☐
（26）你清楚你的企业必须办理哪些许可证吗？	☐	☐
（27）你是否为申办你的企业制订了申办流程和期限表？	☐	☐
（28）你对将涉足的行业了解或懂行吗？	☐	☐
（29）你办企业是否获得家人的支持并已安排好了家庭开支？	☐	☐
（30）你是否坚信自己一定能把自己的企业办好？	☐	☐
合 计		

思考练习

对你《创业计划书》的可行性进行自测和评估。

237

补充阅读

创业风险的防范

初始创业有五大风险是在创业过程中需要避免的。

风险一：项目选择太盲目

目前，年轻人创业的项目选择多集中在网络服务、中介、快餐、批发零售、连锁加盟店等领域。但是，年轻的创业者大多是凭自己的兴趣和想象来决定项目和投资方向，往往对市场的了解并不全面。

建议：年轻的创业者在创业初期一定要做好市场调研，也可委托专业机构进行可行性研究，在了解市场的基础上创业。一般来说，年轻的创业者资金实力较弱，选择启动资金不多、人手配备要求不高的项目，从小本经营做起比较适宜。

风险二：缺乏创业技能

很多初始创业者眼高手低，既不了解创业的相关政策法规，也没有在相关企业的工作、实践经验，缺乏能力和经验，却对创业的期望值非常高，这样的创业无异于纸上谈兵。

建议：防范风险只能靠自己增加本领。一方面，去企业打工或实习，积累相关的管理和营销经验；另一方面，积极参加创业培训，积累创业知识，接受专业指导，提高创业成功率。

风险三：融资渠道单一

资金难筹几乎是每一个创业者都会遇到的难题。银行贷款申请难、手续复杂，如果没有广阔的融资渠道，创业计划只能是一纸空谈。

建议：广开渠道，除了银行贷款、自筹资金、民间借贷等传统方式外，还可以充分利用风险投资、天使投资、创业基金等融资渠道。

风险四：社会资源匮乏

年轻人刚踏入社会，掌握的社会资源非常有限，而企业创建、市场开拓、产品推介等工作都需要调动社会资源，初始创业者在这方面会感到非常吃力。

建议：平时多参加各种社会实践活动，扩大自己人际交往的范围。创业前，可以先到相关行业领域工作一段时间，通过这个平台，为自己日后的创业积累人脉。

风险五：管理过于随意

由于不熟悉经营"游戏规则"，一些年轻的创业者虽然在技术上出类拔萃，但理财、营销、沟通、管理方面的能力普遍不足。

建议：要想创业成功，创业者必须技术、经营两手抓，制定科学规范的管理制度。可从合伙创业、家庭创业或低成本的虚拟店铺开始，锻炼创业能力，也可聘用职业经理人负责企业的日常运作。

（四）开业的准备

俗话说"好的开始是成功的一半"，做好充分的开业准备工作，对顺利创业、成功创业有着至关重要的影响。

开业准备的一般流程：开业前咨询→制定行动计划→明确责任人。

1. 开业前咨询。

在开始营业之前，创业者必须去了解所有与自己要从事的商业活动相关的法律条文规定、执照或许可证申请的有关细节与各类表格。向有关机构和专家咨询开业经营的流程和有关事项，例如：

政府部门，如到工商部门了解新开企业的办理事项。

机构或组织，如创业孵化园、创业指导中心、开业指导中心、开业指导志愿者组织、开业咨询员（师）、会计师、银行家、律师等专业人士。

学校相关教师或培训机构的相关人士。

进行咨询时务必弄清每个细节，包括办理地点、办理条件、办理步骤、有无优惠政策、表格怎么填写等，有时同一个问题可以找不同的人问，直到确信对开业的流程非常了解，并能列出详细清单。

2. 制定行动计划。

按照《创业计划书》列出你开办企业所有要做的工作。如筹集启动资金，选择经营场所并办理购买或租赁手续，办理企业登记注册手续，联系落实店面装潢或厂房修整事宜，购买或租用办公设备，购进并安置企业固定资产，确定供货商购进库存物品，招聘员工签订《劳动合同》或与合作人签订《合作协议》；为合作团队或员工办保险，形成和落实开业促销活动方案，向有关方面发出邀请函，举行开业促销仪式，为企业挂牌，请业界有影响的人来剪彩，扩大企业知名度等。所以，要制定一份开业准备行动计划表，列明有哪些工作要做，由谁来做，什么时间完成，这是合理安排任务的最简单有效的方法。制订行动计划一般采用倒排时间法，即明确到哪个阶段要完成哪些工作。

3.明确责任人。

在开业准备前期，募集资金、工商注册登记、选定经营场所、组织机构设置等事项一般由创业者来完成。在开业准备后期，对于较大规模的初创企业，可以招募部门经理职位的核心成员，成立筹备小组，分工负责各自职责范围内的开业准备和试营业工作。创业者要将开业准备视为企业经营管理的开始。因为从分工到实施到监督考核进展情况，企业的管理流程初步建立，创业者的工作风格和管理思路也在此得到体现。因此，在开业准备阶段就要高标准、严要求，尽快让员工熟悉公司的管理流程，全面贯彻公司的经营策略。

总之，开业准备标志着你的创业之路已经进入实质阶段。

> 思考练习

开业前需要做哪些准备工作，这些工作由谁来完成，明确完成时间，制定一份开业准备行动计划表。（计划格式可参照下表）

行动计划内容	责任人／部门	完成时间

五、创业支援

在如今充满竞争与合作的市场经济条件下，自主就业的退役士兵要挖出属于自己的第一桶金为自己新办的企业进行原始积累，就必须学会利用外部资源。这些外部资源包括政府的相关企业管理部门、创业的服务机构、融资担保机构以及信息共享平台。

（一）政府的相关企业管理部门

政府的相关企业管理部门的职能包括两个方面，一是为创业者提供公平竞争的市场环境，在政策上支持和鼓励中小企业的创立和发展；二是建立创业及管理的服务系统，鼓励各类社会中介机构及有关培训机构为创业者提供相应的辅导、担保、培训等服务。

政府的相关企业管理部门	查询网址	备注
江苏省中小企业管理部门	http://www.jste.gov.cn	江苏省政府直属机构。为全省中小企业提供政策指导、创业导向、金融支持、对外交流、法律咨询、信息沟通等服务。
江苏省工商行政管理部门	http://www.jsgsj.gov.cn	负责个体工商户、私营企业经营行为的登记注册服务和监督管理。
江苏省地方税务部门	http://www.jsds.gov.cn	为了保证生产经营活动顺利开展，生产经营者应在领取营业执照之日起30日内到税务机关进行税务登记。 税务登记的内容主要包括：工商户的名称、地址、经济性质、主管部门、生产经营范围、经营方式、资金状况、工商行政管理部门的工商登记证照号码、开户银行及账号等。
江苏省人力资源和社会保障部门	http://www.jshrss.gov.cn	自主创业优惠手续的办理、咨询、服务等。创业者及企业人员的人事关系代理（含个人档案、党团组织关系托管、住房公积金的立户、社会保险的办理等）。
江苏省科学技术管理部门	http://www.jstd.gov.cn	如创业项目属火炬计划、星火计划、成果推广计划等科技开发项目，则需到科学技术管理部门认定登记，并享受有关优惠政策。
江苏省公安部门	http://www.jsga.gov.cn	涉及交通、消防、危险物品和特种行业的，需到公安部门审批。

（二）创业服务机构

江苏省中小企业局公布2012年中小企业星级公共服务平台名单：

1.五星级（5家）

（1）江苏省中小企业发展中心

（2）苏州工业园区中小企业服务中心

（3）吴江绸都盛泽电子商务信息有限公司

（4）江苏叠石桥绣品城有限公司

（5）南京世纪恒捷信息科技有限公司

2.四星级（16家）

（1）南京雨花软件园发展有限公司

（2）无锡汇普中小企业金融服务中心有限公司

（3）江苏湖塘纺织中小企业公共服务平台

（4）邳州华东人造板技术服务有限公司

（5）苏州市中小企业电器产业检验检测公共技术服务平台

（6）苏州市火炬创新创业孵化管理有限公司

（7）张家港市高新技术创业服务中心

（8）昆山留学人员创业园

（9）南通家纺城版权事务服务有限公司

（10）江苏省环保设备质量监督检验中心

（11）江苏省中小企业网公共服务平台

（12）中国医药城基因工程蛋白药物与抗体药物GMP中试生产公共服务平台

（13）镇江市中小企业服务中心

（14）镇江京江软件外包科技有限公司

（15）扬州市邗江区高新技术创业服务中心

（16）江苏省科学技术情报研究所

3. 三星级（55家）

（1）东南大学国家大学科技园公共服务平台

（2）南京信息技术科技创业服务中心

（3）南京汤山高新技术产业园企业服务中心

（4）南京服装工业园公共服务平台

（5）南京润豪营销策划有限公司

（6）南京博学科技进修学院

（7）南京润君园人力资源有限公司

（8）无锡市现代高效纺织试验服务平台

（9）无锡人才金港物联网教育发展有限公司

（10）江阴金信营销与管理咨询有限公司

（11）江苏省船舶先进制造技术中心

（12）江苏省数字信息产业园培训学院

（13）无锡市蓝创咨询有限公司

（14）徐州隆源电动车科技服务有限公司电动车技术服务平台

（15）徐州华兴会计师事务所有限公司

（16）徐州恒瑞税务筹划有限公司

（17）新沂市万邦网络科技有限公司

（18）江苏省大蒜产业公共服务中心

（19）常州市湖塘中小企业服务中心

（20）常州民营经济研究所

（21）苏州高新区中小企业服务中心

（22）苏州工业园区优科金融服务有限公司

（23）苏州德融嘉信信用管理技术有限公司"园区信用岛"小微科技企业综合培育服

务平台

（24）苏州传化公路港物流有限公司

（25）江苏省苏州新药研发外包技术服务中心

（26）苏州吴中科技园（苏州吴中科技园创业服务中心有限公司）

（27）张家港市海宇金属材料测试有限公司

（28）常熟市企业文化促进会

（29）昆山市工业技术研究院公共技术服务平台

（30）吴江市中小企业服务中心

（31）太仓市科技创业园有限公司

（32）南通微纺电子商务有限公司

（33）南通突优科技创业有限公司

（34）东海县中小企业服务中心

（35）启东金凤凰科技创业园

（36）涟水县金邦职业技术学校

（37）盐城市中小企业互助协会

（38）盐城市亭湖高新技术创业园有限公司

（39）盐城佳弈企业咨询有限公司

（40）江苏省中华会计函授学校盐城分校

（41）盐城市恒利风险投资有限公司

（42）建湖苏盛联合会计师事务所

（43）滨海县滨淮创业园实业有限公司

（44）响水县英特职业培训学校

（45）泰州市留学生创业园

（46）泰州市高港高新区开发投资有限责任公司

（47）姜堰市光明会计师事务所有限公司

（48）镇江市中小企业节能技术服务中心

（49）镇江江大艺术研究有限公司

（50）扬中市中小企业服务中心

（51）扬州易虎商务管理顾问有限公司

（52）扬州天龙职业培训学校

（53）宿迁中经阳光税务筹划有限公司

（54）泗阳县和阳木业科技服务有限公司

（55）沭阳县会计培训中心

六、退役士兵创业扶持相关政策与法规

（一）国家相关优惠政策与法规

为做好扶持退役士兵自主就业、创业工作，国家专门出台政策法规，包括《退役士兵安置条例》、《国务院办公厅转发民政部门等部门关于扶持城镇退役士兵自谋职业优惠政策意见的通知》（国办发〔2004〕10号）、《财政部国家税务总局关于扶持城镇退役士兵自谋职业有关税收优惠政策的通知》（财税〔2004〕93号）、《财政部国家发展改革委关于对从事个体经营的有关人员实行收费优惠政策的通知》（财综〔2008〕47号）、《中宣部民政部总参谋部总政治部关于印发〈退役士兵安置改革宣传教育提纲〉的通知》（民发〔2011〕187号）以及《国务院中央军委关于2012年冬季士兵退出现役工作的通知》（国发〔2012〕56号）等。其内容主要包括：

1. 税收优惠

相关税收优惠政策主要包括：

从事个体经营（除建筑业、娱乐业以及广告业、桑拿、按摩、网吧、氧吧外）的，自领取税务登记证之日起，3年内限额减免营业税、城市维护建设税、教育费附加和个人所得税，限额标准为每户每年8000元，最高上浮50%；

从事开发荒山、荒地、荒滩、荒水的，从有收入年度开始，3年内免征农业税；

从事种植、养殖业的，其应缴纳的个人所得税按照国家有关种植、养殖业个人所得税的规定执行；

从事农业机耕、排管、病虫害防治、植保、农牧保险以及相关技术培训业务，家禽、牲畜、水生动物的配种和疾病防治业务的，按现行营业税规定免征营业税。

2. 收费优惠

这里所指的收费优惠是指相关涉及个体经营的登记类、证照类和管理类等有关行政事业性收费项目。除国家限制行业外，自其在工商行政管理部门首次注册登记之日起3年内，免收管理类、登记类和证照类的行政事业性收费。具体有：

工商部门收取的个体工商户注册登记费（包括开业登记、变更登记、补换营业执照及营业执照副本）、个体工商户管理费、集贸市场管理费、经济合同鉴证费、经济合同示范文本工本费；

税务部门收取的税务登记证工本费；

卫生部门收取的行政执法卫生监测费、卫生质量检验费、预防性体检费、卫生许可证工本费；

民政部门收取的民办非企业单位登记费（含证书费）；

人力资源和社会保障部门（原劳动保障部门）收取的职业资格证书工本费；

国务院以及财政部、发展改革委批准设立的涉及个体经营的其他登记类、证照类和管理类等行政事业性收费；

各省、自治区、直辖市人民政府及其财政、价格主管部门按照管理权限批准设立的涉

及个体经营的登记类、证照类和管理类等有关行政事业性收费项目。

3. 贷款扶持和财政贴息优惠

自主就业的退役士兵从事个体经营或创办经济实体，经营资金不足时，可按国家有关规定申请小额担保贷款。小额担保贷款按照自愿申请、社区推荐、人力资源和社会保障部门审查、贷款担保机构审核并承诺担保、商业银行核贷的程序，办理贷款手续。借款人应将贷款用作自谋职业、自主创业或合伙经营和组织起来就业的开办经费和流动资金。小额担保贷款金额一般在5万元左右，还款方式和计结息方式由借贷双方商定。贷款期限一般不超过2年，借款人提出展期且担保人同意继续担保的，商业银行可以按规定展期一次，展期期限不得超过1年。小额担保贷款的贷款利率可在中国人民银行公布的贷款利率的基础上上浮3个百分点。从事微利项目的小额担保贷款由财政据实全额贴息，展期不贴息。微利项目的具体范围由各省（自治区、直辖市、计划单列市）人民政府结合实际确定，并报财政部、人力资源社会保障部和人民银行备案。

4. 用人单位招收录用或聘用自主就业退役士兵的优惠

为安置自主就业退役士兵就业而新办的服务型企业（除广告业、桑拿、按摩、网吧、氧吧外）当年新安置自主就业的退役士兵达到职工总数30%并与其签订1年以上期限劳动合同的，经县级以上人民政府退役士兵安置工作主管部门认定，税务机关审核，3年内以上，免征营业税及其附征的城市维护建设税、教育费附加。

为安置自主就业的退役士兵就业而新办的商业零售业企业当年新安置自主就业的退役士兵达到职工总数30%以上，并与其签订1年以上期限劳动合同的，经县级以上人民政府退役士兵安置工作主管部门认定，税务机关审核，3年内免征城市维护建设税、教育费附加。

对符合规定条件的接收自主就业退役士兵的企业，3年内按企业实际新接收安置退役士兵人数予以定额依次扣减营业税、城市维护建设税、教育费附加和企业所得税，定额标准为每人每年4000元，最高可上浮50%。

5. 关于农村土地方面的优惠政策

自主就业的退役士兵入伍前通过家庭承包方式承包的农村土地，承包期内不得违法收回或者强制流转；通过招标、拍卖、公开协商等非家庭承包方式承包的农村土地，承包期内其家庭成员可以继续承包；承包的农村土地被依法征收、征用或者占用的，与其他农村集体经济组织成员享有同等权利；回入伍时户口所在地落户，属于农村集体经济组织成员但没有承包农村土地的，可以申请承包农村土地，村民委员会或者村民小组应当优先解决。

具体规定参照《中华人民共和国农村土地承包法》执行。

（二）江苏省相关优惠政策

在国家制定的相关扶持就业创业政策的基础上，江苏省2005年以来出台了《印发〈江苏省扶持城镇退役士兵自谋职业优惠政策的实施意见〉的通知》（苏民安〔2005〕2号）、《省政府办公厅转发省人力资源和社会保障厅等部门关于促进军队退役人员自主创业意见的通知》（苏政办发〔2009〕175号）、《中共江苏省委江苏省人民政府江苏省军区关于加强新形势下征兵工作的意见》（苏发〔2011〕40号），制定了更加优惠的政策，进一步保障了全省退役士兵顺利实现自主创业。

1. 更加优惠的从事个体经营的收费政策

自主就业的退役士兵从事个体经营的，除国家限制的行业（包括建筑业、娱乐业以及广告业、桑拿、按摩、网吧、氧吧等）外，自工商部门批准其经营之日起，3年内免交下列费用：

工商部门收取的个体工商户注册登记费（包括开业登记、变更登记）、个体工商户管理费、集贸市场管理费、经济合同示范文本工本费；

卫生部门收取的民办医疗机构管理费；

劳动保障部门收取的劳动合同签证费；

省人民政府及其财政、价格主管部门批准设立的涉及个体经营的登记类和管理类收费项目；

其他有关登记类、管理类的收费项目。

2. 更加优惠的自主创业市场准入条件

降低创业门槛，军队退役人员申请个体工商业、合伙企业、独资企业登记，不受出资数额限制；

对共同出资开办注册资本在10万元以下的科技型、环保节能型有限责任公司，首期出资额达到3万元即可登记；

投资设立其他类型有限责任公司，允许在2年内分期注入资金，首期注入资本放宽到注册资本总额的20%；

对工商登记时非主要材料欠缺同时承诺在一定时间内完善相关事项的初次创业者，工商部门给予指导并提供便利；

在符合法律法规规定的条件、程序和合同约定的情况下，允许创业者将家庭住所、租借房、临时商业用房等作为创业经营场所；

允许能有效划分的同一地址登记为多家企业或个体工商户的住所（经营场所）；

经合法批准的公共用地可作为创业者从事个体经营的场所；

鼓励各地在开发区、工业集中区建设廉租标准厂房，作为军队退役人员自主创业基地，引导其集中经营、集聚发展；

引导和鼓励军队退役人员自主创业者利用荒山、荒地、荒滩、荒水等资源进行创业，对从事农业、林业、牧业、渔业、园艺等种植养殖业所需的荒山、荒地、荒滩、荒水，可通过拍卖取得开发使用权，期限可至50年。

3. 其他更加优惠的政策

军队退役人员自主创业纳入当地招商引资范围，享受与外地客商同等优惠政策；

按期纳税的营业税起征点为月营业额5000元，按次纳税的营业额起征点为每次（日）100元；

对进入县城镇、建制镇创业的军队退役人员，有稳定收入和合法住所的，应准予办理户口迁入手续；

对军队退役人员自主创业创办的企业，根据有关规定给予用电电价优惠。

（三）法律法规

与新办企业直接相关的法律法规有：

1. 企业法。其内容包括公司法、个人独资企业法、合伙企业法、个体工商户管理条例、中外合资合作企业法、乡镇企业法等。

2. 民法通则。其内容包括个体工商户、农村承包经营户、个人合伙、企业法人、联营、代理、财产所有权、财产权、债权、知识产权、民事责任等。

3. 合同法。其内容包括一般合同的订立、效力、履行、变更和转让、权利义务终止、违约责任等。合同的种类包括买卖合同、借款合同、租赁合同、运输合同、技术合同、工程合同、委托合同等。

4. 劳动法。其内容包括促进就业、劳动合同和集体合同、工作时间和休息休假、工资、职业安全卫生、女职工和未成年工特殊保护、职业培训、社会保险和福利、劳动争议、监督检查等。

5. 其他相关的法律。包括会计法、税收征收管理法、产品质量法、消费者权益保护法、反不正当竞争法、保险法、环境保护法等。

第七章　劳动与社会保障

第一节　劳动关系与劳动合同

一、劳动关系

劳动关系是指劳动者与用人单位之间，在劳动过程中依据劳动法律规范而形成的劳动权利与劳动义务关系。它是劳动法调整生活中劳动关系所形成的权利义务关系。除了与其他法律关系的共同特征以外，它还具有自身的独有特征：体现了国家与劳动关系双方当事人的双重一致，一方面按照劳动法律规范的具体要求形成，体现国家意志；另一方面是双方当事人通过签订合同合意形成的，体现了当事人的想法。

劳务关系是劳动者与用工者根据口头或书面约定，由劳动者向用工者提供一次性的或者是特定的劳动服务，用工者依约向劳动者支付劳务报酬的一种有偿服务的法律关系。它与劳动关系是有很大区别的。首先，两者产生的依据不同。劳动关系是基于用人单位与劳动者之间生产要素的结合而产生的关系；劳务关系产生的依据是双方的约定。如果双方不存在协商订立合同的意思表示，没有书面协议，也不存在口头约定，而是根据章程的规定而产生的一种用人单位和劳动者之间的权利义务关系，一般我们会认为是劳动关系而不是劳务关系。其次，两者适用的法律不同。劳务关系主要由民法、合同法、经济法调整，而劳动关系则由劳动法和劳动合同法规范调整。再次，两者主体资格不同。劳动关系的主体只能一方是法人或组织，即用人单位，另一方则必须是劳动者个人，劳动关系的主体不能同时都是自然人，也不能同时都是法人或组织；劳务关系的主体双方当事人可以同时都是法人、组织、公民，也可以是公民与法人、组织。

在日常生活中，怎么去认定用人单位和我们之间是否存在劳动关系呢？下面我们来看一个案例。

【案例】夏某自2012年9月以来，一直在一家证券公司工作，上班那会公司一直找各种理由不与夏某签订劳动合同，夏某由于胆小，就一直没有再向公司提出签订

247

劳动合同的要求，但是工作几个月后，公司突然要求她一周后离开。她向公司要求予以经济补偿，公司不但不给，而且不承认和夏某存在劳动关系。那么请问，夏某与公司之间存在劳动关系吗？

【解析】夏某的经历在现在的社会非常常见，很多公司利用劳动者的弱势地位，无视劳动者的权利，逃避自身的义务，面对这种情况，我们应该冷静下来，看看我们国家的劳动法以及相关法律是如何保障劳动者的正当权利的。我国《劳动合同法》第七条规定："用人单位自用工之日起即与劳动者建立劳动关系。用人单位应当建立职工名册备查。"第十条规定："建立劳动关系，应当订立书面劳动合同。已建立劳动关系，未同时订立书面劳动合同的，应当自用工之日起一个月内订立书面劳动合同。用人单位与劳动者在用工前订立劳动合同的，劳动关系自用工之日起建立。"公司招聘你工作，没有与你签订书面劳动合同是违法的，也侵害了你的合法权益。你可依据《劳动合同法》第七十七条"劳动者合法权益受到侵害的，有权要求有关部门依法处理，或者依法申请仲裁、提起诉讼"的规定，先通过申请来维护自己的合法权益。申请劳动仲裁，你必须证明你与公司存在劳动关系，因双方没有签订劳动合同，你可以通过以下方式加以证明：一是尽量提供能证明为用人单位提供过劳动的相关材料。如加盖用人单位公章的业务授权委托书、代签的业务合同、上班记录表、进出用人单位的门卡、饭卡、工资条、工作服、暂住证、评定员工等级证明、表彰或处罚决定等等。对未签订劳动合同的劳动者来说，要增强证据意识和职业风险意识，平时尽可能收集、保存相关物品。二是请同事提供证人证言，而且要出庭作证，证明你与用人单位存在事实的劳动关系。三是让自己任职期间接触过的客户予以证明，证明自己曾经以用人单位的名义向其提供过服务。四是申请调查取证。对一些不接待公民个人调查取证的单位，如用人单位为劳动者缴纳了或者委托银行向劳动者代发工资的，劳动者可以申请仲裁部门向社会保险部门、银行调取相关的资料。所以作为劳动者，在保护自身权益的同时，要注重保护和争取能够证明自身与用人单位之间是存在劳动关系的。

二、劳动合同制度

劳动合同是劳动者与用人单位之间确认劳动关系的法律凭证，它通过明确双方权利和义务的方式来保障权益，同时也是劳动者与用人单位双方都同意后之间合意达成的协议，具有法律效力。

（一）签订劳动合同的主体

1. 需要签订劳动合同的劳动者对象。按照我国全面实行劳动合同制度改革的要求，需要签订劳动合同的对象包括：新招用的劳动者、原有的固定工以及原固定工身份的特殊人员。所谓原固定工身份的特殊人员，是指根据劳动部关于全面实行劳动合同制的通知和贯彻劳动法若干问题的意见规定的以下人员：① 存在着劳动关系而没能履行劳动义务的特殊人员。例如，用人单位的"富余人员、放长假"的职工，长期被外单位借用的人员、带薪上学人员，请长期病假人员、停薪留职人员，被派到合资、参股单位人员；② 企业、事业单位的中共党委书记、厂长或经理、工会主席等。

2. 需要签订劳动合同的用人单位。 根据劳动法律、法规的规定，需要与劳动者签订劳动合同的用人单位包括：中国境内的企业法人，个体、合伙制非法人经济组织；国家机关、事业组织和社会团体；特殊类型经济组织，如租赁经营（生产）、承包经营（生产）的企业等等。

（二）劳动合同的内容及形式

根据我国劳动合同法第17条的规定，劳动合同应该具备以下条款：

1. 用人单位的名称、住所和法定代表人或者主要负责人；

2. 劳动者的姓名、住址和居民身份证或者其他有效身份证件号码；

3. 劳动合同期限；

4. 工作内容和工作地点；

5. 工作时间和休息休假；

6. 劳动报酬；

7. 社会保险；

8. 劳动保护、劳动条件和职业危害防护；

9. 法律、法规规定应当纳入劳动合同的其他事项。

劳动合同除前款规定的必备条款外，用人单位与劳动者可以约定试用期、培训、保守秘密、补充保险和福利待遇等其他事项。

劳动合同订立的形式就是指劳动合同双方如何通过合意达成对双方权利和义务的分配的一个外在表现，在我国，主要分为口头和书面。其中我国强调的是书面形式的劳动合同，在我国劳动法第十九条明确规定了"劳动合同是劳动者与用人单位确立劳动关系、明确双方权利和义务的协议。建立劳动合同应当订立劳动合同"。也就是说，在我国，劳动关系的建立需要一个书面形式的合同来调整，受到法律保护。

有人会疑惑，如果劳动者和用人单位之间存在劳动关系但是没有签订书面的劳动合同怎么办？在我国，这种情况属于事实劳动关系。但是这种事实劳动关系在我国存在着争议，它该如何去认定？如何去处理？这些都是值得商榷的。为了弥补对此情况规范的欠缺，《劳动合同法》第八十二条第一款把事实劳动关系当作一种法律义务和责任来规范："用人单位自用工之日起超过一个月不满一年未与劳动者订立书面劳动合同的，应当向劳动者每月支付二倍的工资。"《劳动合同法》第十四条第三款还规定，用人单位自用工之日起满一年不与劳动者订立书面劳动合同的，视为用人单位与劳动者已订立无固定期限的劳动合同。

但是我们应当看到，虽然法律对事实劳动关系作出了相应的规定来更大程度地保护劳动者，但是我们还是应该在与用人单位建立劳动关系时，签订书面的劳动合同，让自己的权益可以得到法律的最大保护。

（三）劳动合同的订立

用人单位自用工之日起即与劳动者建立劳动关系，最晚不超过一个月就应当签订劳动合同。如果用人单位不提出签订劳动合同，劳动者应当主动要求签订，以保护自身权益。用人单位招用劳动者时，应当如实告知劳动者工作内容、工作条件、工作地点、职业危害、安全生产状况、劳动报酬，以及劳动者要求了解的其他情况；用人单位有权了解劳动者与劳动合同直接相关的基本情况，劳动者应当如实说明。

有的用人单位在招用劳动者时，提出扣押劳动者的居明身份证等证件，或者要求劳动者提供担保的，这都是不符合法律规定的，劳动者有权拒绝。

劳动合同分为固定期限劳动合同、无固定期限劳动合同和以完成一定工作任务为期限的劳动合同。

固定期限劳动合同就是指劳动者与用人单位约定了什么时候合同终止的劳动合同，这在生活中是比较常见的，需要双方达成一致就可以订立。

无固定期限劳动合同正好相反，是指劳动者与用人单位没有约定合同的终止时间的劳动合同。无固定期限劳动合同也需要双方达成一致方可订立，但是我国法律对无固定期限的劳动合同有特殊的规定。在某些情况下，劳动者与用人单位之间是应当签订无固定期限的劳动合同的。

以完成一定工作任务为期限的劳动合同，是指用人单位与劳动者约定以某项工作的完成为合同期限的劳动合同。用人单位与劳动者协商都同意，可以订立以完成一定工作任务为期限的劳动合同。

劳动合同由用人单位与劳动者经过协商都同意了，并经过用人单位与劳动者在劳动合同文本上签字或者盖章，这个时候合同就生效了。劳动合同文本由用人单位和劳动者各执一份。

劳动合同期限三个月以上不满一年的，试用期不得超过一个月；劳动合同期限一年以上不满三年的，试用期不得超过二个月；三年以上固定期限和无固定期限的劳动合同，试用期不得超过六个月。

同一用人单位与同一劳动者只能约定一次试用期。以完成一定工作任务为期限的劳动合同或者劳动合同期限不满三个月的，不得约定试用期。试用期包含在劳动合同期限内。劳动合同仅约定试用期的，试用期不成立，该期限为劳动合同期限。

【案例】2010年2月，王某被一家玩具公司招用，经过一个月的试用期，王某表现优秀，被玩具公司正式录用，双方约定了工资等待遇，由于觉得没有必要就未签订书面劳动合同。一年后，该玩具公司业绩下滑，需要精简员工。2011年3月，玩具公司通知王某不用来上班了，反正没有签订劳动合同，应该算是临时工，公司什么时候不想要就可以辞退他。王某不服，要求与公司签订无固定期限的劳动合同，而玩具公司不予理睬。请问：王某的要求合理吗？该玩具公司超过一年不签定书面合同需要负法律责任吗？如果需要，负什么法律责任？

【解析】我国的劳动合同法规定用人单位与劳动者协商一致，可以订立无固定期限劳动合同。有下列情形之一，劳动者提出或者同意续订、订立劳动合同的、除劳动者提出订立固定期限劳动合同以外，应当订立无固定期限劳动合同：

（一）另外劳动者在该用人单位连续工作满十年的；（二）用人单位初次实行劳动合同制或者国有企业改制重新订立劳动合同时，劳动者在该用人单位连续工作满十年且距法定退休年龄不足十年的；（三）连续订立二次固定期限劳动合同，且劳动者没有本法第三十九条和第四十条第一项、第二项规定①的情形，续订劳动合同的。

用人单位自用工之日起满一年不与劳动者订立书面劳动合同的，视为用人单位与劳动者已订立无固定期限劳动合同。

王某的做法是合理合法的，双方应当立即补签书面的劳动合同。劳动合同法规定：超过一年没有签订书面劳动合同，用人单位应当自用工之日起满一个月的第二天到满1年的前一天向劳动者每月支付2倍的工资。所以玩具公司要向王某支付2倍的工资和立即补签书面劳动合同。

（四）劳动合同的履行与变更

劳动合同签订后，劳动者与用人单位双方都应该认真按照合同上的内容全面地履行各自的义务和承担自身的责任。

1. 用人单位应当严格执行劳动定额标准，不得强迫或者变相强迫劳动者加班。用人单位安排加班的，应当按照国家有关规定向劳动者支付加班费。

251

【案例】胡新宇2005年毕业以后在深圳华为公司从事研发工作。他的日常作息习惯从此发生了极大的改变：早晨7点上班，晚上10点才从公司下班，坐公车到家时已经过了11点，他的生活如此地重复着。2006年4月初，胡新宇所在的开发部开始进行一个封闭研发的项目，项目的内容是严格保密的。自从这个项目开始，胡新宇经常在公司过夜加夜班，甚至，很多个夜晚都是在实验室打地铺休息的，加班时间最长一次到次日的凌晨2点多。4月28日，胡新宇由于身体的极度不适，不得不请假去医院检查，但是，病情还是在不停加重。多天的抢救仍然无法挽回胡新宇年轻的生命，他全身的许多器官在加班的日子里早就开始不断地衰竭，直至他生命的最后一刻，当时他25岁。胡新宇曾经是个阳光男孩，运动细胞发达，在多个体育项目上都是佼佼者，但是多年的加班生活无情地摧毁了他。胡新宇的死不禁让我们反思，劳动者的生命生存权利的保障在哪里？华为公司是否要对胡新宇的死负有法律责任？

---

① 第三十九条：企业因生产特点不能实行本法第三十六条、第三十八条规定的，经劳动行政部门批准，可以实行其他工作和休息办法。

第四十条：用人单位在下列节日期间应当依法安排劳动者休假：（一）元旦；（二）春节。

【解析】劳动法第三十六条规定："国家实行劳动者每日工作时间不超过八小时、平均每周工作时间不超过四十四小时的工时制度。"同时劳动法也对加班的问题有了明确的规定：用人单位安排劳动者延长工作时间的，支付不低于工资的150%的工资报酬；休息日安排劳动者工作又不能安排补休的，支付不低于工资的200%的工资报酬；法定休假日安排劳动者工作的，支付不低于工资的300%的工资报酬。

胡新宇的过劳死提醒我们广大劳动者在工作中应该自己要求劳逸结合。在胡新宇这个事件中，他自己要追求一个好的绩效评比，对自己要求过分苛刻，通过压榨自己的身体来获得更好的考评，显然公司的制度是不合理的，没有充分保障员工的权益，也没有从员工的身体健康出发。但是对于胡的死，我们最多只能对华为公司在道德的层面上加以批评，因为华为公司并没有强迫胡加班，也没有其他的违法作为，所以，华为公司不承担胡死亡的法律责任。

2. 劳动者拒绝用人单位管理人员违章指挥、强令冒险作业的，不视为违反劳动合同。用人单位对劳动者的工作安排危及劳动者生命安全或者身体健康的，劳动者有权利对用人单位提出批评、检举和控告。

【案例】张某是某材料公司的货车驾驶员，与这个材料公司依法签订了劳动合同。由于公司的业务量突然增加，原有的车辆不能满足运输的需要，公司从他处借来一辆车给张某驾驶，可是张某发现，借来的车是一辆快要报废的车，就以驾驶该车不安全为由拒绝了公司的工作安排。公司在劝说无效的情况下，认为张某在公司需要的情况下不服从单位的调度、指挥，拒绝正常的工作，给该公司造成了巨大的经济损失，决定解除与张某的劳动合同。张某不服，向当地劳动争议仲裁委员会申请仲裁，请求裁决撤销解除劳动合同的决定。

【解析】该案件的核心在于，张某拒绝工作的理由是否合法，公司的做法是否合法。我国法律规定，提供符合安全生产要求的劳动条件，照章指挥，保障劳动者生命安全以及身体健康是企业的义务。对于企业的违章指挥、强令冒险作业的做法，法律是允许劳动者拒绝服从企业的安排的。所以，张某拒绝企业的安排，是在保护自身的合法权益，同时公司的做法违反了我国的法律规定，无权解除与张某的合同。

3. 用人单位与劳动者协商一致，可以变更劳动合同约定的内容。变更劳动合同，应当采用书面形式。变更后的劳动合同文本由用人单位和劳动者各执一份。

这里要注意，法律对变更劳动合同是有强制性规定的，那就是变更的劳动合同应当采用书面的形式，这对证明变更后的劳动事实关系有重大的意义。

（五）劳动合同的解除与终止

通常情况下，用人单位和劳动者协商一致后，就可以解除双方的劳动合同。劳动者要提前三十日以书面的形式通知用人单位，可以解除劳动合同。如果在试用期内，劳动者仅需要提前三日通知用人单位，可以解除双方的劳动合同。

但是在日常生活中，很多劳动合同的解除不是用双方协商一致的形式解除的。我国法律对此做了很详细的规定。

1. 用人单位出现以下情形的，劳动者可以解除劳动合同：

1）未按照劳动合同约定提供劳动保护或者劳动条件的；2）未及时足额支付劳动报酬的；3）未依法为劳动者缴纳社会保险费的；4）用人单位的规章制度违反法律、法规的规定，损害劳动者权益的；5）因以欺诈、胁迫的手段或者乘人之危，使对方在违背真实意思的情况下订立或者变更劳动合同致使劳动合同无效的；6）法律、行政法规规定劳动者可以解除劳动合同的其他情形。

其中，用人单位以暴力、威胁或者非法限制人身自由的手段强迫劳动者劳动的，或者用人单位违章指挥、强令冒险作业危及劳动者人身安全的，劳动者可以立即解除劳动合同，不需事先告知用人单位。

【案例】杨某是某公司的业务员，与公司签订了为期5年的劳动合同。在工作中，她积极奋进，干劲十足，赢得公司的好评。杨某对自己的工作环境也很满意，但是美中不足的是，公司至今还没有给自己缴纳社会保险，让她对公司失去了信心和归属感，也让她在工作中再也没有当初的干劲。她也曾经多次和公司交涉，要求公司给她缴纳保险金，可是公司解释把缴纳保险的钱当作福利已发给员工了。在多次沟通没有结果的情况下，杨某只能通知公司解除合同。请问：杨某是否可以向公司提出解除合同的请求？公司的做法有无不当？结合上述的法律规定进行思考。

【解析】在本案中，杨某与公司签订了劳动合同，双方形成劳动关系。如果杨某想要解除合同，一般情况下需要用人单位和杨某的一致同意，但是本案中的公司没有给杨某按时交纳社会保险费。根据我国法律的规定，用人单位没有依法为劳动者缴纳社会保险费的，劳动者可以解除双方的劳动合同。所以，杨某是可以向公司提出解除合同的。公司应当补缴杨某工作期间的社会保险。

2．劳动者有下列情形之一的，用人单位可以解除劳动合同：

1）在试用期间被证明不符合录用条件的；2）严重违反用人单位的规章制度的；3）严重失职，营私舞弊，给用人单位造成重大损害的；4）劳动者同时与其他用人单位建立劳动关系，对完成本单位的工作任务造成严重影响，或者经用人单位提出，拒不改正的；5）因以欺诈、胁迫的手段或者乘人之危，使对方在违背真实意思的情况下订立或者变更劳动合同致使劳动合同无效的；6）被依法追究刑事责任的。

【案例】刘某是一名中学聘用老师，由于其功底扎实，上课风趣幽默，颇受同学和同事的喜爱。一天刘某的朋友对刘某说："某小学想请你过去帮忙完成一个课题，你利用业余时间完成研究就可以，不会对你现在的工作产生影响，而且报酬也很丰厚。"刘某一想也是，于是欣然答应，并和小学签订了一份完成研究课题的劳动合同。但是随着课题的深入，刘某不经意间投入了大量的精力和时间。为了完成课题，刘某经常出现上课迟到、早退的情况，中学领导找刘某谈话，指出刘某的行为已经严重影响到学校的教学质量，希望其能够解除课题研究的合同。但是刘某由于前期投入了大量的精力，不想放弃，没有解除与小学的劳动合同。3周后，中学向刘某下达了解除劳动合同的通知书。结合上述法律规定思考：刘某的行为是否合理？中学下达解除劳动合同通知书的行为是否合法？

【解析】刘某在与中学存在劳动关系的同时，仍然接受了朋友的建议，在工作期间又接收了小学的研究课题任务，并且双方还签订了劳动合同。这种情况属于我国法律规定的用人单位可以解除合同的情形，即劳动者同时与其他用人单位建立劳动关系，对完成本单位的工作任务造成严重影响，或者经用人单位提出，拒不改正的。本案中，刘某在单位的劝阻下，仍不听劝阻，一意孤行。所以用人单位下达解除劳动合同的通知书是合法的。这里还要注意的是，经劝阻拒不改正并不是用人单位解除劳动合同的必经条件，只要对本来的工作造成了严重影响，不需劝阻，用人单位就可以解除合同。

3. 劳动者有下列情形之一的，用人单位不得依照《中华人民共和国劳动合同法》第四十条、第四十一条的规定解除劳动合同：

1）从事接触职业病危害作业的劳动者未进行离岗前职业健康检查，或者疑似职业病病人在诊断或者医学观察期间的；2）在本单位患职业病或者因工负伤并被确认丧失或者部分丧失劳动能力的；3）患病或者非因工负伤，在规定的医疗期内的；4）女职工在孕期、产期、哺乳期的；5）在本单位连续工作满十五年，且距法定退休年龄不足五年的；6）法律、行政法规规定的其他情形。

【案例】李某是机械厂一名技术精湛的操作工，一次上班过程中，由于操作不慎，发生工伤事故，经过大半年的治疗，病情基本稳定下来。经过劳动能力鉴定，李某属于"工伤八级"，部分丧失劳动能力。但是厂里的领导考虑到李某之前对工厂作出的贡献，给李某安排了一份轻松的工作。3个月后，由于机械厂业绩下滑，已经到了不能按时发放工资的情况。厂里领导无奈地决定裁员，其中就包括裁掉因工伤调动工作的李某。1周后，厂里就对李某下达了解除合同通知书。结合上述法律规定思考：该机械厂是否可以因为经济性裁员而解除与李某的劳动合同？

【解析】首先要确定李某的情况是否属于工伤。本案中，李某是在上班时间里，由于操作失误，发生了事故，属于我国法律规定的工伤情形，应当认定为工伤。后李某被确定为"工伤八级"，属于部分丧失劳动能力。我国法律规定在本单位患职业病或者因工负伤并被确认丧失或者部分丧失劳动能力的，用人单位不得因为经济性裁员而解除劳动合同。所以，在本案中，用人单位是不可以因为经济性裁员而解除与李某的劳动合同的。

三、劳务派遣

劳务派遣是指由劳务派遣单位也就是用人单位与劳动者签订劳动合同，然后劳务派遣单位（用人单位）再和用工单位签订劳务派遣协议，最后由劳务派遣单位派遣劳动者到用工单位实施劳务行为。

我们要注意，劳务派遣单位（用人单位）与劳动者之间存在的是劳动合同关系。但是劳动者的劳动力是给付给用工单位的，也就是说，在劳务派遣中劳动力的给付和劳动合同关系是相互分离的。这与其他劳动关系不同，劳动关系是存在于三个主体之间的。用人单位和劳动者之间不是隶属的关系，只是单一的劳动关系，劳务派遣一般是辅助性、临时性的一种用工方式。

（一）依据我国劳动合同法规定，劳务派遣单位应当与被派遣劳动者订立2年以上的固定期限劳动合同。

【案例】某个食品厂和某个劳务派遣公司达成了劳务派遣协议，双方约定劳务派遣公司为食品厂派遣10名食品推销员，工作时间是一年。2010年1月劳务派遣公司招收10名劳工，并签订了为期一年的劳动合同，随后劳工被食品厂接收。请问，劳务派遣与新招的劳工签订的劳动合同是否合法？

【解析】因为劳务派遣中的劳务派遣单位和劳动者的劳动关系是临时性的、辅助性的，不具有稳定性，所以为了保证这种劳动关系的稳定，也为了保障被派遣劳动者的合法权益。我国劳动合同法规定：劳务派遣单位应当与被派遣劳动者订立两年以上的固定期限劳动合同。还规定了，如果在合同期限内，派遣的期限已经到了，又没有新的岗位去派遣的，劳务派遣单位应当向劳动者按月支付报酬。这样就能使劳务派遣的劳动关系相对稳定下来，有利于保护被派遣劳动者的合法权益。所以，本案中，劳务派遣公司与新招的劳动者签订为期一年的劳动合同是违法的。应当重新签订两年以上的固定期限劳动合同。

（二）被派遣劳动者在无工作期间，劳务派遣单位应当按照所在地人民政府规定的最低工资标准，向其按月支付报酬。也就是指如果在合同期限内，派遣的期限已经到了，又没有新的岗位去派遣的，劳务派遣单位应当向劳动者按月支付报酬。

【案例】 2001年4月1日，中国超人与某劳务派遣公司签订了4年的劳动合同。之后，根据超人身体强壮的特点，劳务派遣公司派遣超人去某建筑公司搬砖3个月，但是由于工地的砖已经被钢铁侠搬完了，没有项目给超人去做，就将超人退回劳务派遣公司。之后派遣公司又没有为超人安排新的岗位，超人就在家一睡就是3个月。睡醒后的超人要求劳务派遣公司支付他3个月工资，劳务派遣公司认为超人一直在睡觉，没有参加工作，拒绝支付超人的工资。请问，超人有权要去公司支付他睡觉期间的报酬吗？

【解析】 我国《劳动合同法》第五十八条第二款规定："被派遣劳动者在无工作期间，劳动派遣单位应当按照所在地人民政府规定的最低工资标准，向其按月支付报酬。"本案中的超人符合上述的规定，作为被派遣劳动者在没有工作期间是可以向劳务派遣单位要求报酬的。

对劳务派遣劳动关系中的劳动者是应当按照按劳分配的原则，平等对待、同工同酬的。

（三）劳务派遣中劳动者应如何维权？

根据《最高人民法院关于审理劳动争议案件适用法律若干问题的解释（二）》规定，劳动者因履行劳动派遣合同产生劳动争议而起诉的，以派遣单位为被告；争议内容涉及到接受用工单位的，以派遣单位和接受单位作为共同被告。换句话说，以劳务派遣单位为被告是原则，如果劳动争议的内容涉及到用工单位的，那么以派遣单位和用工单位作为共同被告。

【案例】 小麦于2009年1月和某劳务派遣单位签订了劳动合同，约定小麦被派遣到某公司售楼处工作，房市火热，公司的老板经常要求小麦加班加点工作。小麦想要加班费。老板认为加班费应当由劳务派遣单位出，劳务派遣单位认为应当由用工单位出加班费。请问，小麦去当地的劳动争议仲裁委员会申诉，谁应该是被申诉方？

【解析】根据《最高人民法院关于审理劳动争议案件适用法律若干问题的解释（二）》规定，只要劳务派遣中发生的劳动争议涉及到用工单位没有尽到应该尽到的法律义务或者侵犯劳动者权益的，劳动者就有权利将劳务派遣单位和用工单位作为共同被诉方提起仲裁程序或者诉讼程序，两者承担的是连带责任。所以本案的劳动者应当以派遣单位和用工单位作为共同被申诉方。

第二节　社会保障

一、社会保障的特征

社会保障是国家通过设立法律法规，由国家和社会对社会成员因年老、疾病、伤残、失业、生育等丧失劳动能力、中断就业机会以及遭受自然灾害所给予的物质帮助，通过这种方式来保障公民的基本生活，保持社会的稳定和经济的协调发展。

社会保障的特征如下：

第一，社会保障的普遍性。社会保障的实施范围非常广泛，包括全体劳动者乃至全体公民。我国崇尚人权平等，所以在人权平等的前提下对劳动者的物质帮助权不会因部门和行业的不同、城乡的差距而受到歧视。哪里存在社会危险，国家和社会就会给予基本生活的物质保障，这对我们广大劳动者的权益的保护有极其重要的意义。

第二，社会保障的强制性。在我国，社会保障对劳动者的保护是强制性的，通过国家制定社会保障法对主要的保障项目实行强制实施制度，避免了主观随意性。

第三，社会保障的互助性。社会保障资金筹集的目的，在于通过社会保障的机制，以多数人来承担少数人的社会风险，以此来保障社会的稳定。这种"人人为我，我为人人"的机制给社会的和谐发展带来了莫大的好处。这也是当今社会推崇的价值取向。

第四，社会保障的福利性。社会保障设立的目的是保障社会成员基本的生活生存的权利，以实现社会和经济的稳定。它是造福全社会的公益事业，不以赢利为目的，不以商业化形式来运作，真正做到取之于民用之于民。

社会保障不同于社会保险，社会保障的方式分为社会保险和非保险式社会保障。两者是有很大的区别的，社会保险利用社会保险机制，需要大量稳定的资金来源，并且要求保障人、投保人和受保障人之间存在着一定的契约关系，一般用于常见性的、多发性的社会风险。而非保险式社会保障一般是由国家单方面地对有需要的社会成员给予物质帮助。比如我们生活中的社会优抚、社会福利等等。两种方式同等重要，没有孰轻孰重的问题，都不容忽视。

二、社会保险

劳动者通过劳动来获得报酬，以此来维持自身的生存，但是一旦劳动者遭遇年老、疾病、伤残、失业、生育等事件时，只能暂停劳动。可是不通过劳动，劳动者无法维持自身的正常生活，没有生活来源，生活陷入困境。这个时候社会保险就发挥了它应有的作用，给予劳动者一定的物质补偿和帮助。

社会保险是国家依照法律规定对遭遇了劳动风险的劳动者给予一定程度上的物质补偿和帮助的制度。这里的劳动风险就包括了生、老、病、死、伤、残、失业等情况。社会保险主要包含了养老保险、工伤保险、失业保险、医疗保险以及生育保险五个项目。

（一）养老保险

养老保险是指国家和社会依据法律法规的规定，为解决劳动者达到国家规定的解除劳动义务的劳动年龄界限后或者因为年老而丧失劳动能力退出劳动岗位后基本生活保障额度问题而建立的一种社会保险制度。

1. 养老保险的特征如下：

第一，养老保险的目的是为了保障社会成员中的老年人的基本生活所需，为老年人提供稳定的生活来源。

第二，养老保险的费用一般是由国家、单位和个人三方或者个人和单位共同承担的。

第三，养老保险是在老年人完全或者基本退出社会劳动生活才自动发生作用的。这里的"基本"是指从事劳动已经不是老年人主要的生活内容。

第四，养老保险具有社会性，是社会保险中最重要的一个险种，享受该保险的人数多而且时间长，费用支出庞大。

2. 享受养老保险的条件如下：

第一，年龄条件。在之前的段落中已经提到，养老保险制度针对的对象是完全或者基本退出社会劳动生活的老年人。养老保险金发放的年龄与养老保险金的筹集和发放有直接密切的联系，养老保险金发放的年龄越低，需要筹集的养老保险基金就越高，国家的压力就越大，因此，针对这种情况，我国法律法规做了具体的规定：劳动者退出劳动岗位、享受养老保险的年龄限制为男性60周岁，女性工人50周岁，女性职员55周岁；但是如果劳动者从事的是高空、高温、井下、等重体力活或者有害健康的其他工作，男性为55周岁，女性为45周岁。

第二，工龄条件。国家设立养老保险一方面是保障人民生活所需，社会稳定和谐发展；另一方面是对劳动者为整个社会所作出的贡献的一种肯定，这对劳动者来说尤为重要。而工龄的长短很大程度上说明了劳动者对社会作出贡献的多少，也是养老保险金积累的必要条件。我国规定，职工连续工龄需要满十年，公务员提前退休一般需要连续工龄满20年，连续工龄满30年者提前退休不受年龄限制，因为工伤导致的完全丧失劳动能力的职工，退休不以连续工龄为条件。

第三，缴费年限。养老保险通常是劳动者前期缴多少，后面给多少。所以，劳动者工作缴纳的养老保险金越多，退休后领取的养老保险金也越多。这对劳动者是一种激励，使他们勤劳敢干，为自己有好的晚年而奋斗。我国规定缴费年限累计满15年的人员，退休后按月发给基本养老金。

【案例】2009年2月，北漂一族王某进入了北京某公司参加了工作，双方签订了为期3年的劳动合同。王某在外多年，十分想念家乡，不愿在北京安家，准备在北京工作几年就回江苏老家，所以王某与公司协商，不要求公司给他缴纳养老保险金，把应当缴纳保险金的钱直接以工资的形式发给自己就行。公司同意了王某的要求，每个月将应当缴纳的保险金费用与工资一并支付给王某，由王某自行支配。请问，王某与公司的约定是合法的吗？

【解析】劳动者与用人单位建立劳动关系后，用人单位和劳动者必须依法共同承担缴纳养老保险的义务，将养老保险金交给社会保险经办机构。所以，公司同意王某的要求，将应当缴纳的养老保险金交由王某自己支配的做法是不符合法律规定的，所以是无效的。公司应当及时为王某补交相关的保险费用。

（二）医疗保险

医疗保险有广义和狭义之分，广义的医疗保险是指劳动者及其家属患病或者不是因为工作的原因而受伤后，国家在物质和医疗方面给予其帮助的社会保障制度。狭义的医疗保险仅仅指劳动者本人因为生病或者不是工作的原因受伤的情况下，国家给予其物质和医疗上的帮助的社会保障制度。显然，广义的医疗保险对象范围要比狭义的医疗保险对象范围要广，两者保障的目的是不一样的。

1. 医疗保险的特征

第一，医疗保险的支付形式一般为实物帮助。这里我们要看到，医疗保险制度的设立是为了让劳动者摆脱不能参加劳动的困境，使之能够快速恢复并重新投入到劳动生产中去。所以虽然医疗保险是通过支付费用补偿参保人员的经济支出，但是最终参保人员获得的还是医疗服务，而不是现金。

第二，医疗保险的补偿是没有固定数额的。既然医疗保险针对的是劳动者及其家属的患病或者非工作原因的负伤所需支付的医疗费用，所以由于每个劳动者的病情不同，伤残等级不同，所享受到的医疗保险待遇显然也是不同的。国家要根据劳动者的不同情况对劳动者给予不同程度的物质医疗帮助，确定补偿金的金额。

第三，医疗风险的不可预知性。疾病风险是不可被人们所预知的，往往让人措手不及。这无形中加大了疾病风险的危害，所以，我国法律规定，在医疗保险针对的对象的范围内，无论你是否生病，都必须强制性地参加医疗保险，以预防不可预知的疾病风险，并以此提升整个社会的医疗保障能力。

2. 医疗保险的覆盖范围

根据国务院发布的《关于建立城镇职工基本医疗保险制度的决定》规定，我国所有用

259

人单位，包括企业（国有企业、集体企业、外商投资企业、私营企业等）、机关、事业单位、社会团体、民办非企业单位及其职工，都要参加基本医疗保险。

由各省、自治区、直辖市人民政府决定其乡镇企业及其职工、城镇个体经济组织业主及其从业人员是否要参加基本医疗保险。

另外，城镇灵活就业人员也被纳入医疗保险的统筹范围中来。

3. 享受医疗保险的待遇的相关规定

符合享受医疗保险待遇的劳动者的医疗费用可根据各区域的规定给予一定数额的报销。医疗保险的起付标准一般控制在当地职工平均工资的10%左右，最高支付限额一般控制在当地职工年平均工资的4倍左右。如果劳动者的医疗费用低于起付标准，那么就从劳动者的个人账户中支付。劳动者的医疗费用高于起付标准，低于最高限额的，主要由统筹基金中支付，当然个人也需支付一定比例的费用。当劳动者的医疗费用高于规定的最高限额时，我们一般通过商业医疗保险的方式去解决。

另外，劳动者因为疾病或者非工作原因负伤的医疗期最短为3个月，最长为24个月，如果遇上特殊的情况，可延长6个月。劳动者处于医疗期间，应当给付其一定的疾病津贴，一般相当于该劳动者正常工资的80%左右。

劳动者经过有关部门鉴定，属于一到四级残疾的，应当退出其劳动岗位，终止劳动关系，享受退休待遇。属于五到十级残疾的，在劳动者的医疗期间内，用人单位不得以任何理由将其辞退，而应当另行安排工作。如果该劳动者不能胜任新的工作岗位的，用人单位可以解除与其的劳动合同并发给该劳动者经济补偿金。

（三）失业保险

失业保险是指，针对有劳动能力且想去劳动的人不能获得劳动的机会或者劳动者就业后又失业的状态，国家为了保障他们的基本生活所需所给予的物质救济制度。在这里要注意，这种物质救济只是暂时的，失业保险设立的目的在于让有劳动能力的人暂时避免陷入生活困境，给他们寻求工作给予物质上的帮助。

1. 失业保险的特征

第一，失业保险救济的对象是要符合法定条件的，他与其他保险制度不用，获得失业保险救济的劳动者不仅要符合一定的条件，还必须履行相应的义务才可能获得救济。

第二，失业保险是对被帮助人的一种救济，所以，与劳动者参加劳动所获得的工资相比，水平较低，希望的是被帮助人尽快寻求到工作，摆脱陷入生活困境、没有生活来源的局面。

第三，失业保险的救济是暂时的，不是永久的。国家当然不想养着一群"无所事事"的人，这样既导致劳动力资源不能被合理地配置，阻碍生产力发展，又会使社会的稳定和谐受到影响。为了避免这种情况，我国对失业保险的救济对象和时间都有严格的规定。

2. 失业保险的覆盖范围

我国《失业保险条例》将失业保险的覆盖范围划定在城镇企业事业单位失业人员中。这里所称的城镇企业包括了国有企业、城镇集体企业、外商投资企业、城镇私营企业以及其他城镇企业。还规定了各省、自治区、直辖市人民政府可根据实际情况，将《失业保险条例》适用于本行政区域内的社会团体及其专职人员、民办非企业单位及其职工、有雇工的城镇个体工商户及其雇工。

针对上述范围，我们还要注意，失业人员是不包括乡镇企业的职工的。

3. 失业保险待遇的内容

失业保险制度对其救济的对象有严格的限定，需要具备三个条件：第一，按规定参加失业保险，本人和所在单位已缴费满一年；第二，失业人员不是因为本身的意愿而无奈中断就业；第三，失业人员已经办理了失业登记，并且自己要求寻求工作。

失业保险金的标准，应当低于当地最低工资标准、高于城市居民最低生活保障，由省、自治区、直辖市人民政府来确定。按照《失业保险条例》规定，失业人员领取失业保险金的期限，根据失业人员失业前所在单位和其本人累计缴费时间长短的不同，划分为三个档次：累计缴费时间满1年不足5年的，最长能够领取12个月的失业保险金；累计缴费时间满5年不足10年的，最长能够领取18个月的失业保险金；累计缴费时间10年以上的，最长能够领取24个月的失业保险金。

4. 申请失业保险待遇的具体流程

1）用人单位应当及时为失业人员出具终止或者解除劳动关系的证明，并告知失业人员有享受失业保险的权利，并且将失业人员的名单自终止或解除劳动关系起7日内送到社会保险经办机构备案。

2）失业人员被告知后，应当持用人单位为他出具的终止或者解除劳动关系的证明去指定的社会保险经办机构办理失业登记。

3）社会保险经办机构随之对申请进行审核后，符合条件的，办理领取失业保险金的手续。不符合条件的，以书面的形式告知失业人员理由。

【案例】朱某于2008年4月进入某机械厂工作，双方签订了3年的劳动合同。在朱某工作期间，机械厂依法为朱某缴纳了各种社会保险。后来因为机械厂的经营不善，经过整顿后需要裁员，2009年9月朱某被机械厂裁掉。随后朱某持相关证明到社会保险经办机构办理了失业登记。之后的一年朱某一直领取失业保险金度日，一年满后，朱某再次去领取失业保险金时被告知，他已经无权再领取失业保险金了。朱某不服，认为只要自己还失业着，在找到工作之前，都应当发给自己失业保险金。请问，朱某的想法是否正确？

【解析】失业保险只是对处于失业状态下的劳动者一定期间的救济，不是永久性的，是暂时性的。所以劳动者在失业后，应当尽快找到新的工作，不能对失业保险金产生依赖感。根据我国的《失业保险条例》第十七条规定："失业人员失业前所在单位和本人按照规定累计缴费时间满一年不足五年的，领取失业保险金的期限最长为12个月。"根据以上规定，本案中朱某和用人单位累计缴费时间满一年不足五年，因此，朱某领取了一年失业保险金后就无权再领取失业保险金了。

（四）工伤保险

工伤保险又称为职业伤害赔偿险，是指国家在劳动者因为工作的原因而遭受事故伤害或者承担患有职业病的风险时，给其和家人物质上的帮助，使其获得医疗救助或者经济补偿的社会保障制度。

1. 工伤保险的特征

第一，工伤保险具有法律强制性。国家通过立法强制用人单位必须为职工办理参加工伤保险，并且为职工缴纳工伤保险费用。

第二，工伤保险具有非营利性。工伤保险设立的目的在于保护工伤职工的合法权益，是国家理应对劳动者承担的社会责任，不以赢利为目的，同时也是劳动者应该享有的基本权利。

第三，工伤保险具有互济性。工伤保险通过统筹基金来分散劳动风险，通过强制征收工伤保险费，建立工伤保险基金，由社会保险经办机构在地区之间、行业之间、各企业之间对工商保险费用实行再分配，调剂使用工伤保险基金。

2. 工伤保险的范围

除了中华人民共和国境内的各种企业、有雇工的个体工商户及其职工均属于工伤保险统筹的范围外，农民作为普通的劳动者，也被纳入了我国的工伤保险范围。

3. 工伤的认定

（1）职工有下列情形之一的，应当认定为工伤：

第一，在工作时间和工作场所内，因工作原因受到事故伤害的。认定的前提条件是"工作时间"和"工作场所"是两个必须同时具备的条件，同时还得是"因工作原因"而受到的负伤、致残或者死亡。事故伤害是指职工在劳动过程中发生的人身伤害、急性中毒事故等类似伤害。

第二，工作时间前后在工作场所内，从事与工作有关的预备性或者收尾性工作受到事故伤害的。"工作时间前后"是指在非工作时间内，讲的是开工前或收工后的一段时间，但是有一点特别重要，其行为必须还是和工作相关联的，行为的目的必须是从事预备性或收尾性工作，比如为启动机器做准备工作，或者关闭机器后收拾与工作有关的机器、工具等。

第三，在工作时间和工作场所内，因履行工作职责受到暴力等意外伤害的。同样的，"工作时间"和"工作场所"必须同时具备，并且必须是在履行本职工作。这里受到的伤害是"非工作原因"，是来自本单位或者外界的"暴力、意外"等所致。比如有人在职工履行工作职责的时候故意对职工进行伤害行为，对其人身进行直接攻击，致使职工负伤、致残或者死亡等情形的发生。

第四，患职业病的。即指企业、事业单位和个体经济组织的劳动者在职业活动中，因接触粉尘、放射性物质和其他有毒、有害物质等因素而引起的疾病。

第五，因工外出期间，由于工作原因受到伤害或者发生事故下落不明。"因工外出期间"包含因工出差以及因工临时外出办理业务等，同时必须是在发生事故时正在履行工作职责，即因工作原因外出，受到伤害或者发生事故时下落不明。

第六，在上下班途中，受到非本人主要责任的交通事故或者城市轨道交通、客运轮渡、火车事故伤害的。"上下班途中"指从居住的住所到工作区域之间的必经路途，必要时间所发生的人身伤害事故。对于其他目的的出行，比如走亲访友时遇到的人身伤害事故，不能认定为工伤。受到机动车事故伤害的，还应该增加关于非法驾驶的问题，这种问题一般驾驶二轮摩托车居多，对于非法驾驶的，比如无证驾驶，达到交通肇事程度的，不予认定工伤。

第七，法律、行政法规规定应当认定为工伤的其他情形。

（2）职工有下列情形之一的，应当视同为工伤：

第一，在工作时间和工作岗位，突发疾病死亡或者在48小时内经抢救无效死亡的。两个条件须同时具备："工作时间"和"工作岗位"。"突发疾病死亡"是指：1. 职工突发与工作无关的疾病并导致死亡，应当视同为工伤。这里要注意，如果是突发与工作有关的疾病的，那么应当按职业病处理。2. 在工作岗位上突发与工作无关并没有导致立即死亡的疾病，但是在48小时内经抢救无效死亡的，视同为工伤。

第二，在抢险救灾等维护国家利益、公共利益活动中受到伤害的。

第三，职工原在军队服役，因战、因工致残，已取得伤残军人证，到用人单位后旧伤复发的。针对转业军人的保护，军人在战斗中或者在履行职责中负伤致残，依据《革命伤残军人评定伤残等级的条件》之规定，对于已经有关部门评残、取得伤残军人证的退伍军人，如果在用人单位旧病复发，视同为工伤。这主要是因为考虑到革命军人为国家利益已经付出了很多，为了更好更贴心地保障革命军人的利益而作出这样的规定。

（3）职工有下列情形之一的，不得认定为工伤或者视同工伤：

第一，因故意犯罪；

第二，醉酒导致伤亡的；

第三，自残或者自杀的。

（五）生育保险

生育保险是指依据我国法律规定，劳动者因为生育子女而导致暂时不能参加劳动时，由国家和社会对其给予物质上的帮助的一项社会保险制度。生育保险的设立是为了通过向妇女提供帮助，比如生育津贴、医疗保障、产假等措施，使她们能够恢复劳动力，继续投入到劳动岗位上去。

1. 生育保险的特征

第一，生育保险对象的特定性。生育保险是针对劳动者中的已婚妇女，范围仅此而已。

第二，无论女劳动者的胎儿是否存活，她都是可以享受我国的生育保险待遇的。其中还包括流产、引产、产妇和胎儿发生意外等情形，都是可以享受生育保险的。

第三，生育保险的待遇是有带有福利色彩的。女劳动者在生育期间享受到的经济补偿是高于养老保险和医疗保险等保险的。而且在我国，劳动者是无需承担缴纳生育保险费用的，而是由用人单位按劳动者工资的一定比例缴纳。

2. 我国生育保险制度的范围和内容

享受我国生育保险待遇的条件包括城镇各类企业和职工。生育保险适用于女职工以及男职工的配偶，但是关于男职工的配偶是否能享受生育保险待遇，各地的规定不同。在江苏省，对于参加生育保险的男职工，其配偶为列入职工生育保险范围，不能享受生育保险待遇的，在符合计划生育规定生育时，按照规定的生育医疗费标准的50%由生育保险基金给予一次性补偿。

我国生育保险的基本内容包括产假、生育津贴和医疗服务三个方面。

第一，产假。产假是依据我国法律规定，专门给予职工在生育过程中休息的期限。主要是指女职工在分娩前和分娩后的一定时间内休息的期限，主要目的是为了让女职工在生育过程中得到好的休息和照顾，尽快恢复劳动力，再投入到生产工作中去。现在依据我国的规定，正常的产假为90天，其中产前假期为15天，产后假期为75天。在意外情况中，出现难产情况的，增加产假15天；出现流产情况的，以4个月为限，不满4个月的，根据医务部门给予15到30天的产假，超过4个月流产的，产假为42天。

第二，生育津贴。生育津贴是依据国家法律法规的规定对妇女因在产假过程中不能参加劳动工作给予的生活费用。

第三，医疗服务。生育医疗服务是指由医院、开业医生等向女职工和男职工的妻子提供的妊娠、分娩以及产后的医疗过程。我国的生育保险医疗服务的项目主要为：检查、接生、手术、住院、药物费用等。

【案例】小张是江苏某公司的一名员工，在其休完产假后，找公司报销生育所花费用时，发现她的公司居然没有帮其缴纳生育保险费用。于是，小张要求公司承担相关的剩余费用损失。公司不乐意，认为生育保险应当由用人单位和个人共同承担，小张没有履行自己的义务，自己就有过错，所以不同意承担小张生育期间的剩余费用。而小张认为公司没有帮她缴纳生育保险费用，就应该承担自己的全部损失。请问，小张的剩余费用到底由谁来承担？

【解析】缴纳生育费用是用人单位必须履行的法律义务，我国法律规定女职工是无需承担缴纳生育保险费用的义务的。本案中，小张所在的公司没有依法为小张缴纳生育保险费用，导致小张不能享受到生育保险待遇，所以应当承担小张生育所花的检查费、手术费等相关费用，除此之外还要补偿小张本应享有的生育津贴。

三、社保费用的缴纳与社保公积金

（一）社保缴纳基数

社保缴纳基数通常情况下是指当月的工资，社保缴费基数是社会平均工资的60％到300％为缴纳基数，比如社会平均工资如果是10000元的话，缴纳的基数可以是6000~30000元。一般以上一年度本人工资收入为缴费基数。

1. 职工工资收入高于当地上年度职工平均工资300％的，以当地上年度职工平均工资的300％为缴费基数；

2. 职工工资收入低于当地上一年职工平均工资60％的，以当地上一年职工平均工资的60％为缴费基数；

3. 职工工资在300％~60％之间的，按实申报。职工工资收入无法确定时，其缴费基数按当地劳动行政部门公布的当地上一年职工平均工资为缴费工资确定。

每年社会保障机构都会在固定的时间核定基数，根据职工上年度的月平均工资申报新的基数，需要准备工资表这些证明。

（二）社保公积金

1. 住房公积金

根据1999年颁布、2002年修订的《住房公积金管理条例》，住房公积金是指国家机关、国有企业、城镇集体企业、外商投资企业、城镇私营企业及其他城镇企业、事业单位及其在职职工缴存的长期住房储金。住房公积金制度是国家法律规定的重要的住房社会保障制度，具有强制性、互助性、保障性。

2. 住房公积金提取条件

根据我国有关公积金的规定，职工有下列情形之一的，可以提取职工住房公积金账户内的存储余额：（一）购买、建造、翻建、大修自住住房的；（二）离休、退休的；（三）完全丧失劳动能力，并与单位终止劳动关系的；（四）出境定居的；（五）偿还购房贷款本息的；（六）房租超出家庭工资收入的规定比例的；（七）与单位终止劳动关系，且户口迁出本市的；（八）非本市户籍职工与单位终止劳动关系，不在本市就业且离开本市的；（九）职工享受城镇最低生活保障的；（十）职工部分丧失劳动能力，并造成生活严重困难的；（十一）职工因本人及其配偶、父母、子女发生劳动社保部门规定的特殊病症，造成家庭生活严重困难的。

依照前款第（二）、（三）、（四）项规定，提取职工住房公积金的，应当同时注销职工住房公积金账户。职工死亡或者被宣告死亡的，职工的继承人、受遗赠人是有权提取职工住房公积金账户内的存储余额；如果职工没有继承人也没有受遗赠人的，职工住房公积金账户内的存储余额算入住房公积金的增值收益。这里的住房公积金的增值收益是指住房公积金管理中心在开展各项业务活动中业务收入和业务支出的差额。

职工提取住房公积金账户内的存储余额的，所在单位应当在核实后出具提取证明。职工应当持提取证明向住房公积金管理中心申请提取住房公积金。住房公积金管理中心应当自受理申请之日起3日内作出准予提取或者不准提取的决定，并且通知申请人；准予提取的，由受委托银行办理支付手续。

住房公积金应当由用人单位和在职的职工共同缴纳。我国相关政策还规定职工和单位住房公积金的缴存比例均不得低于职工上一年度月平均工资的5%。例如，上一年度职工的月平均工资为1000元，那么该职工和其用人单位最低要各自缴纳50元的公积金。

第三节　劳动争议

一、劳动争议概述

劳动争议又被称为劳动纠纷，我们从广义上来看，劳动争议就是指在劳动者和用人单位因为劳动关系而发生的所有争议，所以，根据广义的理解，劳动关系当事人双方之间发生的纠纷是劳动争议；用人单位和劳动者团体发生的纠纷是劳动争议；用人单位与政府主管部门之间发生的纠纷也是劳动争议。但是我们在这里要讲的劳动争议是根据劳动争议狭义上的理解，那就是劳动争议仅仅是指劳动关系双方当事人之间因为权利和义务而发生的纠纷。也就是说，我们下面所说的劳动争议，都是按照狭义来理解的。

在我国，劳动争议的解决主要是依据我国的法律，通过国家的立法，利用法律所有的平等性、普遍性和强制性等特征，来保证劳动争议的合理公正解决。为了更好地解决劳动争议，更好地调整劳动关系，我国不断出台一系列单行法律，比如《劳动合同法》、《劳动争议调解仲裁法》等，这些法律的出台，不断地完善着我国的劳动争议解决制度。

根据我国法律的规定，中华人民共和国境内的用人单位与劳动者发生的下列劳动争议，适用《中华人民共和国劳动争议调解仲裁法》：

第一，因确认劳动关系发生的争议；

第二，因订立、履行、变更、解除和终止劳动合同发生的争议；

第三，因除名、辞退和辞职、离职发生的争议；

第四，因工作时间、休息休假、社会保险、福利、培训以及劳动保护发生的争议；

第五，因劳动报酬、工伤医疗费、经济补偿或者赔偿金等发生的争议；

第六，法律、法规规定的其他劳动争议。

【案例】王某于2001年被一家建材公司雇佣，但是双方之间一直没有签订劳动合同。2007年建材公司与另外一家建材公司合并为甲公司，王某继续在甲公司上班。2008年，由于受到经济危机的冲击，甲公司决定裁员，辞退了王某，并支付了王某一个月的工资和一年的经济补偿金。王某不服，在与甲公司交涉没有结果后，向本地的劳动争议仲裁委员会申请了仲裁，要求甲公司支付2001至2008年的全部经济补偿金以及各种社保费用。

【解析】首先，要本案中王某想解决劳动争议，必须要先看清发生的劳动纠纷是否属于我国法律调整的范围，认清自己的劳动争议属于哪一类，这样才能让王某清楚地知道如何去解决争议。显然，本案的劳动争议符合法律规定的"因确认劳动关系发生的争议"，那么，针对该劳动争议，王某是有权去向当地的仲裁委员会申请仲裁的。

根据我国的法律规定，劳动争议的解决一共有四个途径，分别是协商、调解、仲裁和诉讼。

在发生劳动争议时，当事人首先可以选择双方协商的方式去解决，如果当事人不愿协商、协商不成或者达成和解协议后不履行的，这个时候当事人双方可以向调解组织申请调解解决纠纷；遇到当事人不愿调解、调解不成或者达成调解协议后不履行的时候，那么可以向劳动争议仲裁委员会申请仲裁；对仲裁裁决不服的，除法律另有规定的外，可以向人民法院提起诉讼。

二、劳动争议的解决

（一）劳动争议协商

协商是指发生劳动争议后，劳动争议的双方也就是用人单位和劳动者通过互相说服、互相妥协的和平方式内部解决劳动纠纷的一种途径。

（二）劳动争议调解

1. 劳动争议调解的定义

劳动争议调解是指依照法律规定设立的劳动争议调解组织，经当事人的申请，在事实清楚、了解充分的基础上，依照国家法律法规的规定对劳动争议双方进行说服、安抚、劝导，使双方当事人能够在平等协商、自愿让步的情况下，达成劳动争议调解协议的活动。劳动争议通常是劳动争议处理过程中我们选择的第一步，是最经济的劳动争议解决方式。劳动争议调解的特点是双方当事人的自愿性，任何人都没有权利要求劳动争议双方必须通过调解的方式解决，自愿性体现在双方当事人是否申请调解的自愿，是否能达成调解协议的自愿，不具有强制性。同时双方自愿达成的调解协议也不具有最终的法律效力，如果一方不履行达成的调解协议，另一方当事人是不能以双方自愿达成的调解协议向法院申请强制执行的。

根据我国的《劳动争议调解仲裁法》规定，法定的调解组织主要有三类：企业单位内部设立的劳动争议调解委员会，依法设立的基层人民调解组织，在乡镇、街道设立的具有劳动争议调解职能的组织。我们可以在发生劳动争议后自愿向以上调解组织申请调解。

2. 劳动争议调解的程序

（1）申请。劳动争议发生后，劳动争议的当事人双方都是可以向调解组织申请调解的，虽然调解的申请是自愿的，但是申请调解的时间是有严格规定的，那就是当事人双方应当在劳动争议发生之日起30日内提出。当然有例外的情况，如果劳动争议当事人不知道自己的合法权益已经受到了侵害，为了保护这类当事人的合法权益，那么就从当事人知道或者应当知道自己的合法权益受到侵害之日开始计算。

因为调解是具有自愿性和非强制性的，所以，申请的方式也比较灵活多变，我们既可以书面向调解组织申请调解，也可以通过口头申请的方式。

（2）受理。调解组织在接到劳动争议当事人的申请时，首先应该征询另一方当事人的意见和态度，因为申请调解的基础是双方的自愿。如果另一方当事人不同意以调解的方式解决，那么调解组织应该做好记录，在3日之内以书面的形式告知申请人，不得以任何理由去诱导或者强迫另一方当事人接受调解。如果另一方当事人同意以调解方式解决纠纷的，那么，调解组织才有权利对当事人的申请进行审查，并在4日内对申请作出受理或者不受理的决定。审查结果为符合受理条件的，予以受理，并且及时通知双方当事人，不符合受理条件的，不予受理，但是还要向当事人说明不受理的理由。

（3）调查。调解组织在受理当事人的申请后，就开始着手对整个争议进行一系列的调查，在调查过程中要始终遵循自愿平等的原则，做到不勉强、不歧视，理清争议事实，分清是非。

（4）调解。调解过程中，调解组织的调解员要充分听取双方当事人对事实和理由的陈述，不能全听一方，也不能有选择性地听取，听取应该全面仔细。在调查事实清楚后，调解员结合我国的法律、法规和国家的劳动政策，采取举事实、讲道理的方式，耐心引导双方在平等自愿的环境下，促使双方达成调解协议。

（5）制作调解协议书或者调解意见书。劳动争议经过调解达成协议后，调解组织有义务制作调解协议书，调解协议书的内容必须反映双方当事人的真实想法和意见，因为这是对双方权利和义务的一种尊重。调解协议书由双方当事人签名或盖章，再经调解员签名并加盖调解组织印章后生效。劳动争议经过调解，不能够达成协议的，那么调解组织也要如实地记录下调解的经过，并且制作调解意见书。调解的期限规定为15日，如果超过这个期限调解还未结束的，那么也应当视为调解不成，这个时候，当事人任何一方均可以向劳动争议仲裁委员会申请仲裁。

3. 劳动争议调解的效力

劳动争议调解协议是劳动争议双方当事人在自愿平等的基础上达成的，代表了双方对彼此权利和义务的处分，在法律效力上，与合同比较相似。但是与合同不同的是，一般情况下，如果一方当事人不履行合意达成的调解协议时，另一方当事人是不能向法院申请强制执行的，当事人只能选择依法向劳动争议仲裁委员会申请仲裁。这里会有例外的情况，我国法律规定，如果调解协议的内容是支付拖欠劳动报酬、工伤医疗费、经济补偿或赔偿金事项的，用人单位在调解协议约定的期限内不履行的，劳动者可以凭双方之前达成的调解协议依法向法院申请支付令。

（三）劳动争议仲裁

1. 劳动争议仲裁的定义

劳动争议仲裁是指劳动争议仲裁机构依照法律规定对当事人申请的劳动争议进行审理和裁决的活动。劳动争议仲裁机构与司法机关有类似的特点，尤其是仲裁机构的设立、职责、权限、组织活动的原则都有相似之处，但是相似归相似，我们不能将劳动争议仲裁机构和审判机关相混淆。

劳动争议仲裁委员会是依照法律设立，经过法律授权通过仲裁方式处理劳动争议的专门机构。按照我国法律规定，劳动争议仲裁委员会按照统筹规划、合理布局和适应实际需要的原则设立，并不是按照行政区划层层设立的。省、自治区人民政府可以决定在市、县设立；直辖市人民政府可以决定在区、县设立。直辖市、设区的市也可以设立一个或者若干个劳动争议仲裁委员会，这样的规定便于当事人参加仲裁，促使劳动争议在基层就可以得以解决，从而兼顾了效率与公正。国务院劳动行政部门依照法律有关规定制定仲裁规则。省、自治区、直辖市人民政府劳动行政部门对本行政区域的劳动争议仲裁工作进行指导。劳动争议仲裁委员会由劳动行政部门代表、工会代表和企业方面代表组成。劳动争议仲裁委员会组成人员应当是单数，这样做的原因是便于仲裁委员会在作出决定时，可以采取少数服从多数的原则。

2. 劳动争议仲裁的时效

仲裁时效的意思就是如果双方当事人在法定的期限内不向劳动争议仲裁机构申请仲裁，那么超过了法定的期限，双方当事人就丧失了申请劳动争议仲裁的法律制度。

我国法律规定，我国仲裁时效的期限为一年。仲裁时效期间的起算应当同时具备两个条件：客观侵害事实的发生和当事人主观的认识。那我们应该如何去理解这两个条件呢？首先，如果没有客观侵害事实的发生，就没有申请劳动争议仲裁的基础，没有侵害事实，何来的争议？其次，客观侵害事实发生了，但是被侵害权利的当事人对自己权利被侵害并不知晓，那当事人也不会去申请劳动争议仲裁，也不能使仲裁时效开始计算。只有两个条件同时具备了，既发生了客观的侵害事实，被侵害的当事人也认识到自己的权益被侵害，这个时候，仲裁时效才开始计算。

仲裁时效开始计算后，可能会发生中断和中止的情况。仲裁时效的中断是指仲裁时效开始起算后，因为发生法定的事由，导致已经计算的仲裁时效期间无效，等到法定事由消除后，仲裁时效需要重新计算。我国法律规定，仲裁时效中断的法定事由有三种情况，分别为：1. 一方当事人通过协商、申请调解等方式向对方当事人主张权利的；2. 一方当事人通过向有关部门投诉，向仲裁委员会申请仲裁，向人民法院起诉或者申请支付令等方式请求权利救济的；3. 对方当事人同意履行义务的。仲裁时效的中止是指在仲裁时效的期间内，因为发生了法定的事由导致当事人不能去申请劳动争议仲裁，因而暂时停止仲裁时效的计算，等到法定事由消除后，当事人有能力去申请劳动争议仲裁了，仲裁时效继续计算。仲裁时效中止的法定事由包括不可抗力或者无民事行为能力或限制民事行为能力的劳动者需要时间去确定他的法定代理人等情况。

一般情况下的仲裁时效是一年，但是存在例外的情况，我国法律规定，在劳动关系存续期间，也就是说在劳动关系既没有解除也没有终止的情况下，因为拖欠劳动报酬发生争议的情况下，劳动者对此争议申请劳动争议仲裁的，不受法律规定的一年仲裁期间限制。

3. 劳动争议仲裁的程序

（1）申请与反申请

①申请

劳动争议的当事人应当向劳动争议仲裁委员会提交书面的仲裁申请书。如果申请人同时要对多个对象申请仲裁的，那么应该根据对象的人数提交与人数数量相等的仲裁申请书副本，这样做主要是方便送达给多个被申请人。在我国，根据我国的法律规定，申请劳动仲裁是不收取费用的，仲裁所需的费用由国家财政来予以保障。这给广大劳动者带来极大的便利，为劳动者的维权道路扫除了障碍。

仲裁申请书应当具备哪些内容？以什么样的格式书写？下面给出一份劳动争议仲裁申请书的范本以供参考。

劳动争议仲裁申请书（范本）

申请人：姓名，出生年月日，民族，职业，工作单位，常住地址，邮政编码，联系电话。

被申请人：单位名称（全称），地址，联系电话。

法定代表人：姓名，职务，联系电话。

仲裁请求：

事实与理由：

此致

某市（县）劳动争议仲裁委员会

申请人（签名）：

年 月 日

附：1.副本×份；2.物证×件；3.书证×份。

如果申请人的书面申请材料已经齐备，那么劳动争议委员会应当出具收件回执。对于劳动争议仲裁申请书书写不够规范或者材料不齐备的，仲裁委员会应当当场或在5日内一次性告知申请人需要补正的全部材料。

如果申请人以书面形式提交仲裁申请确有困难的，也允许口头的形式进行申请，要求劳动争议委员会制作笔录，并告知对方的当事人。

②反申请

根据我国《劳动人事争议仲裁办案规则》的规定，被申请人可以在答辩期间提出反申请，仲裁委员会应当自收到被申请人反申请之日起5日内决定是否受理并通知被申请人，仲裁委员会决定受理的，可以将反申请和申请合并起来处理。如果反申请是应当另行申请劳动争议仲裁去处理的，那么，仲裁委员会应当书面告知被申请人另行申请仲裁。

（2）受理

劳动争议仲裁委员会通过对申请人的仲裁申请书仔细认真地审查，在收到仲裁申请5日内作出是否受理的决定。

劳动争议委员会应该从下面几个主要方面来审查仲裁申请书：是否属于劳动争议；劳动争议是否应当由本仲裁委员会管辖；是否在申请仲裁的法定时效内；是否有具体的仲裁

请求和事由等。经过审查这几个方面来判断是否予以受理，符合的仲裁申请应当被受理。如果不符合条件的，劳动争议仲裁委员会应当根据具体情况具体处理。如果当事人的仲裁申请不属于劳动争议或者申请仲裁超过法定期限的又或者没有具体的仲裁请求和事由的，劳动争议仲裁委员会应当作出不予受理的决定。如果当事人提出的仲裁申请不属于该仲裁委员会的管辖范围，那么仲裁委员会应当在收到仲裁申请之日起5日内对仲裁申请人作出书面说明并告知申请人向有管辖权的仲裁委员会申请仲裁。

（3）开庭

在仲裁过程中，在仲裁庭的主持下，双方当事人可以就各自提供的证据的真实性、关联性和合法性以及这些证据的证明力的大小予以质疑和说明。未经质证的证据是不可以被作为认定案件事实的依据的。随着质证和辩论结束后，首席仲裁员或者独任仲裁员应当征询当事人最后的意见，当事人有权利进行最后的陈述。

经调解达成协议的，仲裁庭制作仲裁调解书，调解书上写明仲裁请求和当时协议的事项。调解书由仲裁员签名并加盖劳动争议委员会的印章，送达双方当事人。调解书必须经过双方当事人签收后才发生法律效力。如果这个时候又出现调解不成或者不签收调解书的情况，仲裁庭应当及时作出裁决。

（4）裁决

仲裁裁决在不同的情况下，法律效率是不同的。

① 仲裁前置。仲裁前置是指经过仲裁裁决的劳动争议并不会立即终结。这种情况下，劳动仲裁只是诉讼的前置程序，当事人可以在收到仲裁裁决书开始15日内向人民法院提出诉讼请求。劳动者收到仲裁裁决书后15日内不向法院提起诉讼的，那么视为放弃诉讼权利，裁决书发生法律效力。

【案例】春哥是某零件加工厂的职工，在工作时因为自身的不慎被机器扯断了右胳膊，虽然被同事及时地送往医院，但是由于伤口感染，整个右胳膊被切除，造成春哥终身残疾。单位看望了住院的春哥并帮其付了医疗费，还带来许多营养品。春哥出院后，对单位提出为他申报工伤待遇并且支付住院期间的工资等损失的费用的要求。单位觉得已经尽到了自己的义务，所以拒绝了春哥的要求。春哥不服，向人民法院提起诉讼，但是法院没有受理。请问，法院不予受理该案件的做法是否合法？

【解析】劳动争议当事人在提起劳动争议诉讼前，除了法律规定的特殊情况，争议案件必须经过劳动争议仲裁委员会的仲裁后，当事人觉得不服的，才可以向法院提起诉讼。这也就是所谓的劳动争议案件仲裁前置原则。所以法院的做法是正确的，春哥应当先向当地的劳动争议仲裁委员会申请仲裁。

要注意的是，所谓的仲裁前置，指的是仲裁程序的前置，不一定要以仲裁委员会作出仲裁裁决为结果，也可以是劳动争议仲裁委员会作出不予受理的决定之后或者超出法定期限不作出裁决等情况，只要经过了仲裁程序，劳动争议当事人就可以针对处理结果的不服，向人民法院提起诉讼。

②一裁终局。一裁终局是指劳动争议经过裁决后就宣告终结，换句话说，劳动争议仲裁委员会依法作出仲裁裁决书之日起，仲裁裁决书就发生了法律效力。从此之后，劳动者就不得对同一个劳动争议再向劳动争议仲裁委员会申请仲裁，也不得就同一个劳动争议向法院提起诉讼。这个规定是为了尽快帮助劳动者解决劳动争议，保证社会经济的稳定发展。

我国法律规定，一裁终局的案件包括：追索劳动报酬、工伤医疗费、经济补偿或者赔偿金，不超过当地每月最低工资标准12个月金额的争议；因为执行国家的劳动标准在工作时间、休息休假、社会保险方面发生的争议。

【案例】小朱与某个材料加工厂签订了劳动合同，并约定了劳动期限。在合同到期后，小朱觉得在加工厂的生活枯燥无聊，于是在一家会所找到了新的工作，并与该会所签订了劳动合同。在小朱办理调动手续的时候，小朱发现材料加工厂仅仅为其缴纳了工作前8个月的养老保险费，后面的养老保险费一直没有缴纳。小朱跑到加工厂要求工厂为其补缴剩余的养老保险费，却被加工厂以双方已经解除了劳动合同为由拒绝了小朱的要求。小朱感到很不服气，向当地的劳动争议仲裁委员会申请仲裁。仲裁委员会经过审理后，支持了小朱的请求，裁决材料加工厂应当为小朱补缴剩下的养老保险金。请问，劳动争议仲裁委员会作出裁决后，裁决书何时发生法律效力？

【解析】依据我国的《劳动争议调解仲裁法》的规定，因执行国家标准在社会保险方面发生的争议，养老保险属于社会保险之一，本案中的劳动争议属于一裁终局的劳动争议。所以，劳动争议裁决作出之日起，裁决书就发生了法律效力。材料加工厂就应该切实履行裁决书规定的义务，为小朱补缴剩下的养老保险金。

虽然一裁终局的劳动争议经过裁决后，裁决书立即发生法律效力，但是对于劳动争议双方中的劳动者，一裁终局的案件在仲裁裁决作出后并不立即生效，劳动者仍然可以自收到仲裁裁决书起15日内向人民法院提起诉讼，使劳动者得到最大程度上的保护，劳动争议被裁决后，可以选择诉讼，也可以选择履行裁决书。而对于用人单位，显然要严格得多，我国法律规定一裁终局的案件在经过裁决之后，用人单位不是不允许向法院提起诉讼的，其中也规定了，如果用人单位有证据证明一裁终局的案件的裁判中出现如下情形：第一，适用法律法规错误的；第二，劳动争议仲裁委员会没有管辖权的；第三，裁判违反法定程序的；第四，裁决根据的证据是伪造的；第五，对方当事人隐瞒了足以影响公正裁决的证据；第六，仲裁员在仲裁过程中有索贿受贿、徇私舞弊、枉法裁判行为的，都可以自收到裁决书起30日内向劳动争议仲裁委员会所在地的中级人民法院申请撤销裁决。

当然，无论是一裁终局还是仲裁前置的劳动争议案件，仲裁裁决书发生法律效力之后，劳动争议的双方当事人都应当按照裁决书履行各自的义务。如果一方当事人拒不履行，或者超过约定期限不履行的，另一方当事人可以依照相关法律向人民法院申请执行。

（四）劳动争议诉讼

1. 劳动争议诉讼的定义

劳动争议诉讼是指在人民法院的主持下，在劳动争议双方的当事人和其他诉讼参与人的参加下，人民法院依照法律法规的规定审理和裁决劳动争议案件的活动。

2. 劳动争议诉讼的受案范围

首先我们要明确一个受理劳动争议案件的原则，那就是之前我们所说的，仲裁前置原则，只有经过劳动仲裁后的案件，法院才会受理，否则，法院一律不予受理。

（1）法院应予受理的范围

根据《企业劳动争议处理条例》的规定，劳动争议处理机构包括法院的受案范围是中国境内的企业和职工的下列劳动争议：① 因开除、除名、辞退职工和职工辞职、自动离职发生的争议；② 因执行国家有关工资、保险、福利、培训、劳动保护的规定发生的争议；③ 因履行劳动合同发生的争议，包括执行、变更、解除、终止劳动合同；④ 法律法规规定应当依照该条例处理的其他劳动争议，主要包括用人单位与退休聘用人员发生的争议、事实劳动关系等争议。

最高人民法院《关于审理劳动争议案件适用法律若干问题的解释》，扩大了人民法院对劳动争议案件的受案范围。规定了劳动者与用人单位之间发生的一些纠纷，当事人不服劳动争议仲裁委员会作出的裁决，依法向法院起诉的，法院应予受理：① 劳动者与用人单位在履行劳动合同过程中发生的纠纷；② 劳动者与用人单位之间没有订立书面劳动合同，但已经形成事实劳动关系后发生的纠纷；③ 劳动者退休后，与尚未参加社会保险统筹的原用人单位因追索养老金、医疗费、工伤保险待遇和其他社会保险费而发生的纠纷。

（2）法院不予受理的范围

最高人民法院《关于审理劳动争议案件适用法律若干问题的解释（二）》排除了不属于劳动诉讼受案范围的案件：① 劳动者请求社会保险经办机构发放社会保险金的纠纷；② 劳动者与用人单位因住房制度改革产生的公有住房转让纠纷；③ 劳动者对劳动能力鉴定委员会的伤残等级鉴定结论或者对诊断鉴定委员会的职业病诊断鉴定结论的异议纠纷；④ 家庭或者个人与家政服务人员之间的纠纷；⑤ 个体工匠与帮工、学徒之间的纠纷；⑥ 农村承包经营户与受雇人之间的纠纷。以上的案件法院均不予以受理。

3. 劳动争议诉讼的管辖

这里的管辖指的是各级人民法院以及同级人民法院之间受理第一审劳动争议案件时，对各自的任务分工和权限划分。

根据最高人民法院《关于审理劳动争议案件适用法律若干问题的解释》规定，劳动争议案件是由劳动合同履行地或者用人单位所在地的基层人民法院管辖的。如果劳动合同的履行

273

地不明确，那么就由用人单位所在地的基层人民法院来管辖。这里之所以规定由用人单位所在地管辖是因为遵循了我国《民事诉讼法》中关于"原告就被告"的规定，同时由于用人单位的所在地比较好确定并且固定，所以规定由用人单位所在地的基层人民法院来管辖。

有人认为，在劳动争议诉讼中，应当以劳动争议仲裁委员会所在地作为确定诉讼管辖的依据，因为他们看到了，当事人是因为不服仲裁裁决而提起的诉讼。我们需要看到的是，法律规定的劳动争议诉讼管辖法院是用人单位的住所地或者合同履行地，而并非是仲裁委员会所在地，仲裁委员会不是双方当事人中的任何一方，更加不可能是案件中的被告，所以，不能以劳动争议委员会所在地的法院作为管辖法院。

4. 劳动争议诉讼的程序

（1）起诉

劳动争议仲裁是劳动争议诉讼的必经程序，当事人不服仲裁裁决时，可在收到裁决书起15日内向法院提起诉讼。

（2）受理

人民法院收到劳动争议当事人的起诉后，应当依法审查当事人的起诉是否符合起诉条件。需要审查的起诉条件为：① 原告也就是起诉人是否是劳动争议的当事人；② 诉求中有没有明确的被告；③ 有没有具体的诉讼请求和事实依据；④ 是否属于法院可以受理的劳动争议案件的范围；⑤ 对劳动争议提起诉讼之前，有没有经过仲裁程序。

如果人民法院审查劳动争议当事人的起诉条件符合法定条件，人民法院应当受理；不符合法定条件的，则不予受理。

● 开庭审理。劳动争议诉讼程序按照民事诉讼程序开庭审理的。主要经过开庭前准备、正式开庭、法庭调查、法庭辩论、宣判几个流程。

● 裁决。人民法院作出的裁决应当依据当事人的诉讼请求，裁决的内容不得超出当事人的诉讼请求。比如当事人要求用人单位赔偿损失1万元，那么法院不得判决用人单位赔偿10001元。针对于追索报酬、养老金、医疗费以及工伤待遇、经济补偿金等相关费用的案件，用人单位给付数额不当的，法院可以予以变更。

三、退伍军人社会保障

《中华人民共和国军人保险法》已由中华人民共和国第十一届全国人民代表大会常务委员会第二十六次会议于2012年4月27日通过，自2012年7月1日起施行。其中规定了军人养老保险、医疗保险、军人伤亡保险、随军未就业的军人配偶保险等具体内容。

（一）退役士兵养老保险

1. 养老金的缴费年限

根据国务院第259号令《社会保险费征缴暂行条例》第十二条规定，缴费单位和缴费个人应当以货币形式全额缴纳社会保险费，社会保险费不得减免。其中规定了退役士兵跟普通市民一样用自己的钱办理养老保险，缴纳养老保险费到60岁之后开始享受养老金。但达到退役士兵的服役年限（军龄）可以作为"视同缴费年限"，即参军的10年虽然没有缴纳养老保险费，但视同他已经缴纳，就是说在他缴纳保险费年限的基础上多算10年，举个例子，一名30岁退役士兵参军10年后退伍，之后才开始缴纳自己的养老保险金，那么在其60岁开始就享受了缴纳40（30+10）的养老金，其加上去的10年就是视同其在服役的10年期间已经默认缴纳了养老保险金。

缴费年限包括视同缴费年限和实际缴费年限。视同缴费年限是指职工全部工作年限中，其实际缴费年限之前的按国家规定计算的连续工作时间。作为固定职工在实行企业和职工个人共同缴纳基本养老保险费制度之前，按国家规定计算为连续工龄的时间，都可以作为"视同缴费年限"，并且可以与实际"缴费年限"合并计发养老保险金。另外，机关事业单位正式职工调入企业后，应该参加企业职工基本养老保险，他之前的工作的年限视同为缴费年限；如果复员退伍军人被招为合同制工人，且参加了基本养老保险的，其军龄按国家规定计算为连续工龄的年限，都可视同缴费年限。

2. 养老金的获得

复员退役士兵（含制度实施时60周岁以上的人员）参加城乡居民社会养老保险的养老金计发办法，复员退役士兵可以享受到四部分养老金，而且其军龄可按一定的标准账户化。

其中，基础养老金按复员退役士兵领取养老金当年当地的统一标准发给。

在个人账户养老金方面，复员退役士兵军龄可按一定的标准账户化。具体为：以复员退役士兵领取养老金待遇当年当地平均缴费额加上政府缴费补贴为基数，乘以其军龄（不满1年按1年算）计算账户化额度，该额度计入个人账户储存额。复员退役士兵个人账户养老金的计发办法与其他参保人是相同的。

在缴费年限养老金方面，相关部门指出，复员退役士兵的缴费年限为军龄与其个人实际缴费年限之和。比如一个服役十年的退役士兵缴纳三十年的养老保险金后，他的缴费年限为四十年。

除此之外，复员退役士兵在享受以上三部分养老金待遇的同时，还享有优待养老金。每人每月再加发40元优待养老金。也就是说如果退役士兵按规定可以拿到每月600元的养老保险金同时，每个月还应该多拿40元的优待养老金，也就是每个月可以拿到640元的养老保险金。

（二）退役士兵医疗保险

我国实行军人退役医疗保险制度，专门为退役士兵设立军人退役医疗保险基金，为军人建立退役医疗保险个人账户，对军人退役后的医疗费用给予补助。

军人退役后，分为两种情况：按照国家规定不参加城镇职工基本医疗保险的，由军人所在单位后勤机关财务部门把军人退役医疗保险金发给本人；按照国家规定应当参加城镇职工基本医疗保险的，由军人所在单位后勤机关财务部门把军人退役医疗保险金转入军人安置地的社会保险经办机构，具体办法由中国人民解放军总后勤部与劳动保障部等有关部门共同制定。

军人退役医疗保险基金是由国家财政拨款和军人缴纳的退役医疗保险费组成。军人所缴纳的退役医疗保险费和国家给予的军人退役医疗补助，是由退役士兵所在的单位后勤机关财务部门逐月计入退役士兵的退役医疗保险个人账户。军人退役医疗保险个人账户资金的利息每年计算一次，计入军人退役医疗保险个人账户。

其中军官、文职干部晋升为军职或者享受军职待遇的，是不需要缴纳退役医疗保险费的，之前个人缴纳的退役医疗保险费连同利息一并退还本人。师职以下现役军官、局级和专业技术四级以下文职干部、士官退出现役时，其退役医疗保险个人账户的资金和利息，由本人所在单位后勤机关财务部门结清。义务兵、供给制学员不缴纳退役医疗保险费，服役期间不建立退役医疗保险个人账户。

义务兵退出现役时，按照上一年度全国城镇职工平均工资收入的1.6%乘以服役年数的计算公式计付军人退役医疗保险金。

军人牺牲或者病故的，其退役医疗保险个人账户资金可以依法继承。军人退役医疗保险基金实行集中统管，任何单位或者个人不得挤占挪用。

（三）军人伤亡保险

军人因战、因公死亡的，按照认定的死亡性质和相应的保险金标准，给付军人死亡保险金。军人因战、因公、因病致残的，按照评定的残疾等级和相应的保险金标准，给付军人残疾保险金。

军人因下列情形之一死亡或者致残的，不享受军人伤亡保险待遇：

1.故意犯罪的；

2.醉酒或者吸毒的；

3.自残或者自杀的；

4.法律、行政法规和军事法规规定的其他情形。

军人伤亡保险所需资金由国家承担，个人不缴纳保险费。国家提供军人的伤亡保险所需资金，全力保障军人的身体健康安全。

（四）随军未就业的军人配偶保险

国家为随军未就业的军人配偶建立养老保险、医疗保险等。随军未就业的军人配偶参加保险，应当缴纳养老保险费和医疗保险费，国家给予相应的补助。随军未就业的军人配偶保险个人缴费标准和国家补助标准，按照国家有关规定执行。随军未就业的军人配偶随军前已经参加社会保险的，由地方社会保险经办机构和军队后勤（联勤）机关财务部门办理保险关系转移接续手续。

随军未就业的军人配偶实现就业或者军人退出现役时，由军队后勤（联勤）机关财务部门将其养老保险、医疗保险关系和相应资金转入地方社会保险经办机构，地方社会保险经办机构办理相应的转移接续手续。军人配偶在随军未就业期间的养老保险、医疗保险缴费年限与其在地方参加职工基本养老保险、职工基本医疗保险的缴费年限合并计算。

276

后 记

近年来，各地围绕符合退役士兵特色的职业技能培训教学内容进行了有益的探索，但尚未开发出全省统一规范的培训教材，为此，我们成立了退役士兵职业教育和技能培训教材编撰委员会，以公共基础教程为起点组织编写专用教材。经过近半年的努力，公共基础教程终于付梓了。

本书第一章由泰州职业技术学院张万秋和乔同彤编写，第二章由南京大学刘礼编写，第三章由江苏省盐城技师学院汤习成和陈红吉编写，第四章由江苏科技出版社闵正年和南京大学赵澎编写，第五章由江苏省民政厅钟萍编写，第六章由泰州职业技术学院张万秋和聂杨编写，第七章由南京财经大学汤茂峰编写。

江苏省民政厅安置处为本书的编辑做了大量资料准备工作，江苏人民出版社为本书的出版做了大量具体细致的工作，江苏省盐城技师学院、泰州职业技术学院对本书的编写给予了大力支持，在此一并表示感谢。

由于水平和时间所限，书中难免有疏漏和不当之处，恳请专家和广大读者予以指正。

编 者

2013年3月